成都中醫藥大學中國出土醫學文獻與文物研究院 編

出土醫學文獻與文物

第三輯

巴蜀書社

卷 首 語

2012 年，成都市金牛區天回鎮出土了一批西漢醫簡，經過八年的整理（中略）種醫書，統名之曰《天回醫簡》，由文物出版社於 2022 年出版發行，半年（中略）考古新材料的整理出版需要花費大量的時間和精力，而讀懂兩千多年前的（中略）至於將其學以致用則是難上加難。因此，此項學術研究工作尤爲艱巨。20（中略）着身邊的學生開始了對《天回醫簡》的系統研究。用了一年多的時間，基（中略）書·上經》的考釋，今年四月，《脉書·下經》的研究工作也已展開。功（中略）我們在研究過程中發現了許多重要的學術問題，對於其中的一些問題，我（中略）寫相關文章，大多發表於本刊和《成都中醫藥大學學報》（2024 年第 1 期）（中略）

三代以來積累的知識，至西漢時已蔚爲大觀。成帝時，頒詔整理國家（中略）劉歆父子二人領銜，耗時三十多年，將所藏圖書整理完畢，并分爲六大類（中略）列"方技"大類，則醫學之由來尚矣。近代的考古發現所見最早的醫學文（中略）期的。西漢是中國各種學問的集大成時期，其重要的特點是"經"的發生（中略）學問，到了漢代仍爲王官之守，"經"的確立，亦出於王官。三代至春秋，（中略）當長的時期是主流文化，在經學產生之前，凡事皆需問卜；三代以後，易（中略）樂、春秋等各類學問形成，經學隨之傳播應用，主流文化發生轉移，凡行（中略）卜不再是主流。但作爲"生生之具"的醫學，實則也有經，其形成過程與（中略）的確立十分相似。醫經的發生，始於戰國，盛於西漢。戰國至西漢，先後（中略）長桑君、扁鵲（秦越人）、公乘陽慶、淳于意等人。其最終的確立，使傳授（中略）了解釋生命與疾病的話語權，且代代相傳，形成了醫經之學。《天回醫簡》（中略）是《脉書》上、下經的首次展現，不僅使我們得見西漢時的醫經原貌，更（中略）了追溯秦漢醫學歷史的珍貴文獻。

本刊所載《厎石考》一文所論，是我整理研究《天回醫簡》以來一直（中略）三代以至秦漢，以祭祀爲中心的活動涵蓋并代表着國家的主流文化。王是（中略）人神，可以通天神，國之大事需要王來主祭。三星堆和金沙遺址博物館展（中略）爲跪坐人像，頭髮呈箭羽樣，雙手被縛。其例亦見《呂氏春秋·順民》，言（中略）而正天下，天大旱，五年不收，湯乃以身禱於桑林，曰：余一人有罪，無（中略）有罪，在余一人。無以一人之不敏，使上帝鬼神傷民之命。於是翦其髮，（中略）爲犧牲，用祈福於上帝。民乃甚悦，雨乃大至。則湯達乎鬼神之化、人事（中略）

目　録

·生命與疾病·

醫 學 文 明 探 源

癹石考
——有關先秦醫學史的探索*

柳長華

（成都中醫藥大學中國出土醫學文獻與文物研究院，四川　成都　610031）

　　提　要：《天回醫簡》的出土，給我們帶來許多重要的發現，如首次發現醫學之原典《脉書·上經》，證實《黃帝内經》乃傳訓詁之作；知道了西漢時經脉獨立運行，而能獨取寸口的道理；發現了《脉書·下經》中的兩個疾病系統，十二經脉疾病系統是其一；發現了扁鵲、倉公醫學體系中特有的《和齊湯法》；發現了携帶"容形之數"的髹漆經脉人像；發現了後世不存的"癹石"法。本文圍繞僅見於《天回醫簡》而西漢以後忽然消失的"癹"字，引申觸類，向上古求，意在探求中醫之起源問題。
　　關鍵詞：《天回醫簡》；癹；石；醫學起源；祭祀

　　中醫學的一些術語往往從社會生活中來，那麼，對這類術語的理解就需要追溯到源頭上去。沿着這個思路，本人考察了歷史上與生命相關的祭祀，對商周時期的部分卜甲做了一些研究，仔細比對金沙遺址博物館的卜甲，結合天回漢墓出土的《逆順五色脉臓驗精神》《癹理》二書中記載的癹、石法，將其聯繫考證。

　　癹是源於古代禳灾祛邪的一種祭祀，稱癹祭，這是癹字的本義。這種癹祭既可以禳除自然灾害，也可以視疾祛病。原本癹龜甲以祛疾，後來衍化爲癹、石人的身體，諸如刺、灸等。進而言之，諸如生命與疾病認知、醫方起源、診療方法等，都可溯源於中華民族的原始信仰與祭祀文化。

一、天回漢墓的重要發現

（一）發現《脉書》上、下經

2012 年 7 月至 2013 年 8 月，成都市文物考古工作隊和荆州文物保護中心組成聯合考

---

　　* 本文爲"2023 年出土醫學文獻與文物學術會議（第二屆）"會議報告。

古隊，對位於四川省成都市金牛區天回鎮的一處西漢時期墓地進行了搶救性發掘，共發掘西漢時期土坑木椁墓 4 座，其中三號墓出土竹簡 930 餘支。經整理研究，共得八種醫書，分別是《脉書·上經》《脉書·下經》《逆順五色脉臟驗精神》《犮理》《刺數》《治六十病和齊湯法》《療馬書》《經脉》。

《脉書·上經》和《脉書·下經》的内容正好對應《素問·病能論》中説的“《上經》者，言氣之通天也；《下經》者，言病之變化也”①。此語千百年來，不知所云。

《脉書·上經》首簡：“人有九竅、五臟、十二節，皆朝於氣。”點明了“氣之通天”之意。以此語比照同墓葬出土的髹漆經脉人像，可知“氣之通天”是人像體表繪刻的點、綫、文字，皆朝於“天府”之氣的人文與醫學思想。

《脉書·下經》是講疾病的病因、病機、診斷、治法、預後等變化的。重要的是，其中記載了兩大類疾病系統，是過去未知的重要問題。其一，是以風、癘、痿等十七種疾病爲基礎分屬的一百餘種證候的疾病系統，這類疾病對應的治法是醫方，我稱之爲湯液疾病系統。其二，是以十二經脉爲分類基礎的疾病系統，這類疾病對應的治法是刺、灸、犮、石，我稱之爲經脉疾病系統。這種專門記載疾病變化的出土文獻，又見於 1983 年湖北江陵張家山出土的題名《脉書》的簡書。可見，《脉書》是西漢時最重要的經典。之所以稱之爲《脉書》，是因爲對疾病的認知，取決於對生命的認知，經脉恰是經脉醫學的核心生命觀。

1973 年湖南長沙馬王堆出土的帛書記載了三種經脉系統，當屬《脉書》一類。按出土的時間順序，馬王堆漢墓三種、張家山漢墓一種，均爲十一經脉系統；天回漢墓兩種經脉系統，一爲十一經脉，一爲十二經脉。這六種經脉系統，都是不連貫的。《靈樞·經脉篇》是十二經脉系統，已然是“陰陽相貫，如環無端”②了。經脉聯繫身體的上下内外，是診視和調治疾病的直觀的、便捷的依據。古人又將經脉分爲三陰三陽，更方便了對疾病進行分類和準確的辨識。東漢以後又有了絡脉、奇經八脉的疾病分類。着眼於這樣的思路，經脉循行的大同小异，也就不足爲怪了。至於有學者認爲，十一經脉系統、不連貫現象，是早期的、不成熟的，恐不宜過早下此結論。

《漢書·藝文志·方技略》中的“醫經小序”説：“醫經者，原人血脉經落骨髓陰陽表裏，以起百病之本，死生之分，而用度箴石湯火所施，調百藥齊和之所宜。”③這句話的意思是，醫經所記錄的是構成生命的血脉、經絡、骨髓以及它們之間的陰陽表裏關係，以此來認識和決斷疾病的預後，指導使用針、石、湯火與調製和合之劑來治療疾病。換個説法，就是有什麽樣的生命觀，就有什麽樣的疾病觀、診療觀。《天回醫簡》中的《脉書》上、下經，記載的正是生命與疾病的知識，其歷史價值與當代價值十分重大。

（二）發現髹漆經脉人像

伴隨醫簡的出土，還出土了一具木胎髹漆經脉人像（以下簡稱“經脉人”）。

紅色經脉綫，左右對稱，共二十二條。

---

① 郭靄春主編：《黃帝内經素問校注》，北京：人民衛生出版社，1992 年，第 597 頁。

② 劉衡如校：《靈樞經》（校勘本），北京：人民衛生出版社，1964 年，第 91 頁。

③ （漢）班固著，（唐）顏師古注：《漢書》，北京：中華書局，1962 年，第 1776 頁。

白色經脉綫，左右對稱，共二十四條。

體表鑿有 111 個點。這些點主要分布於頭面與四肢大關節處。

體表刻畫有 20 個漢字，標示了 16 個部位。胸部左側應缺一"虛"字，按《逆順五色脉臟驗精神》稱"二虛"，或可以補。

經脉人體表刻畫的所有信息，都是與簡文相關的。製作這樣一個經脉人的理念見於《脉書·上經》中的起首語，說："敝昔曰：人有九竅、五臟、十二節，皆朝於氣。"經脉人體表刻畫的經脉綫對應着《脉書·下經》和《刺數》，點和文字指向的是《逆順五色脉臟驗精神》《㑇理》，這兩部書的主旨是解釋《脉書·上經》的，真正應了《周易·繫辭上》"子曰：書不盡言，言不盡意。然則聖人之意，其不可見乎？子曰：聖人立象以盡意，設卦以盡情僞，繫辭焉以盡其言"① 這句話的意思。

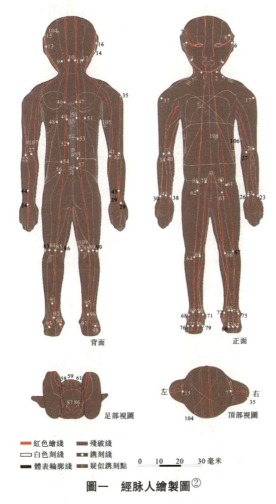

圖一　經脉人繪製圖②

_____

① （魏）王弼撰，樓宇烈校釋：《周易注·附·繫辭上》，北京：中華書局，2011 年，第 358—359 頁。

② 天回醫簡整理組編著：《天回醫簡》下《附髹漆經脉人像》，北京：文物出版社，2022 年，第 169 頁。

髹漆經脉人像身上同時繪製兩組經脉綫，有顯而易見的區別之意。如前所述，廢、石法是《天回醫簡》中記述最爲翔實的治法。這兩組經脉綫，紅色的綫是血脉，白色的綫是經絡，主要是指導廢、石應用的，正如前《漢書·藝文志·方技略》中所説。可見，西漢時血脉與經絡是有區別的。腧在經絡，故廢必當輸；血脉爲石法所用，故石必當脉。

經絡縱向分布的三陰三陽，以及點與文字的分布，其核心理念是部位，這個問題很重要。

二、記載廢石的兩部簡書

統觀《天回醫簡》的八種醫書，除了《和齊湯法》中的醫方治法之外，其他可見的治法還有：

廢、石：《逆順五色脉臟驗精神》13 例，《廢理》24 例；

刺法：《刺數》12 例；

灸法：《脉書·下經》"間别脉"論中，7 例；

除法：《廢理》2 例，《經脉》5 例，《和齊湯法》2 例；

啓法：《療馬書》10 例，《經脉》3 例。

廢、石的例數最高，可見在《天回醫簡》這個醫學體系中它是比較重要的。

（一）《逆順五色脉臟驗精神》

廢和石法，只出現在《逆順五色脉臟驗精神》和《廢理》二書中，而且各有側重。《逆順五色脉臟驗精神》記載了廢、石的理論原則，是講廢、石之道的；《廢理》記載了廢、石的臨證應用方法，是講廢、石之術的。《逆順五色脉臟驗精神》和《廢理》二書互爲表裏，古人把這兩件事分得很清楚，有道、有術，井然有序。

石、刺、灸、除、啓法都是可以當脉的，唯有廢法不可當脉，只能當輸。

任何疾病分類與診療方法，都源於對生命的認知。依據經脉對疾病進行分類，這種基本的生命與疾病觀，與已出土的其他經脉系統循行雖有小异，但本質都是一樣的。

理解廢、石的内涵，需要結合同時出土的經脉人體表的點、綫和文字。有趣的是，這些點、綫、文字，竟對應西漢末年李柱國校醫書對"醫經"一類的定義，他説"醫經者，原人血脉經落骨髓陰陽表裏，以起百病之本，死生之分"，結合起來看，就比較容易理解了。

《逆順五色脉臟驗精神》："廢不當俞，謂之亡氣，亡氣則恂，奪血則歷。"又："廢之方，病淺石而廢之，病深則廢而石之。"此廢、石并用。

《逆順五色脉臟驗精神》《廢理》解釋了經脉人體表刻畫的紅色綫、白色綫、點與文字，用來指導廢、石。如《逆順五色脉臟驗精神》："病之臟、六府，二虚、四逆、二谷、四谿。虚者欲虚，府者欲實。"這句話又見於《廢理》。

（二）《廢理》

《廢理》："夏廢夾淵，石太陰，則秋不肩背痛；秋廢六輸，石太陽。"又："冬氣者，在筋骨，故砭筋欲出汗。其砭筋，必當肉；其砭骨，必當輸。"又："陰陽之脉，擇盛者而石之；其輸，擇急者而砭之。"又："胃痛，食疾而不出，其痛也，徒痛而不應輸，則石其脉，應則砭其俞；不應脉、輸，則盈癃不得出，宜除而已。"

砭必當輸，石必當脉，分別得很清楚。那什麼是脉？什麼是輸呢？脉即血脉，似無疑義。輸，簡文中沒有解釋。石、砭什麼部位，這個重要問題似乎用文字難以表達，於是古人特別製作了一具經脉人來表達。後來的《黃帝內經》如"刺熱""刺瘧"等篇中還在用"刺某某脉"，不言所刺之部位，後來者更不知所云，大概此經脉人後世不存的緣故。

《砭理》："凡人五藏、九竅、六輸、二虛、二谷、四府、四逆，逆欲利，府欲實，輸欲通移，虛欲虛，此人容形之數。五藏氣得，九竅通利。"

點和文字指示的部位，都是"輸"，而文字所標示的部位，可稱之爲"大輸"，是特別重要的部位。

這裏的"輸"，不是指某一個輸穴，而是指身體氣血流通的"樞機"，是一種生命現象。這些樞機集中在頭面、背脊和四肢十二大關節處，這樣的一種分布方式，一直到《針灸甲乙經》仍還保持着。這種分布方式的觀念與方法，可能與砭龜相關，下面還要說到。

所謂"五藏"，當是指經脉人背脊正中的"心、肺、肝、胃、腎"五個字，即五藏之輸。這在《砭理》和《靈樞·背腧》中有記載。

所謂"六輸"，《砭理》："所謂輸者，脊之輸也；所謂肉者，六輸之肉也。"夾脊兩旁之肉，像"六"字形，此部位之輸稱"六輸"。《靈樞·百病始生》論積之始生："卒然外中於寒，若內傷於憂怒，則氣上逆；氣上逆，則六輸不通，溫氣不行，凝結蘊裹而不散，津液澀滲，著而不去，而積皆成矣。"[1] 此"六輸"之義近之。

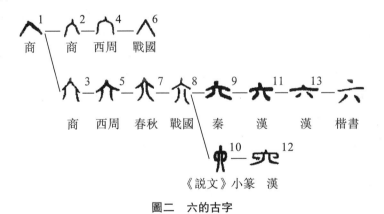

圖二　六的古字

所謂"二虛、二谷"，見於經脉人體表刻寫的文字。

所謂"四府"，即四谿，與"八虛"的含義是一致的。《靈樞·邪客》說："人有八虛，各何以候？岐伯答曰：以候五藏。黃帝曰：候之奈何？岐伯曰：肺心有邪，其氣留於兩肘；肝有邪，其氣流於兩腋；脾有邪，其氣留於兩髀；腎有邪，其氣留於兩膕。凡

---

① 劉衡如校：《靈樞經》（校勘本），第213頁。

此八虛者，皆機關之室，真氣之所過，血絡之所游，邪氣惡血固不得住留，住留則傷筋絡骨節，機關不得屈伸，故拘攣也。"① "兩髀"，即二"谷"字的位置。

所謂"四逆"，即四肢末端。《靈樞・動輸》："黃帝曰：氣之過於寸口也，上十焉息，下八焉伏，何道從還？不知其極。岐伯曰：氣之離藏也，卒然如弓弩之發，如水之下岸，上於魚以反衰，其餘氣衰散以逆上，故其行微。"② 經脉氣血到了四肢末端要返回，故稱"逆"。

三、脱胎於卜甲的犮石

（一）犮爲祓祭

犮，今因出土之《天回醫簡》，方知古有此法。《黃帝內經》等後世文獻全然不存，好像一時間被什麼人、什麼原因故意地移除了。

犮是一種什麼樣的治法？最初考慮是灸法，總覺未穩。犮，拔除之義。或從示，作祓。《説文》："祓，除惡祭也。"③ 一種拔除邪惡的祭祀活動，需要借助於甲骨。

或從車，作"軷"。《説文》："出，將有事於道，必先告其神，立壇四通，樹茅以依神，爲軷。既祭軷，轢於牲而行，爲範軷。《詩》曰：取羝以軷。從車、犮聲。"④

《逆順五色脉臧驗精神》："犮者，去洫以平盈；石者，客有餘以驗鈎。"這是犮、石法的基本內涵。

洫，本義爲田間水道。人體的血脉經絡如田間的水道，水道壅塞，就要疏通之，洫借有疏通義。張家山《脉書》："脉盈而洫之。"⑤《管子・小稱篇》："滿者洫之。"⑥《靈樞・小針解》："客者，邪氣也。"⑦ 驗鈎，與上平盈互爲其文，使平均調和之義。《靈樞・九針十二原》："凡用針者，虛則實之，滿則泄之。"⑧ 泄之，即洫之之義。

犮，祓祭以除之之義，逐漸演變爲經脉醫學的"洫之"之義。證之以同時出土的經脉人，其體表刻繪的經脉綫、鐫鑿的點、刻寫的文字，稱爲"輸"，與"犮龜"一樣，輸必須要按部位分。這與在甲骨上按部位鑽灼、刻寫文字的思想方法如出一轍。

經脉人體表携帶的信息，稱爲"容形之數"，要做到"守數精明"，在於用心體察。《天回醫簡》重視心的作用，這是犮石走出巫時代的重要轉變。《犮理》："犮理。其一曰：心使

---

① 劉衡如校：《靈樞經》（校勘本），第 224 頁。

② 同上，第 196 頁。

③ （漢）許慎撰：《説文解字》（附檢字），北京：中華書局，1963 年，第 8 頁。

④ 同上，第 302 頁。

⑤ 張家山二四七號漢墓竹簡整理小組編著：《張家山漢墓竹簡（二四七號墓）》（釋文修訂本），北京：文物出版社，2006 年，第 125 頁。

⑥ 黎翔鳳撰，梁運華整理：《管子校注》卷十一《小稱第三十二》，北京：中華書局，2004 年，第 599 頁。

⑦ 劉衡如校：《靈樞經》（校勘本），第 14 頁。

⑧ 同上，第 2 頁。

形，九竅皆從；心不使形，九竅不通。心應輸，則發其輸，心不應輸，則石其脉。應輸而石脉則愿。"心是主認知的，友、石重視心的感應作用，恐是古代友祭行爲的一種遺存。

醫之有系可見，始於漢代，漢以前雖有零星記載，然不成系統。通常説醫起源於巫，當與祭祀有關。因爲有了這樣的想法，近來多次去成都金沙遺址博物館，去看展出的幾件卜龜。

（二）商代的卜甲

圖三　金沙遺址博物館卜甲（背甲裏側面）

圖四　金沙遺址博物館卜甲（背甲表側面）

圖五　金沙遺址博物館卜甲（腹甲殘片裏側面）

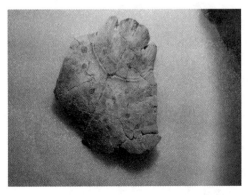

圖六　金沙遺址博物館卜甲（背甲殘片表側面）

圖七　金沙遺址博物館卜甲（腹甲表側，可見十字裂紋）

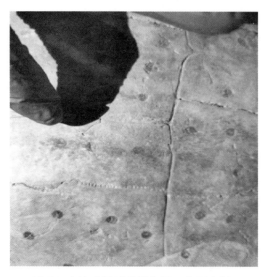

圖八　金沙遺址博物館卜甲（背甲表側）

圖九　殷墟遺址博物館婦妹卜甲

圖十　殷墟遺址博物館武丁貞問婦
妹患疾刻辭卜甲

圖十一　殷墟遺址博物館藏卜甲

圖十二　大墩子遺址出土卜甲

這幾件卜甲，有背甲、有腹甲。金沙遺址博物館收藏的是迄今發現的最大的卜甲，較完整的一件是經過修復的。

仔細觀察，甲的裏側面鑽了很多孔，約一百多個，都是整齊有序的。這些點是先鑽下去的，深達龜甲表面的硬殼，可以透光的程度；然後再用"荊灼"，膠質的薄殼受熱容易開裂。孔的四周可見被燒灼的焦痕，十分清晰。

反過來看甲的表側，對應鑽灼的部位呈黑色圓點，圓點表面有裂紋，幾乎都呈十字形裂紋。

連接在一起的背腹甲，内中裝入石粒、骨針等。《龜靈觀念與甲骨占卜》一文説："大墩子遺址中有 15 座墓葬隨葬龜甲共十六具，部分龜甲除了裝有小石子外，還裝有骨針數枚。王因遺址發現有三座墓葬隨葬龜甲，都放置在死者腰部，龜甲内裝有骨錐，分别是 7、12、25 枚。"把骨針和骨錐裝入龜甲中，或許與卜病有關。這兩處遺址是新石器時期的，距今 4500—6000 年。

（三）卜甲的儀規

祭祀活動集中反映了一個時代的社會文化。一個完整的卜祭過程，從取龜、攻龜、鑽鑿、灼龜到辨兆、貞卜、書契，都是在運用天文、地理、四時、陰陽五行等思想爲指導，求得禳除灾害、視疾袪病的結果。

從這樣的角度看問題，甲骨的靈性，也是人賦予的。卜，一是爲了預測吉凶，一是爲了禳除灾害；轉入醫學上面，一是爲了診知病因，一是爲了袪疾療病。有人認爲卜甲的最終目的是"取兆"，這似乎於情理不合。其實，占卜的意義在於整個過程之中。

天地合氣，命之曰人，龜的生命也是法天則地的。龜上員，象天；下方，法地；甲有十二文，以象十二月；邊翼甲有二十八匡，法二十八宿；骨有六間，法六府；匡有八閑，法八卦；文有十二柱，法十二時。

卜龜有繁複的儀式。占卜前對龜要先行處理，稱"取龜""開龜"。文獻記載，一説占卜時要現殺龜，久藏則不靈；一説秋天取龜殺之，放到來年春時用。開龜通常用"鑽灼"的方法，即先鑽後灼。重要的是，在甲骨上鑽、灼，是出於一種什麼樣的理念呢？

鑽灼，又稱"燋契""焌契"。《周禮·春官·菙氏》："菙氏掌共燋契，以待卜事。"① 孫詒讓："鄭意凡灼龜先用燋取火，而後以契，就燋燃之，乃以灼龜。"② 燋，燃灼龜之木；契，開龜之鑿；焌，同燋。

在龜甲上鑽灼，有既定的儀式。如：《卜法詳考》："爇燋以灼龜，用鑿以開龜，菙人共之，以待卜師用之也。明火以陽燧，取火於日明之至也。焌者，契之鋭頭者，以此焌契，炷於燋火，吹之使熾，以授卜師，遂聽其役也。"③ 這裏説的鑽灼，有點像"鑽木取火"和醫學上的"灸"。

又《史記·龜策列傳》："卜先以造灼鑽，鑽中已。又灼龜首，各三；又復灼所鑽中曰正身，灼首曰正足，各三。即以造三周龜，祝曰：'假之玉靈夫子，夫子玉靈，荆灼而心，令而先知。而上行於天，下行於淵，諸靈數箣，莫如汝信。今日良日，行一良貞，某欲卜某，即得而喜，不得而悔……'"④

鑽灼的地方是有法度的，這裏説分別有"龜首""正身""正足"。造，《集解》徐廣曰："音竈也。"《索隱》："造音竈。造謂燒荆之處。（荆若木）。"造是鑽灼的孔。箣，同刺。祝曰，即祝辭。這種祝辭，即後來醫學上的"傳語法"。

卜所要問的事無所不有，如《卜法詳考》："以邦事作龜之八命：一曰征，二曰象，三曰與，四曰謀，五曰果，六曰至，七曰雨，八曰瘳。注：國有大事則作龜而命之，有此八者：征，行討，征役也；象，天象變動也；與，與人共事也；謀，圖事於人也；果，事成與否也；至，人至與否也；雨，禱雨也；瘳，療疾也。"⑤

國家有重要的事情需要卜，但重要的事情總不如疾病多。鑽灼甲骨除了知國事之吉凶，還可以視疾療病。秦漢的文獻中，有很多卜疾病的記載。如《史記·龜策列傳》："周公卜三龜，而武王有瘳。"⑥ 又，卜病者，祝曰："今某病困，死，首上開，内外交

① （清）孫詒讓著，汪少華整理：《周禮正義》卷四十八《春官·菙氏》，北京：中華書局，2015年，第2352頁。
② 同上，第2354頁。
③ （清）胡煦著，程林點校：《周易函書（附〈卜法詳考〉等四種）》，北京：中華書局，2008年，第1145頁。
④ （漢）司馬遷撰，（南朝宋）裴駰集解，（唐）司馬貞索隱，（唐）張守節正義：《史記》卷一百二十八，北京：中華書局，1959年，第3240頁。
⑤ （清）胡煦著，程林點校：《周易函書（附〈卜法詳考〉等四種）》，第1149—1150頁。
⑥ （漢）司馬遷撰，（南朝宋）裴駰集解，（唐）司馬貞索隱，（唐）張守節正義：《史記》卷一百五，第3224頁。

駭，身節折；不死，首仰足胇。"①

楊華《出土日書與楚地的疾病占卜》一文羅列了《史記·龜策列傳》中的疾病占卜內容，并將楚地出土的秦、楚日書中的疾病占卜方法作了分析。引王家臺 15 號秦墓所出《日書》中以天干配五行、五色、五方決死生的方法。如："戊、己有疾，黃色，中子死；不黃色，甲有瘳，乙汗。"又："丙、丁有疾，赤色當，日出死；不赤色，壬有瘳，癸汗。"②

（四）被祭的通天思想

我們的祖先認爲萬物都是有靈的，萬物有靈纔能天人合一。古人用卜，是虔誠地敬天事神的一種重要儀式。在甲骨上鑽灼，是可以"通神"的，醫學上稱爲"通天"。除了通神，還要通於天氣。通神、通天氣，藉以知未來，知吉凶，知病因，決死生。

甲、骨是"血肉有情之品"，後衍化爲藥物。非動物藥的草木金石也是有靈性的。中藥的靈性稱"性味"，如寒熱温凉、升降浮沉、辛甘酸苦鹹，以此與天氣相通，與神明相通。這與卜甲、卜蓍是一樣的，都是以"通天"爲宗旨的。

古人在龜甲上面鑽灼或刻寫文字，目的是通天、通神。由此聯想到天回漢墓出土的經脈人，經脈人體表刻畫的點與經脉綫，即通天之意，與在龜甲上鑽灼的思想是一脉相承的。後來衍化到在人體上針與灸，再後來演變爲腧穴，并且有了腧穴主治的內容，但"通天"的主旨是没有變的。這種通天的思想，從借助於四時、陰陽、五行，到身體部位、藏府等，其間經歷了多長時間，已難以詳考。

用於占卜的龜有九類，要因四時而用。如：春用青靈，夏用赤靈，秋用白靈，冬用黑靈，四季之月用黃靈。"四季之月用黃靈"的思想，到了《黃帝內經》中，演變成了"脾不獨主於時"的生命觀。

卜甲時還要因四時之序，重點鑽灼不同的部位，如"春灼後左足，夏灼前左足，秋灼前右足，冬灼後右足"。《天回醫簡·犮理》中説："夏犮腋淵，石太陰，則秋不肩背痛。秋犮六輪，石太陽。"《素問·金匱真言論》説："東風生於春，病在肝，俞在頸項；南風生於夏，病在心，俞在胸脇；西風生於秋，病在肺，俞在肩背；北風生於冬，病在腎，俞在腰股；中央爲土，病在脾，俞在脊。"③

占卜中這種因時制宜的思想與方法，在醫學中有着顯著的表現。《黃帝內經》《難經》中有許多根據四時、五行指導養生、診治疾病、推斷預後的內容，當是這種祭祀思想和方法的延續。如《素問·藏氣法時論》説："合人形以法四時五行而治，何如而從？何如而逆？得失之意，願聞其事。"④"合人形"，統而言之，是結合人的形體；細而言之，即

① （漢）司馬遷撰，（南朝宋）裴駰集解，（唐）司馬貞索隱，（唐）張守節正義：《史記》卷一百五，第 3241 頁。
② 楊華：《出土日書與楚地的疾病占卜》，《武漢大學學報（人文科學版）》2003 年第 5 期，第 564—570 頁。
③ 郭靄春主編：《黃帝內經素問校注》，第 58—59 頁。
④ 同上，第 315 頁。

被稱爲"容形之數"的經脉人像。

祭祀是古代最重要的社會活動，醫學脱胎於此，生長於斯，不應武斷地説醫脱離了巫。巫與醫學共同的核心思想"通天""通神明"，一直没有改變。診脉、療疾都要通神明，即所謂"凡將用針，必先治神"之類，《靈樞經》的"本神篇"，就是講這個道理的。

卜祝爲什麼可以通神明？這是人人都會思考的問題。清人胡煦在他的《卜法詳考·序》中説："聖人之用蓍，用其靈也，靈非蓍所能有也，是五行之端倪，陰陽之呈露，太極之大用也。"又説："精誠者，聖人之所以通於神明，契於元化者也。聖人之占卜，雖曰取靈於蓍，實取靈於精誠而已。"① 龜與蓍的靈，是因賦予以天文、地理、人事、四時、陰陽、五行之理，加之以精誠，遂得以通神明。

（五）從卜甲到刺灸身體

從商到兩漢，從卜甲到刺灸身體，一千餘年間發生的變化難以細數。可以想見的是，這其間，新文化思想不斷地加入，如天文、地理、典章制度，特別是對生命與疾病認知等，一直到經學的産生。經學的確立，經師們有了話語權，巫的作用被取代。

通過被祭以卜疾袪病，并不在人的身體上施術，這是早期視疾療病的方式。如《韓非子·説林下》："諺曰：巫咸雖善祝，不能自被也；秦醫雖善除，不能自彈也。"② 善祝，即善卜，却不能爲自己禳除疾病。善除，即以針、藥袪病；彈，是左手握踝，右手彈脉的診法，故不能自彈。

在《史記·扁鵲倉公列傳》的記載中，发已經轉移到身體上施術了。其中説："上古之時，醫有俞跗，治病不以湯液醴灑，鑱石撟引，案扤毒熨，一撥見病之應；因五藏之輸，乃割皮解肌，訣脉結筋，搦髓腦，揲（數蓍草以占卜吉凶）荒爪幕，湔浣腸胃，漱滌五藏，練精易形。"③ 撥應爲拔，同发。在甲骨上鑽灼，禳除災難稱爲被；在人體上刺、灸，拔除病邪亦作发。

這個俞跗，是一個巫醫。《説文解字·酉》："醫，治病工也……古者巫彭初作醫。"④ 清俞樾《群經平議·孟子》："巫、醫古得通稱，蓋醫之先，亦巫也。"⑤ 是巫、醫對文則別，散文則通。

從卜甲到人體，中間有一個思想認識的轉換。如《素問·移精變氣論》中説："古之治病，惟其移精變氣，可祝由而已。"⑥ 祝由，即卜祝。祝由時還要"閉户塞牖，繫之病

---

① （清）胡煦著，程林點校：《周易函書（附〈卜法詳考〉等四種）》，第1137頁。

② （清）王先慎撰，鍾哲點校：《韓非子集解》卷八《説林下第二十三》，北京：中華書局，1998年，第192頁。

③ （漢）司馬遷撰，（南朝宋）裴駰集解，（唐）司馬貞索隱，（唐）張守節正義：《史記》卷一百五，第2788頁。

④ （漢）許慎撰：《説文解字》（附檢字），第313頁。

⑤ （清）俞樾撰著，趙一生主編：《俞樾全集》第二册《群經平議》，杭州：浙江古籍出版社，2017年，第950頁。

⑥ 郭靄春主編：《黄帝内經素問校注》，第180頁。

者，數問其情，以從其意，得神者昌，失神者亡"①。所謂"得神"，是移精氣於病者，這是巫的遺蘊。

關於移精變氣，《管子·心術下》説："專於意，一於心，耳目端，知遠之證。能專乎？能一乎？能毋卜筮而知凶吉乎？能止乎？能已乎？能毋問於人而自得之於己乎？故曰：思之。思之不得，鬼神教之。非鬼神之力也，其精氣之極也。"② 還是要通過卜，移靈龜之精氣於病者，得神靈之助以禳除疾病。

移易精氣，使精神內守，邪不能干，故稱移精變氣。但篇中重點論述了通過"理色脉而通神明"的道理。"治之要極，無失色脉"，臨證纔能"觀死生，決嫌疑"。怎樣纔能做到不失色脉？篇末提出了一個非常重要的話題，即"治之極於一"。"何謂一？一者因得之"。什麽是"因"？《管子·心術上》説："因也者，舍己而以物爲法者也。"③ 觀察事物，要去掉主觀成見，虛其心，專其精，纔能把握事物的本質。要達到這樣的境界，需要"閉户塞牖，繫之病者，數問其情，以從其意，得神者昌，失神者亡"。"得神"，即"通神明"。精神專一，纔能客觀地認識事物，這與卜師的行爲是一樣的。

友龜卜病，是爲了求病因，決死生，大概戰國以後，演變爲察色、按脉來審病因、決死生。

漢代的文獻中，決死生是重要的專門之學，漢以後逐漸式微，如《史記·扁鵲倉公列傳》記載倉公跟隨公乘陽慶學習，三年後"診病、決死生，有驗，精良"④。

（六）醫經的出現

醫學的"經"出於西漢，先見於《史記·扁鵲倉公列傳》，後見於西漢成帝詔劉向、李柱國等校書，可知醫經出於王官。《漢書·藝文志·方技略》所言"醫經者，原人血脉經落骨髓陰陽表裏，以起百病之本，死生之分，而用度箴石湯火所施，調百藥齊和之所宜"，解釋了醫經的生命觀、診療觀。

《素問·病能論》中還記錄了幾種古醫經的解題，説："《上經》者，言氣之通天也；《下經》者，言病之變化也；《金匱》者，決死生也；《揆度》者，切度之也；《奇恒》者，言奇病也。"⑤ 其中，《上經》講生命，《下經》講疾病，《揆度》《奇恒》講診斷，整整齊齊的一門醫學。

《素問·陰陽別論》："別於陽者，知病忌時；別於陰者，知死生之期，謹熟陰陽，無與衆謀。"⑥ 什麽是"無與衆謀"？大概是不和神仙商量了。

---

① 郭靄春主編：《黃帝内經素問校注》，第 186 頁。

② 黎翔鳳撰，梁運華整理：《管子校注》卷十三《心術下第三十七》，北京：中華書局，2004 年，第 780 頁。

③ 黎翔鳳撰，梁運華整理：《管子校注》卷十三《心術上第三十六》，北京：中華書局，2004 年，第 776 頁。

④ （漢）司馬遷撰，（南朝宋）裴駰集解，（唐）司馬貞索隱，（唐）張守節正義：《史記》卷一百五，第 2796 頁。

⑤ 郭靄春主編：《黃帝内經素問校注》，第 597 頁。

⑥ 同上，第 115 頁。

《史記·扁鵲倉公列傳》："心不精脉，所期死生視可治，時時失之，臣意不能全也。"① 決死生，取決於醫生的心智。

《靈樞·經脉篇》説："經脉者，所以決死生、處百病、調虚實，不可不通。"② 人體的"經脉"是決死生、處百病、調虚實的生命基礎。

《靈樞·本神篇》説："天之在我者德也，地之在我者氣也，德流氣薄而生者也。"③ 德是精神，氣是形質。構成生命的是形與神，神不是形的產物，這是中華民族核心的生命觀。以《黄帝内經》爲代表，形神合一的生命觀取代了卜祭通神的觀念，診病治病要先治神，要向自身求。

《吕氏春秋·精通》講到人與天地萬物是有精氣相通的，草木金石有精氣，可與人的精氣相通。這種萬物有靈的思想，是以精氣爲基礎的。草木金石的精氣，醫學上稱爲"性味"。飲食入胃，可以化爲精氣；醫方湯液入胃，化爲精氣，補偏救弊，以平爲期。如《漢書·藝文志·方技略》"經方小序"説："經方者，本草石之寒温，量疾病之淺深，假藥味之滋，因氣感之宜，辨五苦六辛，致水火之齊，以通閉解結，反之於平。及失其宜者，以熱益熱，以寒增寒，精氣内傷，不見於外，是所獨失也。"④ 這是中醫以湯液防治疾病的思想來源。

有了醫經，又有了經師，診病、決死生的話語權建立了起來，巫的作用被取而代之了。

經脉醫學生命觀的核心是"原人血脉經落骨髓"。心必須精脉，正如《黄帝内經》中多處强調的"凡將用針，必先治神"之義。有了這種生命觀，從卜龜視疾，祓除疾病，到通過色脉，視疾療病，想必就是這樣演變過來的。若進一步説，卜龜在神，是從無形到有形；石祓於人體，則是從有形到無形，生命與疾病都是根於自然的。中華民族天人合一、萬物有靈的信仰，創造出的精神文明歷久彌新，所謂天不變，道亦不變。本着這樣的理念看待醫學的生命與疾病觀，過去的未必是落後的，時間有先後而已。

馮時先生在他的《商醫灸焫考》一文中説："中國古人用火的傳統非常古老，且學者或又以爲商文化起於北方，則其創制或繼承灸法也就自屬必然。况傳統之龜卜制度悠久，古人以楚焯灼龜，方法與灸灼酷似，故灸法之起源或也可能受到卜法的啓發。要之，灼龜呈兆意在通神和氣，而灸焫温中則在通經活絡，其理一也。"⑤

四、祓石餘論

從《靈樞》中的記載來看，漢代開始推行使用小針。如《靈樞·九針十二原》説：

① （漢）司馬遷撰，（南朝宋）裴駰集解，（唐）司馬貞索隱，（唐）張守節正義：《史記》卷一百五，第 2817 頁。

② 劉衡如校：《靈樞經》（校勘本），第 49 頁。

③ 同上，第 38 頁。

④ （漢）班固著，（唐）顏師古注：《漢書》卷三十，北京：中華書局，1962 年，第 1778 頁。

⑤ 馮時：《商醫灸焫考》，《中原文物》2022 年第 1 期，第 143 頁。

"余欲勿使被毒藥，無用砭石，欲以微針通其經脉，調其血氣，營其逆順出入之會。令可傳於後世，必明爲之法。"①《靈樞•小針解》還專門解釋了小針的用法。

《素問•移精變氣論》却另有一説："暮世之治病也則不然，治不本四時，不知日月，不審逆從，病形已成，乃欲微針治其外，湯液治其内，粗工凶凶，以爲可攻，故病未已，新病復起。"② 可知這一篇的時代更爲近古。

漢代的針，可以考見的是 1968 年河北滿城漢墓出土的金、銀針。這些針都很粗大，很難想象是如何使用的。東漢以後，微針逐漸取代了大針。以至於《靈樞》《素問》中記載的許多刺法，後來就難以理解了，如《靈樞•官針》中的毛刺、粹刺、報刺、恢刺、齊刺、揚刺、直針刺、贊刺、半刺、豹文刺、關刺等。

因爲是大針，漢人對針的使用是十分謹慎的，如《靈樞•玉版》中說："黃帝曰：余以小針爲細物也，夫子乃言上合之於天，下合之於地，中合之於人，余以爲過針之意矣，願聞其故。岐伯曰：何物大於天乎？夫大於針者，唯五兵者焉。五兵者，死之備也，非生之具。且夫人者，天地之鎮也，其不可不參乎？夫治民者，亦唯針焉。夫針之與五兵，其孰小乎？"③ 又："黃帝曰：夫子之言針甚駿，以配天地，上數天文，下度地紀，内別五藏，外次六府，經脉二十八會，盡有周紀，能殺生人，不能起死者，子能反之乎？"④ 駿，重大的意思。以針比於五兵，用之不當，可以殺生人，不可不慎。反，改變之義。用針與天文、地理相配，其内涵就更加豐富了。

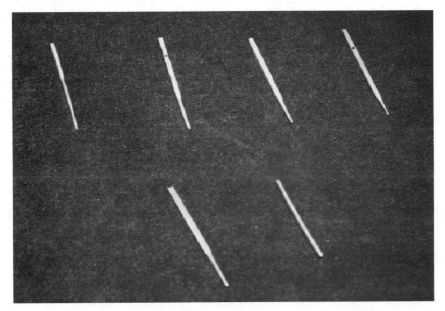

圖十三　河北滿城漢墓出土的金銀針（4 枚金針、2 枚銀針）

---

① 劉衡如校：《靈樞經》（校勘本），第 1 頁。
② 郭靄春主編：《黃帝内經素問校注》，第 183—184 頁。
③ 劉衡如校：《靈樞經》（校勘本），第 191 頁。
④ 同上，第 193—194 頁。

中國地大物博，古代的某些刺法，在民間尚有存者。如圖：

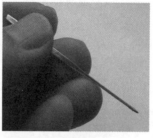

圖十四　廣東省中醫院王忠文醫師祖傳的"子午流注針藥"漢針刺法

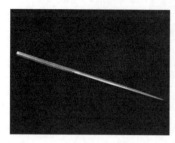
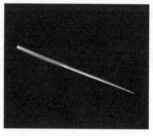
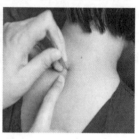

圖十五　遼寧漢針堂陳秀傑醫師祖傳的漢針刺法

可見"灾"字的醫學義，主要指刺法、灸法。前文説過，灾與石對舉，一則刺血脉，一則刺俞。故石必當脉，灾必當俞。俞在經絡，不在血脉。證之以同時出土的經脉人，其體表的 111 個點，是鑿下去的，這與卜甲如出一轍，這些點當是用"灾"的部位。

另外，今《黄帝内經》有幾處"拔"字的用法，恐與早期灾法相關。如：《靈樞·經脉》："小腸手太陽之脉……是動則病：嗌痛頷腫，不可以顧，肩似拔。"又："膀胱足太陽之脉……是動則病：衝頭痛，目似脱，項似拔。"拔爲疼痛之義。《素問·五藏生成論》："多食苦，則皮槁而毛拔。"毛拔，別本作"毛焦"，或與灾祭燒灼之意相關。

《北京大學藏秦簡牘》中有《祓除》一篇，其中説："今夫上帝嬌子謂工祝：來。子灾。得其先，得其故，未知所以祓除。帝嬌子曰：所以灾者，取熊熊之火，燔之丘荒。"[1] 秦時的祭祀文獻中，"灾"字尚在使用。

灾法，傳世的醫學文獻蕩然無存，可知東漢以後即被取代。漢代的醫學已趨於成熟，留下來的文獻不可謂不多，然兩千多年前的事，我們不知者太多了，《黄帝内經》中有很多内容看不懂，一些治法也已經失傳，漢代的醫學，發生了什麽樣的變化，尚待詳考。

---

① 田天整理：《北京大學藏秦簡牘》第四册《祓除》，上海：上海古籍出版社，2023 年，第 915 頁。

新石器時期的巫與巫醫初論[*]

畢　洋　柳長華

（成都中醫藥大學中國出土醫學文獻與文物研究院，四川　成都　610031）

提　要：本文首先對新石器時期的原始宗教及信仰、巫的起源等概念等進行界說，認爲新石器時代的巫來源於原始宗教信仰，這是原始宗教産生的重要基礎和必要條件；但巫及原始宗教信仰并不一定能發展至原始宗教；宗教的演化程式與不同區域古代文化的社會進程密切相關但不絶對相關。在此基礎上，本文結合相關文獻材料和已有考古發現，對巫的歌舞鼓樂、占卜與觀星等職能以及古史記載中的“絶地天通”進行分析，認爲新石器時代的巫屬於“公巫”的範疇，僅是“公巫”這一群體或階層中的一種。隨着氏族部落中王權的興起，“公巫”的世俗權利被壟斷及其各種職能的專業分化，由此形成了爲世俗首領所掌握的各種職官或職工（巫、卜、祝、宗、筮、醫等）。最後，作者根據考古材料進一步對巫與巫醫關係進行討論，認爲新石器時代的巫不僅借助龜卜病占疾，同時也借助針砭治其身；即巫醫在治病時并非僅靠巫術，可能有時也借助相關工具和醫藥方法，這些具有中醫藥萌芽和起源的特徵顯示出“巫醫同源”的模式是成立的。

關鍵詞：新石器時期；巫；巫醫；巫醫同源

一、言　旨

巫與巫醫的關係一直是學界探尋我國中醫藥起源繞不開、分不離的重要熱點之一，是一個具有多重面向的複雜問題。這個問題不僅涉及民族、歷史、宗教、醫學等方面，同時還涉及考古、神話、文學、民族、人類學等諸多内容。一般而言，學界對於巫與巫

　＊　本文係成都中醫藥大學杏林學者項目——博士後專項：跨學科研究視域下醫藥考古學學科理論體系的構建（項目批准號：BSZ2023067）、2023年度四川省哲學社會科學基金一般項目：醫藥考古視域下的川派中醫溯源研究——以四川地區漢代墓葬材料爲中心（項目批准號：SCJJ23ND275）、成都中醫藥大學學科創新團隊專項：出土醫學文獻與文物研究（項目批准號：XKTD2022018）、2023年四川省哲學社會科學基金特別委托重大專項：天回漢墓髹漆經脉人像研究（項目批准號：SCJJ23WT11）的階段性研究成果。

醫的關係，大多持"巫醫同源"論，即"巫、醫關係三段論"，反映了巫醫關係由巫術到宗教再到科學的綫性演變與發展邏輯。

如陳邦賢先生認爲："中國醫學的演進，始而巫，繼而巫和醫混合，再進而巫和醫分離。以巫術治病，爲世界各民族在文化低級時代的普遍現象。"陳先生還進一步指出，中國古代的醫者經歷了一個由巫到醫的發展過程，可以説巫醫就是最早的醫師①。童恩正先生曾對我國古代早期"巫"的身份及其職能進行過系統梳理，他認爲世界上各民族中最早的醫師，其實就是巫師②。范行準先生也認爲："治病之巫，實際就是歷史上最早出現的職業醫生。"③ 另如胡新生先生指出："最早的巫師也是最早的醫生。巫醫同源的現象在中國文化史上表現得十分突出。"④ 鄭瑞俠先生對我國古代文學作品中出現的巫醫進行分析後認爲："中國古代文學中出現的最早的巫醫，應屬以巫咸爲首的群巫集團，他們既是巫師，又是醫師，兼二者於一身。單純從醫師的角度進行審視，這個群體具有非常鮮明的形象特徵。"⑤ 并進一步闡釋道，巫醫群體可歸納爲"采藥者""起死回生者""招魂療疾者"和"祈禱者"，巫術與醫術正是通過這些方式相互滲透并以這幾種形象得到充分顯示。

對此，也有學者持不同意見。如法國學者列維－斯特勞斯就針對"巫、醫關係三段論"的綫性演變思維提出，"野性思維與科學思維是兩條并進的思維方式，并且可以預見二者將來的交匯"⑥。即巫與醫并不一定是在單一的綫性演變發展邏輯下自身獨立的且有先後順序的發展，而是同時在各自領域單獨發展，并且在某一個時間節點下互相進行交融和交匯。另如國內學者廖育群先生認爲，"就巫和醫的實質而論，兩者乃是相互對立的，不能因爲某一歷史時期，由某些人同時承擔着雙重角色就將其混爲一談"⑦。此外，何裕民先生和張曄先生則認爲，關於中醫的起源，并不是單一綫性發展的，應該從動力學和發生機制的角度進行"多元性追溯"，對於巫與巫醫之間的"本能醫學"與"理性醫學"都不可忽視⑧。也就是説，出於本能的醫療動機（即人或動物在受傷或生病時積極主動尋求的一些草藥或"工具"進行的一些簡單的醫療行爲只能算作是人或動物爲求之生存的"本能醫學"）或僅能歸屬於具有早期的醫學起源特徵，并不屬於真正意義上的醫學範疇。而理性醫學則是具有較强的主觀能動性的以醫療手段爲目的的醫療行爲，纔可視爲理性醫學。

由上述關於巫與巫醫關係的討論我們可以看出：第一，不同學者由於其所屬學科背景的不同，其認識或結論有所差異。第二，儘管有關巫與巫醫關係的研究涉及世界各地，但從全球文明史的發生過程來看，這不僅不一致，且具有較大的差別，因此導致不同區

---

① 陳邦賢：《中國醫學史》，上海：上海書店，1937 年，第 7 頁。

② 童恩正：《中國古代的巫》，《中國社會科學》1995 年第 5 期，第 180—197 頁。

③ 范行準：《中國醫學史略》，北京：北京出版社，2016 年，第 10 頁。

④ 胡新生：《中國古代巫術》，濟南：山東人民出版社，1998 年，第 11 頁。

⑤ 鄭瑞俠：《中國古代早期文學的醫師形象》，《東疆學刊》2004 年第 2 期，第 65—72 頁。

⑥ ［法］列維－斯特勞斯著，李幼蒸譯：《野性的思維》，北京：商務印書館，1987 年，第 45 頁。

⑦ 廖育群：《岐黃醫道》，海口：海南出版社，2008 年，第 11 頁。

⑧ 何裕民、張曄：《走出巫術叢林的中醫》，上海：文匯出版社，1994 年，第 402—417 頁。

域不同文化所孕育的巫與巫醫關係亦有所不同，不可一概而論①。第三，就有關我國巫與巫醫關係的研究而言，除有不同學科背景、不同研究視角而導致的結論不一外，更值得注意的是，大部分研究均集中在我國的歷史時期或者先秦時期，即有相關文獻史料可佐證。如最早流傳下來的《黃帝内經》《黃帝八十一難經》《神農本草經》和《傷寒雜病論》四部醫書構建了我國古代早期較爲完善和系統的中醫藥學術體系②，但它們成書的年代則從先秦一直持續到東漢，其跨越時代甚廣。如其中現存最早的《黃帝内經》，是由多地、多個時代的多個學派在較長的一個時間内不斷彙編而成的，其主體部分則大致於戰國時期完成③。顯然，這種較爲完善和系統的中醫藥學術體系不可能憑空産生，其起源至少應追溯至三代。另外，再從記載有商周時期相關醫藥史料的文獻來看，如殷墟出土的甲骨卜辭中就有大量的藥物治病、療法甚至還有管理疾病的官職文字發現④；《周禮·天官·醫師》中亦有食醫、疾醫、瘍醫、獸醫等職業醫官以“……掌醫之政令，聚毒藥以共醫事，……掌養萬民之疾病”⑤ 的記載。因此，關於我國中醫藥的起源及有關巫與巫醫之關係的追溯其時代還應向前。

　　總體而言，在古代文明和早期國家的起源過程中，宗教及其神職人員（包括巫師）均有其不可替代的關鍵作用。如與中國古代早期宗教有關的巫就具有巫、卜、史、祝、宗、筮、醫等多種職能⑥，故我們不能排除不同的古代文明在不同的社會發展進程中，伴隨其在處理發展過程中所需要面臨一些解決問題的特殊手段，在此基礎上逐漸形成了掌握一定天文、地理、醫藥甚至化學、物理等知識的巫師以確保其巫術儀式或巫術活動正確性的可能。

　　當代文化人類學的相關研究顯示，儘管巫術不是科學，但在科學的起源發展過程中確實發揮了不可替代的作用，因此在一定程度上而言“巫術是科學的初生地”并不無道理。如占星啓發了天文學、氣象學、風水與地理學（或“堪輿學”）；方術則更是涉及醫學、藥劑學、生命科學及化學、物理學等。由此，英國的人類學家弗雷澤曾指出：“原始社會的巫師不僅是内外科醫生的直接前輩，也是自然科學各個分支的科學家和發明家的直接前輩。”⑦

---

　　① 如有學者認爲，所謂“醫源於巫”“醫源於宗教”可能爲西方醫學史所認知自身的“範式”，不可與國内中醫藥學的起源同日而語；故“巫、醫關係絕非由巫醫的簡單綫性演進模式，而是有層次性和對象性的”。參見楊勇《傳説史料與西方理論的疊加：近代“醫源於巫”説的形成》，《人文論叢》2020 年第 1 期，第 185—193 頁。

　　② 張成博、程偉：《中國醫學史》，北京：中國中醫藥出版社，2016 年，第 34 頁。

　　③ 孫非：《〈黃帝内經〉年代學研究》，北京中醫藥大學博士學位論文，2007 年，第 132 頁。

　　④ 參見嚴一萍《中國醫學之起源考略·上》，《大陸雜志》1951 年第 2 期，第 25—35 頁；袁庭棟、溫少峰《殷虚卜辭研究——科學技術篇》，成都：四川省社會科學院出版社，1983 年，第 338—340 頁；鍾舒婷《商代涉醫材料研究概述》，《出土醫學文獻與文物》（第二輯），成都：巴蜀書社，2022 年，第 10—22 頁。

　　⑤ （清）孫詒讓撰，王文錦、陳玉霞點校：《周禮正義》卷九《天官·醫師》，北京：中華書局，1987 年，第 315—323 頁。

　　⑥ 金仕起：《中國古代的醫學、醫史與政治》，臺北：政大出版社，2010 年，第 298 頁。

　　⑦ ［英］J. G. 弗雷澤著，汪培基、徐育新、張澤石譯：《金枝》，北京：商務印書館，2019 年，第 50 頁。

既此，筆者繼續以"巫與巫醫"爲題，在對原始宗教及信仰、巫等概念界定的前提下，結合相關考古發現和傳世文獻的記載情況，擬對巫的職能、巫與巫醫的關係進行探析，以期爲進一步研究提供方便。

二、相關概念界説

關於巫與巫醫，長期以來，我國社會大多對此持負向態度，如梁釗韜先生將巫看作是原始人類聯想誤用僞科學行爲的巫術并將其掌握的人[1]；任繼愈先生則表示，"在原始社會，巫術是自發形成的；在階級社會，巫術常被用作裝神弄鬼進行欺騙的工具"[2]。另外，在其他國家和地區的學者亦有類似看法，如法國學者弗雷澤堅定地認爲，"謬誤的規則就是巫術"，而掌握巫術的巫，其本身的思想及其行爲也是錯誤的[3]。

隨着新史學的發展和推動，越來越多的學者將巫或巫醫放置於歷史語境下進行復原分析并對此有中肯的評價[4]。如李零先生曾通過對歷史文獻記載中關於顓頊"絶地天通"的史料分析，對巫的內涵與其發展關係提出了新見。李零先生認爲，巫僅是官方的職事之一；在此之前，巫的地位較高；而顓頊"絶地天通"後，使得天、地二官分工，人事和神事也有所分工；故巫的地位則逐漸位於祝、宗、卜、史之下，而後者又位於王之下，這樣的政治格局自商以來就已確立；其原因與巫常常被作爲犧牲品，并被官僚知識界和古代法律所鄙視等原因有關[5]。

由於世界各地的古代文明其歷史發展進程的不一致性，其宗教的演化進程和宗教信仰體系與秩序的構建不僅與區域有關，更與時代有關。如我國新石器時期與先秦秦漢時期的原始宗教和原始宗教信仰就大有不同，因此在其時代背景下的巫與巫醫的關係及其內涵亦有所不同。既此，對於我國新石器時期的巫與巫醫，我們必須堅持還原歷史語境的立場，對巫的探討首先應放在"原始宗教及信仰"的大概念下進行，首先要分析其產生的環境或場域；其次須要明晰何爲"巫"，由此纔能逐漸接近當時的原貌，揭露其起始時的混沌問題，以確定巫與巫醫關係的發展邏輯。

（一）原始宗教及信仰

對於宗教的定義，在歷史學、人類學、社會學、宗教學等學科領域中，可謂聚訟紛紜。一般而言，宗教具有信仰系統和儀式系統兩大基本要素[6]。宗教是社會儀式升華的

① 梁釗韜：《中國古代巫術》，廣州：中山大學出版社，1999年，第16頁。
② 任繼愈主編：《宗教詞典》，上海：上海辭書出版社，2009年，第486頁。
③ ［英］J. G. 弗雷澤著，汪培基、徐育新、張澤石譯：《金枝》，第77頁。
④ 參見林富士《漢代的巫者》，臺北：稻鄉出版社，1999年，第123頁；李零《中國方術考》，北京：東方出版社，2001年，第45頁。
⑤ 李零：《中國方術續考》，北京：東方出版社，2001年，第76—78頁。
⑥ 孟憲則、劉振：《"絶地天通"與中國醫學"巫醫分立"的完成》，《醫學與哲學》2021年第20期，第71—75頁。

產物，并會隨着社會生產技術、經濟和政治制度的改變而改變；而宗教的演化程式則與社會的演化進程密切相關。

總體來看，在原始時期，原始社會的人類其精神信仰意識的產生多來源於祖先、自然（如動物、植被、山川河流等）、偶像（如具有較強能力的個人、管理者、首領）等，由此便產生了祖先崇拜、自然神靈崇拜以及現實的偶像崇拜。當然，亦有祖先神分別與自然神、偶像神抑或是自然神與偶像神在其二者與三者之間互相融合、結合的可能。而這些信仰要素即是構建原始宗教信仰體系的基本條件。同時，再加以社會中具有一定影響力人員的積極引導（或爲年長者、或爲身體有殘缺者、或爲個人能力非常突出者，抑或是具有普通社會成員所不能擁有的能力），再輔之以某種儀式活動并賦予其所特有的解釋體系及闡釋權利，由此即可構建出信仰系統的基礎，這即爲原始的宗教信仰。由於該時的信仰與儀式系統尚未成熟（如受衆普信程度、教條或制度、專用於宗教事務的象徵符號系統、專職的管理人員及其等級體系、理論闡釋體系、物化的宗教性器物與建築等），故其尚未進入真正意義上的宗教層面，但可視作宗教的初始形態，并具有一定的組織形式或功能，因此我們將其稱爲原始宗教。

需要説明的是，宗教與宗教信仰并不是絕對對等的，有宗教自然有其宗教信仰；但有宗教信仰也并不意味着已有宗教。原始宗教及其信仰亦并不是特指原始時期的宗教，僅是指宗教演化進程中的最初階段；而宗教的演化程式則與社會的演化進程密切相關但不是絕對相關。

如我國江浙地區新石器時代晚期的良渚文化，就已有了成熟的宗教信仰，良渚文化是以宗教祭祀集團占統治地位的神權社會[1]。現有考古資料也證實，良渚文化具有反映宗教信仰物化形式的宗教性器物與建築。如浙江餘杭反山 M12 出土的玉琮，其上刻劃有象徵良渚文化宗教符號的"神徽"[2]（圖一，1）。宗教性建築則是祭壇。大多數良渚文化墓地，特別是高等級墓地，都位於人工堆築的土壇上，學界多認爲這些土壇并不是單純的葬地，同時也有祭壇的作用。這些祭壇在規模、結構及壇上的墓葬均有明顯的等級區分[3]。此外，完備的玉禮器制度亦是良渚文化重要的宗教物化形式，如琮、璧、冠形器、三叉形器、錐形器、璜、牌形器等均爲宗教禮儀的專用禮器（圖一，2-11）。這些重器在不同等級墓葬中的種類、數量、品質都有所差別。其中，最高等級墓葬中各種禮器具備，且製作精良；而其他各等級墓葬隨着等級的降低，禮器的規格也降低。這一現象在良渚文化的分布區內具有空前的一致性，應是系統的宗教觀念支配下的產物[4]。可見，諸如良渚文化這種業已相當發達的宗教文化及社會，我們亦稱之爲原始宗教。

---

① 吳汝祚、牟永杭：《玉器時代説》，載徐湖平主編《東方文明之光——良渚文化發現 60 周年紀念文集》，海口：海南國際新聞出版中心，第 168—179 頁。

② 浙江省文物考古研究所：《反山》，北京：文物出版社，2005 年，第 217 頁。

③ 張弛：《長江中下游地區史前聚落研究》，北京：文物出版社，2003 年，第 128 頁。

④ 中國社會科學院考古研究所：《中國考古學：新石器時代卷》，北京：中國社會科學出版社，2010 年，第 686—689 頁。

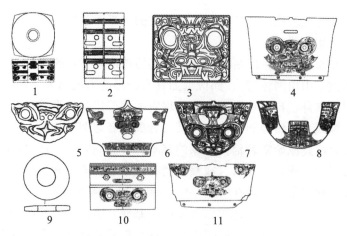

圖一　良渚文化宗教禮儀性玉器

1. 玉琮（反山 M12：98）；2. 玉柱形器（反山 M20：2）；3. 玉琮上的獸面紋（瑤山 M9：3）；4. 玉冠飾（反山 M12：8）；5. 玉牌飾（瑤山 M7：55）；6. 玉冠狀飾（瑤山 M2：1）；7. 玉牌飾（瑤山 M10：20）；8. 玉三叉形器（瑤山 M7：26）；9. 玉璧（反山 M12：95）；10. 玉冠飾（瑤山 M22：11）；11. 玉冠飾（反山 M12：79）

　　宗教的演化程式與社會的演化進程密切相關但不是絕對相關的例子，如 20 世紀前期，我國邊疆地區的一些少數民族還有巫師從事占卜、禳解禍祟、驅鬼治病等活動；另如滿族的“薩滿”、壯族的“鬼婆”、苗族的巫師、瑤族的“搜緬翁”或“那曼貢”等①。這些均可視作原始的宗教信仰的孑遺，但并不能稱之爲宗教。

　　由此，通過上述對原始宗教及原始宗教信仰的定義及其相關內涵的剖析，我們可以厘清巫與原始宗教及原始宗教信仰的關係。第一，巫來源於對原始宗教的信仰，是原始宗教產生的重要基礎和必要條件；第二，巫及原始宗教信仰并不一定能發展至原始宗教，但原始宗教必定有原始宗教信仰和巫的存在；第三，宗教的演化程式與社會化進程密切相關但不是絕對相關，不同古代文化在不同地區不同時代均有差別；第四，巫及原始宗教信仰并不爲古代所僅有，即便在現代的今天，部分欠發達或較落後的國家或地區依然有巫及原始宗教信仰的孑遺，但不一定存在原始宗教。

　　（二）巫

　　在現代，人們對於“巫”的解釋均有較爲詳細的定義及其活動內容的闡釋。如在《辭海》中，“巫”的定義是：“古代從事占卜、祈禱，爲人求福、却灾的人。”② 從《漢語大辭典》來看，對於巫的解釋是：“古代從事祈禱、占筮、星占，并兼用藥物爲人求福、却灾、治病的人。”③ 可見，現代對於巫的理解是具有特定職能的群體，即巫通過占卜、祈禱、治病等方式幫助人們擺脫灾難，得到神靈庇佑，從而維持平安、穩定的生活④。

① 宋恩常：《中國少數民族宗教》，昆明：雲南人民出版社，1985 年，第 58 頁。
② 夏征農、陳至立：《辭海》（第六版），上海：上海辭書出版社，2009 年，第 2394 頁。
③ 羅竹風：《漢語大詞典》，北京：漢語大詞典出版社，1997 年，第 1149 頁。
④ 王玉德：《長江流域的巫文化》，武漢：湖北教育出版社，2005 年，第 1 頁。

在新石器時期，由於年代久遠，有關這一時期巫的身份以及巫術儀式或活動的詳細過程儘管現在已經無從考證，但相關考古發現表明，巫及其相關儀式或活動的遺存在新石器時期的確存在。如遼寧東溝縣後窪遺址出土有很多小型石雕刻品，有人像、豬、鳥、虎、魚等①（圖二）。這些石雕塑品的形體均較小，最大的近 6 厘米，最小的僅 1 厘米；多圓雕并注重整體結構，動物雕像的隨意性較強；部分雕塑品的底部有穿孔或底座，發掘者推測是放在或安插於居址內的某一處地方②。據宋兆麟先生考證，這些均爲新石器時期的巫覡執行巫術時所需要的法器③。

1982 年，在遼寧喀左東山嘴紅山文化的建築遺址群中發現有一組石建築基址。該建築基址，在建築石材、砌築技術上相當講究，尤其是在總體布局上，由南北軸綫對稱分布，且有中翼和兩翼的主次之分，南北方圓對應。考古發掘者聯繫其選址位於面對開闊的河流以及大山山口，加之多處基址都置有成組、成群立石組成的石碓以及有陶塑人像群出土等情況分析，判斷該建築遺址是當時人們從事包括祭祀在內的社會活動的一個中心場所。容觀敻先生從心理人類學的角度推測，該遺址爲古代北方民族薩滿教巫師祭天的場所④。

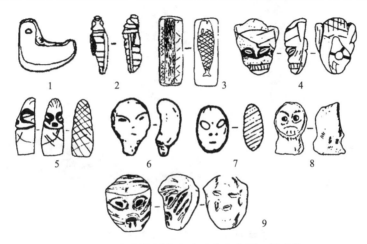

圖二　遼寧東溝縣後窪遺址出土有關巫的遺物

1. 石鳥（VT24④：4）；2. 石昆蟲（VT1④：4）；3. 石魚（ⅠT4④：6）；4. 滑石人面像（ⅠT1④：59）；5. 滑石雕像（VT1④：8）；6. 陶塑像（ⅠT1③：32）；7. 陶塑像（ⅢT4④：17）；8. 陶塑像（T21④：10）；9. 陶塑像（VT3②：58）

① 許玉林、傅仁義、王傳普：《遼寧東溝縣後窪遺址發掘概要》，《文物》1989 年第 12 期，第 1—22 頁。

② 發掘者認爲，基於原始社會生産力低下、科學落後的條件，人們由此對自然界萬物産生一種神秘感。他們往往認爲世界上一切動植物和其他自然物均和人一樣擁有靈魂，因而産生了自然崇拜，進而將其發展爲把某種動植物（或無生物）作爲自己氏族的親族、祖先、保護者和象徵的圖騰崇拜，并把某種動植物的一部分或仿製品佩戴在身上，以祈求神靈賜福或消災解難。這是後窪遺址先民製造動植物雕塑品的根本原因。參見許玉林、傅仁義、王傳普《遼寧東溝縣後窪遺址發掘概要》，《文物》1989 年第 12 期，第 1—22 頁。

③ 宋兆麟：《後窪遺址雕塑品中的巫術寓義》，《文物》1989 年第 12 期，第 23—28 頁。

④ 容觀敻：《東山嘴紅山文化祭祀遺址與我國古代北方民族的薩滿教信仰》，《民族研究》1993 年第 1 期，第 38—40 頁。

　　同年，在甘肅秦安大地灣新石器時代的仰韶文化晚期房址 F411 中發現了一幅地畫（距今約 5000 年）。地畫中有人、動物及其他圖案。其右左上部有一人，頭較模糊，似有長髮，肩部寬平，近長方形上身，下身兩腿交叉直立，似行走狀；左臂向上彎曲至頭部，右壁下垂內曲，手中似握棍棒器。左上部亦有一人，頭近圓形，細長頸，肩部左低右高，胸部突出，兩腿也相交直立，似行走狀。其左腿下端因居住面被破壞而殘缺。左臂彎曲上舉至頭部，右壁下垂也作手握器物狀。地畫右下方，有一略向右上方傾斜的黑綫長方框。框內有兩個頭向左的獸。左邊一獸頭近圓形，頭上方有一隻向後彎曲的觸角，橢圓形身，有弧綫斑紋；身上側繪有兩條腿，作彎曲狀，身下側有四條作彎曲狀的腿；身後有一條向下彎曲的長尾。右邊一獸頭爲橢圓形，頭上有三條觸角形弧綫呈扇形分散，長條形身軀上有弧形斑紋，身上側繪有向不同方向彎曲的四條腿，身下側有四條向前彎曲的腿。另在地畫左下方，還繪有反 "丁" 字形圖案①（圖三）。

圖三　甘肅秦安大地灣仰韶文化晚期房址 F411 地畫

　　據李仰松先生考證，地畫描繪的是巫師爲家裏病人驅鬼的畫面。地畫上兩個人分別爲巫覡與女主人，各持一尖狀物 "法器"。右下方框中的兩獸爲象徵害人生病的魔鬼像。方框意爲木棺，前方的反 "丁" 字形圖像的尖端正朝向木棺的頂頭，是鎮壓妖魔的象徵②。

　　此外，新石器時期有關巫師的遺存還有仰韶文化和半山文化的彩陶盆內所繪畫的巫

　　①　甘肅省文物工作隊：《大地灣遺址仰韶晚期地畫的發現》，《文物》1986 年第 2 期，第 13—15 頁。
　　②　此外，李仰松先生還對巫師的施法過程進行了推演，他認爲，巫覡與女主人各手持 "法器" 舉起左臂，嘴裏念着咒語，環繞着木棺走動，可能每念完一陣咒語，還要在病人身上用尖狀 "法器" 僞裝亂戳亂刺，作驅趕妖邪狀，然後將可辟邪的物品覆蓋在木棺上，施行巫術完畢，從而病魔脫身。而木棺前方的反 "丁"，則是起着鎮壓妖邪的目的，可阻擋妖魔的去向。這是一幅完整的 "驅趕巫術" 地畫。參見李仰松《秦安大地灣遺址仰韶晚期地畫研究》，《考古》1986 年第 11 期，第 1000—1004 頁。

師形象，如陝西半坡①、寶雞北首嶺②、臨潼姜寨③、漢中何家灣④、江蘇邳縣劉林⑤、四户大墩子⑥、山東泰安大汶口⑦等等（圖四，1—7）。而甘肅秦安大地灣出土的人頭像彩陶瓶⑧以及山東泰安大汶口文化⑨出土的牙璋鈎形器則被認爲是原始社會巫師的法器之一（圖四，9—13）。另在内蒙古巴林左旗富河溝門、遼寧羊頭窪、唐山大城山、山東曹縣莘冢集、蜘蛛山夏家店下層、赤峰藥王廟、寧城南山根、北票豐下等新石器時期遺址中均發現了一些無字卜骨⑩，據相關學者考證，這些均是巫師占卜的遺物⑪（圖四，14）。

　　另特別值得注意的是象徵良渚文化宗教信仰的"神徽"（又稱"神人獸面紋"）。該紋飾爲反山 M12：98"琮王"上的復合紋飾，由淺浮雕和細綫刻兩種技法雕琢而成。圖像主體爲一神人，呈倒梯形臉，中圈圓眼，其兩側分別有三角形眼角，寬鼻以上有弧綫勾出的鼻翼，寬嘴内由一條長横綫、七條短豎綫刻劃出上下兩排十六顆牙齒。頭上所帶，内層爲帽，綫刻卷雲紋八組；外層爲寶蓋頭結構，高聳寬大，刻二十二組邊緣雙綫、中間單綫環組而成的放射狀"羽翎"（光芒綫）。臉面與冠帽均爲微凸的淺浮雕。神人上肢以陰紋綫刻而成，作彎曲狀，抬臂彎肘，手作五指平伸狀。上肢密布有卷雲紋、弧綫、横豎直綫組成的繁縟紋飾，關節部位均刻出外伸尖角（如同小尖喙）。在神人胸腹部位以淺浮雕琢出獸面，用兩個橢圓形凹面象徵眼瞼，重圈眼，以連接眼瞼的橋形凸面象徵眼梁，寬鼻勾出鼻梁和鼻翼，寬嘴刻出雙唇、尖齒和梁堆獠牙，上獠牙在外緣伸出下唇，下獠牙在内緣伸出上唇。獸面的眼瞼、眼梁、鼻上刻有由卷雲紋、長短弧綫、横豎綫組成的紋飾⑫（圖四，8）。

　　張光直先生曾對良渚文化的"神徽"作過系統考證，他認爲"（琮）中空的圓筒形象徵天地之間的虛空，突出的四角像維繫天地的四維，同時亦是通天之路"，故"神徽"上

　　① 中國科學院考古研究所、陝西省西安半坡博物館：《西安半坡：原始氏族公社聚落遺址》，北京：文物出版社，1963 年，第 203 頁。

　　② 中國社會科學院考古研究所：《寶雞北首嶺》，北京：文物出版社，1983 年，第 78 頁。

　　③ 半坡博物館、陝西省考古研究所、臨潼縣博物館：《姜寨——新石器時代遺址發掘報告》，北京：文物出版社，1988 年，第 151 頁。

　　④ 陝西省考古研究所、陝西省安康水電站庫區考古隊：《陝南考古報告集》，西安：三秦出版社，1994 年，第 45 頁。

　　⑤ 江蘇省文物工作隊：《江蘇邳縣劉林新石器時代遺址第一次發掘》，《考古學報》1962 年第 1 期，第 81—102 頁；南京博物院：《江蘇邳縣劉林新石器時代遺址第二次發掘》，《考古學報》1965 年第 2 期，第 9—47 頁。

　　⑥ 南京博物院：《江蘇邳縣四户鎮大墩子遺址探掘報告》，《考古學報》1964 年第 2 期，第 9—56 頁。

　　⑦ 山東省文物考古研究所：《大汶口續集——大汶口第二、三次發掘報告》，北京：文物出版社，1997 年，第 236 頁。

　　⑧ 甘肅省文物考古研究所：《秦安大地灣——新石器時代遺址發掘報告》，北京：文物出版社，2006 年，第 218 頁。

　　⑨ 山東省文物考古研究所：《大汶口續集——大汶口第二、三次發掘報告》，第 126 頁。

　　⑩ 何沅航：《豫北地區新石器時代骨器研究》，河南師範大學碩士學位論文，2017 年，第 24 頁。

　　⑪ 劉雲輝：《仰韶文化"魚紋""人面魚紋"内涵二十説述評——兼論"人面魚紋"爲巫師面具形象説》，《文博》1990 年第 4 期，第 64—75 頁。

　　⑫ 浙江省文物考古研究所：《反山》，第 43 頁。

的人即爲進行作法以溝通天地的巫師，而獸則爲巫師的助手；溝通天地是良渚宗教的重要内容，因此“神徽”紋飾描繪的是巫師借助神獸溝通天地作法的場面①。

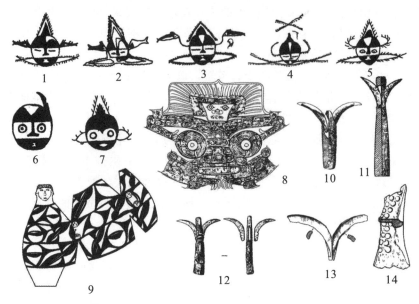

圖四　新石器時期的巫師形象及“法器”、卜骨

1—7. 彩陶上的人面魚紋；8. 玉琮上的“神徽”；9. 人頭像彩陶瓶；10—13. 獐牙鉤形器；14. 卜骨
1. 陝西西安半坡；2. 陝西寶鷄北首嶺；3—5. 陝西臨潼姜寨；6、7. 陝西漢中何家灣；8. 浙江餘杭反山（M12：98）；9. 甘肅秦安大地灣；10. 江蘇邳縣劉林（M25：4）；11. 江蘇四户大墩子（M53：9）；12. 山東泰安大汶口（M6：10）；13. 山東泰安大汶口（M1014：27）；14. 山東曹縣莘冢集（T5A：2）

　　從“巫”字的字源來看，甲骨文的“巫”字由兩個工字形的構件交叉組合而成（圖五，1），或爲古代的度量工具，亦或爲古代巫師行法術時所用器物的象形，有强調智巧之意。但大多認爲遠古時期氏族部落中的巫師能通神，并以神法器祝禱神靈降福消灾。如有學者認爲甲骨文的“巫”字由兩個“壬”交叉而成，其意應與“壬”相近，上下一横分别代表天與地，中間一竪是表示貫通天地，故字的涵義爲溝通天地神靈的人。既此，從其造字本義可知，“巫”字由兩個“壬”字交叉而成，有溝通天地四方之意；縱爲溝通天地，横則是通連四方；能溝通天地的人，在上古時期則非巫莫屬②。

　　另从金文來看，儘管“巫”字在金文中其字形尚未有過多改變（圖五，2），但“巫”字在春秋戰國時期的變化較大：上下兩個短横分别向左右延長，中間的長横從中間折斷，連同左右原有的短竪，在中竪兩側各變作一個“ˆ”形。如戰國文字在所變的“巫”形下加“口”形，或在“巫”形上部加短横爲爲飾（圖五，3）。秦漢時期的“巫”字則承自篆文，變易作二人而定體，即演變成“工”形兩側各一個“人”形。李學勤先生認爲，

① 張光直：《談“琮”及其在中國考古史上的意義》，載文物出版社編輯部編《文物與考古論集》，北京：文物出版社，1986 年，第 252—260 頁。
② 俞水生：《漢字中的禮儀之美》，上海：文匯出版社，2015 年，第 160 頁。

其本義是巫師，後來常特指女巫①（圖五，4—6）。

圖五　"巫"字源圖

1.《甲文編》207 頁；2.《金文編》313 頁；3.《甲金篆》300 頁；4.《睡甲》69 頁；5.《馬王堆》192
頁；6.《馬王堆》192 頁
（本圖據李學勤主編《字源》，天津：天津人民出版社、瀋陽：遼寧人民出版社，2012 年，第 413 頁，巫
字字源圖改。）

　　不唯如此，在《康熙字典·工部·巫》② 所引的諸多古代文獻中對巫的含義及其職
能亦有更爲詳細的闡釋。如《説文解字·巫部》："巫，祝也。女能事無形，以舞降神者
也。像人兩褎舞形。與工同意。古者巫咸初作巫。凡巫之屬皆从巫。䍩，古文巫。"③ 既
此，從篆文巫的字形來看，確如其言，像女子在舞動衣襟寬大的衣服作翩翩起舞之形，
表示女巫用形體動作請求神靈降臨。加之其與工同意，可見，巫與女子舞蹈有關，且像
工一樣具有特殊的專業技能。又《説文解字·巫部》："覡，能齊肅事神明也。在男曰覡，
在女曰巫。"徐鉉注曰："能見神也。"④ 由此可知，巫與覡應同義，僅男女有別，且均有
通神靈之能。

　　另《世本·作篇》云："巫咸始作巫。"⑤ 郭璞《巫咸山序》注曰："巫咸者，實以鴻
術爲帝堯醫，生爲上公，死爲神明。"⑥《國語·楚語》載："古者民之精爽不貳者，而又
能齊肅中正，其知能上下比義，其聖能光遠宣朗，其明能光照之，其聰能聽徹之，如是
則神明降之，在男曰覡，在女曰巫。"⑦《周禮·春官·神仕》："男子陽，有兩稱，曰巫、
曰覡。女子陰，不變，直名巫，無覡稱。……司巫、男巫、女巫等爲官職也。"⑧ 《周
禮·春官·司巫》："司巫，掌群巫之政令。"⑨ 又《山海經·海內西經》載："開明東有
巫彭、巫抵、巫陽、巫履、巫凡、巫相，夾窫窳之尸，皆操不死之藥以距之。"注曰：
"皆神醫也。"⑩《山海經·大荒西經》中則將巫彭、巫咸等十位巫師并稱，稱他們"從此

　　① 李學勤主編：《字源》，天津：天津人民出版社、瀋陽：遼寧人民出版社，2012 年，第 413 頁。
　　② （清）陳廷敬、張玉書等編撰，漢語大辭典編撰處整理：《康熙字典》，上海：上海辭書出版社，
2008 年，第 267 頁。
　　③ （漢）許慎撰，（宋）徐鉉等校：《説文解字》，上海：上海古籍出版社，2007 年，第 227 頁。
　　④ 同上，第 227 頁。
　　⑤ （漢）宋衷注，（清）秦嘉謨等輯：《世本八種》，北京：中華書局，2008 年，第 383 頁。
　　⑥ （漢）宋衷注，（清）茆泮林輯：《世本》，北京：中華書局，1985 年，第 114 頁。
　　⑦ （三國·吳）韋昭注，徐元誥集解，王樹民、沈長雲點校：《國語集解》，北京：中華書局，
2018 年，第 283 頁。
　　⑧ （清）孫詒讓撰，王文錦、陳玉霞點校：《周禮正義》卷五十三《春官·神仕》，北京：中華書
局，1987 年，第 2229 頁。
　　⑨ （清）孫詒讓撰，王文錦、陳玉霞點校：《周禮正義》卷五十《春官·司巫》，第 2062 頁。
　　⑩ 袁珂：《山海經校注》，上海：上海古籍出版社，1980 年，第 301 頁。

升降，百藥爰在"①。

據上述對先秦秦漢文獻中有關"巫"的解釋梳理可知，巫具有專門的職能，或爲舞者，與工同意；或爲通神者（即巫師）；或爲職官；或爲醫。也就是説，至少先秦時期的巫師并非僅指原始宗教中的專業神職人員，他們不僅具有一定的專業技能，同時還能擔任一定的官職，男女兩性都有；除此之外，巫師還具有交通神靈和要求神靈爲人類服務的能力②，如占卜、治病、祓禳、祈福等。

三、巫的職能

通過前文對原始宗教和原始宗教信仰以及巫的界説，我們可以看出，在新石器時期，巫是確實存在的；加之先秦文獻中對上古時期的巫有較爲詳細的定義與職能介紹，因此，我們結合現有考古發現，擬對新石器時期的巫是否具有文獻記載中所擁有的職能進行剖析。

（一）巫與歌舞鼓樂

既有研究表明，在我國新石器時代，不論南方或北方，巫師的活動往往與音樂舞蹈相連，故樂器則是巫師最重要的法器之一。曾有學者指出，從亞洲的西伯利亞、蒙古直至南亞群島，從美洲大陸到北歐的拉普蘭，以鼓爲主要伴奏的音樂和歌舞是巫師必不可少的通靈手段。這不僅是一切神秘教派儀式的基本内容，同時也可視爲全世界一種較爲廣泛的文化現象③。從現代科學的視角來看，這與音樂能影響人的心理、生理活動有關。正如《史記·樂書》所載："凡音者，生人心者也。情動於中，故形於聲，聲成文謂之音。……故音樂者，所以動蕩血脉，通流精神而和正心也。"④

童恩正先生也認爲，在舊石器時代早期就已有了最早的音樂和舞蹈，不過其系統化和正規化則是由巫師來完成的。巫師因爲通靈的需要，樂舞的專業化必然是其與超自然的理論進行聯繫的一種手段⑤。既此，《説文》纔將"巫"釋爲"以舞降神者"，意即巫和舞是不可分開的；同時又因其系統化和專業化，故與工同意。

關於巫和歌舞的關係，相關古籍文獻中亦有記載。如《周禮·春官·司巫》載："司

---

① 袁珂：《山海經校注》，第396頁。

② 王玉德：《長江流域的巫文化》，第2頁。

③ 據羅傑·沃特斯研究，鼓成爲巫師必不可少的作法工具其原因有三：第一，頻率固定的鼓聲可以使巫師易於集中自己的精神，并消除其他的分散注意力刺激……精神的高度集中是一最關鍵的因素；第二，鼓聲和其他的嘈雜的樂聲能够干擾正常的心理進程，使精神容易轉入另外一種狀態；第三，有頻率的鼓聲可以影響腦電波，從而改變神經活動。參見童恩正《中國古代的巫》，《中國社會科學》1995年第5期，第180—197頁。

④ （漢）司馬遷撰，（南朝宋）裴駰集解，（唐）司馬貞索引，（唐）張守節正義：《史記》卷二十四《樂書》（點校本二十四史修訂本），北京：中華書局，2013年，第1398頁。

⑤ 童恩正：《中國古代的巫》，第180—197頁。

巫掌群巫之政令，若國大旱，則帥巫而舞雩。"①《吕氏春秋·仲夏紀·古樂》也載："昔葛天氏之樂，三人操牛尾，投足以歌八闋：一曰載民，二曰玄鳥，三曰遂草木，四曰奮五穀，五曰敬天常，六曰建帝功，七曰依地德，八曰總禽獸之極。"②又《史記·夏本紀》載："舜德大明，於是夔行樂，祖考至，群後相讓，鳥獸翔舞，簫韶九成，鳳凰來儀，百獸率舞。"③可見，當原始社會向文明社會過渡後，隨着原始宗教信仰體系及制度的建立，歌舞鼓樂亦隨之趨於制度化，由此成爲巫師群體的一種專門技能，并爲世俗的統治階級服務。如《易經·豫》載："先王以作樂崇德，殷薦之上帝，以配祖考。"④足見"歌舞"或"作樂"的目的均是祭祀，而巫師通過鼓樂歌舞手段溝通神靈以祭祀則行使的是其"工"的職能。這在《詩經》之《周頌·執競》《周頌·有瞽》和《商頌·那》⑤中均有較爲形象的描述。

據現有考古發現，不論我國的南方還是北方均出土有新石器時期的樂器，這些樂器可分爲打擊樂器和吹奏樂器兩類。其中，吹奏樂器有骨笛、骨哨（圖六，1-5）；打擊樂器有陶鼓、陶鈴等（圖六，6-11）。相關研究表明，陶鼓從距今5500—5200年的大汶口文化開始，在黃河流域開始出現，其後在廟底溝二期文化、龍山文化、半山文化、馬廠文化中均有發現，而鼓則是巫師使用的最重要的一種道具，高天麟先生認爲其中一部分可能就是"專爲死者特製的通神靈的陶器"⑥（圖六，6-8）。如遼河流域胡頭溝遺址的11件陶鼓出土於石圍下，依弧形石墻立置爲一排；山東城子崖遺址出土的陶鼓也位於一道弧形的碎石帶下。這種明顯置放於祭祀的石圈遺迹旁的形式，表明其與當時的祭祀活動及巫師有密切關係⑦。

總之，不論從先秦文獻對於上古時期有關巫與歌舞的記載還是從考古出土的新石器時期與巫有密切關係的樂器來看，巫師在新石器時代應與歌舞鼓樂有着緊密的聯繫。由此我們推測，新石器時期的巫應具有專業化、系統化的音樂舞蹈技能，同時承擔着其所在氏族或部落中的歌舞鼓樂職能。

---

① （清）孫詒讓撰，王文錦、陳玉霞點校：《周禮正義》卷五十《春官·司巫》，第2062頁。

② 許維遹撰，梁運華整理：《吕氏春秋集釋》，北京：中華書局，2009年，第118頁。

③ （漢）司馬遷撰，（南朝宋）裴駰集解，（唐）司馬貞索引，（唐）張守節正義：《史記》卷二《夏本紀》（點校本二十四史修訂本），第63頁。

④ （清）李道平撰，潘雨廷點校：《周易集解纂疏》，北京：中華書局，1994年，第204頁。

⑤ 《詩經·周頌·執競》："鐘鼓喤喤，磬筦將將，降福穰穰。"《詩經·周頌·有瞽》："應田縣鼓，鞉磬柷圉。既備乃奏，簫管備舉。喤喤厥聲，肅雝和鳴，先祖是聽。我客戾止，永觀厥成。"《詩經·商頌·那》："猗與那與，置我鞉鼓。奏鼓簡簡，衎我烈祖。湯孫奏假，綏我思成。鞉鼓淵淵，嘒嘒管聲。既和且平，依我磬聲。于赫湯孫！穆穆厥聲。庸鼓有斁，萬舞有奕。"參見（清）王先謙撰，吳格點校《詩三家義集疏》，北京：中華書局，1987年，第1015、1026、1090頁。

⑥ 高天麟：《黃河流域新石器時代的陶鼓辨析》，《考古學報》1991年第2期，第125—140頁。

⑦ 費玲伢：《新石器時代陶鼓的初步研究》，《考古學報》2009年第3期，第295—320頁。

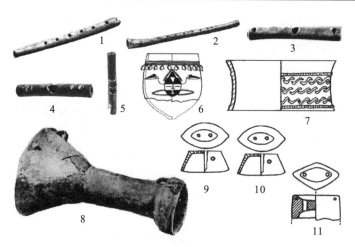

圖六　新石器時期的樂器

1、2. 骨笛；3—5. 骨哨；6—8. 陶鼓；9—11. 陶鈴
1. 河南舞陽賈湖（H467：8）；2. 河南舞陽賈湖（M511：4）；3. 浙江餘杭河姆渡（T19④：72）；4. 浙江蕭山跨湖橋（T0409⑥A：16）；5. 浙江蕭山跨湖橋（T0410⑥A：32）；6. 陝西臨潼姜寨（ZHT37H493：32）；7. 山東泰安大汶口（M1018：30）；8. 青海民和陽山；9. 甘肅秦安大地灣（T600②：7 10）；10. 安徽蒙城尉遲寺（T3527⑤：5）；11. 河南澠池仰韶（T1②：19）

（二）祭祀、通靈

從今天的人類學和民族學調查成果來看，一般認爲，原始社會的巫師大多承擔着祭祀或通靈的職能。但對於新石器時期的巫師是否具有此種職能，我們可以從新石器時期能間接表明其墓主人身份爲巫師的墓葬的隨葬品來管窺一二。

玉器是東方文明的文化標志性特徵之一，與西方文明的金文化特徵明顯有别。在新石器時代晚期，玉以其堅韌、美麗以及稀有，逐漸成爲人們認識和開發的一種新的礦物資源。在金屬發明之前，玉無疑是當時的人們最理想與最珍貴的材料，同時也是人類文明歷史發展的智慧與結晶。經過漫長時間的文化積累與沉澱，玉逐漸被賦予了超自然的屬性和人格化的内涵，從而成爲當時祀神與社會組織系統的重要物質依托。

如新石器時代晚期良渚文化墓地的反山、瑶山、寺墩等大墓中，多隨葬有反映神權或巫權所獨享的琮、璧等玉禮器，如反山 M12、M20，瑶山 M9、M11，寺墩 M3，隨葬的玉器都在 100 件以上，種類有琮、璧、璜、三叉形器、冠飾等多種。其中，反山 M23 僅玉璧就出土有 54 件，寺墩 M3 僅玉琮就出土有 33 件（參見圖一；圖四，1）。因此在良渚時代，玉已從最初"美石如玉"的概念而轉化成爲一種社會化、禮儀化或宗教化的物質，即"巫是神的意志的體現者，玉又是神的物質表現"。

據《周禮·春官·大宗伯》載："以玉作六瑞，以等邦國，王執鎮圭，公執桓圭，侯執信圭，伯執躬圭，子執穀璧，男執蒲璧。……以玉作六器，以禮天地四方。以蒼璧禮天，以黄琮禮地，以青圭禮東方，以赤璋禮南方，以白琥禮西方，以玄璜禮北方。"注曰："禮地以夏至，謂神在昆侖者也……禮神者必象其類，璧圜象天，琮八方，象地……""琮之言宗，八方所宗，故外八方，象地之形。中虛圓，以應無窮，象地之德，故以祭地。"①

從上述文獻記載來看，琮、璧、璜等玉器儘管其功能和象徵系統不同，但均反映了原始宗教中關於祭祀的基本禮儀或形式②。由此或可説明，良渚文化墓葬中隨葬有琮、璧、璜等玉器的墓主人在生前應行使着其族群或部落的宗教祭祀職能，其身份當與巫有關。另外，結合前文所述良渚文化的部分玉器上施刻有"神徽"形象來看，這亦可間接表明墓主人的巫師身份。也就是説巫師在新石器時期已經在用象徵天圓地方的琮、璧、璜等玉禮器溝通神靈以祭祀天地。

（三）占卜、觀星（天文）

據《周易·繫辭上》載："探賾索隱，鈎深致遠，以定天下之吉凶，成天下之亹亹者，莫大乎蓍龜。"③ 在新石器時代的考古遺存中，隨葬有龜甲以示墓主人生前曾掌握着卜卦技能的墓葬不乏先例（圖六）。

如河南舞陽賈湖的裴李崗文化墓地共清理有 349 座墓葬，其中 23 座墓葬隨葬有龜甲，而且隨葬龜甲的墓葬其隨葬品較爲豐富，并同時隨葬有骨笛、骨哨或獐牙鈎形器。從整個墓地出土龜甲的情況來看，隨葬龜甲并不是賈湖墓地所屬人群特有的葬俗，賈湖墓葬的年代分期亦顯示出每期墓葬中都有龜甲隨葬的情況僅是個別現象。顯然，隨葬龜甲的墓主人在賈湖裴李崗文化發展的各個時期均具有較爲特殊的身份。

如河南舞陽賈湖 M344，墓主人爲壯年男性，仰身直肢。隨葬品有陶壺 2 件，礪石 1 件，骨魚鰾 6 件，骨鏃 5 件，骨笛 2 件，獐牙鈎形骨器 1 件，穿孔骨飾 1 件，牙器 6 件，龜甲 8 件；龜腹内裝有石子，龜的腹甲上還刻有文字④（圖七）。

這種隨葬現象并非偶然，應是一種專門對具有特殊身份的人所特有的埋葬習俗。從隨葬品的種類來看，如礪石、骨魚鰾、骨鏃等應是墓主生前參加生産活動的真實記録，其隨葬品種類和數量也明顯多於其他墓葬，這一情況説明該墓的墓主人在社會中的地位應高於一般氏族成員。龜甲和小石子無疑是墓主人用來占卜的工具，具有溝通神靈的作用，即通過以龜占卜，可以領會神靈的意旨，進而判斷吉凶。骨笛則是巫師舉行祭祀活

① （清）孫詒讓撰，王文錦、陳玉霞點校：《周禮正義》卷三十五《春官·大宗伯》，第 1389、1390 頁。

② 特別是良渚文化墓葬出土的玉琮，瑞典學者伯偉能認爲"琮的造型是以'洛書'爲基礎的，琮是古代一種表示方向的象徵物，與未成熟的陰陽觀念一起表達了它的基本涵義——神聖大地的真正象徵"；車廣錦認爲玉琮是"象徵王權、神權和整個銅質階級的重器"；湯惠生先生認爲"玉琮外方，象徵地；中間圓形柱，象徵通天的'地軸''天柱'"。參見［瑞典］伯偉能《琮、璧功能一説》，載楊伯達主編《出土玉器鑒定與研究》，北京：紫禁城出版社，2001 年，第 408 頁；車廣錦《玉琮與寺墩遺址》，載徐湖平主編《東方文明之光》，海口：海南國際新聞出版中心，1996 年，第 371 頁；湯惠生《青藏高原古代文明》，西安：三秦出版社，2003 年，第 489 頁。

③ （魏）王弼注，（唐）孔穎達疏，盧光明、李申整理，呂紹綱審定：《周易正義》，北京：北京大學出版社，2000 年，第 301 頁。

④ 河南省文物研究所：《河南舞陽賈湖新石器時代遺址第二至第六次發掘簡報》，《文物》1989 年第 1 期，第 1—14 頁。

動時的樂器，獐牙鈎形器則是巫師所持有的一種法器。由此説明，這些受到當時氏族或部落特殊禮遇的需要用龜甲進行占卜、手中握有叉形神器、在氏族宗教儀式上起重要作用的人，很可能就是當時的巫師，而其則必定兼具有爲氏族或部落占卜的職能。

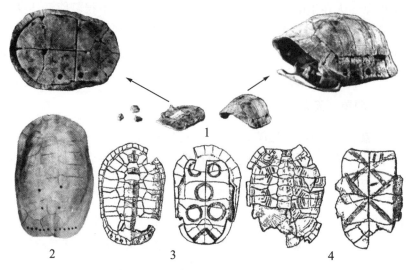

圖七　新石器時期的卜卦龜甲舉例

1. 河南舞陽賈湖出土龜甲及其腹内石子（H502：3）；2. 江蘇邳縣劉林 M7 出土；3. 江蘇邳縣大墩子（M44：13）；4. 江蘇邳縣大墩子（M44：26）

　　另如大汶口文化墓葬隨葬的龜甲亦可證明當時的巫已經掌握了卜卦這一技能。如江蘇邳縣大墩子大汶口文化墓葬的 186 座墓中，有 8 座墓葬隨葬有龜甲①。在江蘇劉林大汶口墓葬的 197 座墓葬中，亦發現有 9 座墓隨葬有龜甲，并且都是腹甲和背甲所共出。同時，在出土龜甲的墓葬中，往往有較爲豐富的隨葬品②。其中，大墩子 M21 出土的龜甲套在人體骨架的肱骨上，其中還有許多小石子；龜甲上有穿孔，呈方形分布；下腹表有 5 個環形磨痕，分布則呈梅花狀，似爲 5 個穿孔。大墩子 M44 出土有兩副龜甲，其中一副位於人骨架的左腹上，内裝有骨錐 6 件；背甲上、下各有 4 個穿孔，分布呈方形，腹甲一端被磨去一半，上下部有 "X" 形繩索磨痕；另一副發現在人骨架的右腹上，内裝骨針 6 件，背甲偏下部有 4 個穿孔，分布亦呈方形；下端扁圓有 8 個穿孔，列成一排，當中的兩孔未穿透，腹甲下端有三角形繩索磨痕；腹表亦有 5 個環形磨痕，分布則呈梅花狀（圖八）。墓主人爲壯年男性，約 30 歲，身高約 1.85 米，骨骼粗壯，隨葬品豐富，共有 53 件。其中，隨葬有三足高柄杯、八角星彩陶盆、牙獐鈎形器等祭祀所使用的禮器或法器。從該墓的隨葬品情況來看，M44 的墓主人其社會地位較高，不僅擁有較多的財富，且同時又承擔着龜卜的職能。

---

　　① 南京博物院：《江蘇邳縣四户鎮大墩子遺址探掘報告》，第 9—56 頁。
　　② 南京博物院：《江蘇邳縣劉林新石器時代遺址第二次發掘》，《考古學報》1965 年第 2 期，第 9—47 頁。

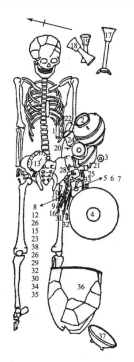

圖八　江蘇邳縣大墩子 M44 墓葬平面圖

1. 獐牙鉤形器；2. 陶瓶；3. 石環；4. 彩陶盆；5—7、10、11、16、31. 骨錐；8. 骨魚鰾；9. 骨帽；12. 骨管；13、26. 穿孔龜甲；14. 骨珍六枚（在 13 内）；15. 骨柶；17. 三足高柄杯；18、19、22、25. 陶杯；20、21、23、24、37、38. 陶鼎；27. 骨錐六枚（在 26 内）；28、29、32. 骨刮削器；30. 骨針；33. 獐牙勾二對；34. 石斧；35. 石鏟；36. 陶缸；39. 陶罐（36 下）

　　在有關巫師的觀星（天文）職能方面，如 1987 年河南濮陽西水坡仰韶文化墓葬 M45 發現的蚌殼擺塑的龍虎圖案即是例證。M45 爲竪穴土坑墓，人頭形墓坑，東西寬約 3.1 米，南北長約 4.1 米，深約 0.5 米。墓向 178°，墓底平坦，四周壁修築規整，墓室東西北三面各有一小龕。墓壙主體部分葬一壯年男性，身高約 1.84 米，頭南足北，仰身直肢。東西北三面小龕內各放置一具人骨，均仰身直肢。墓葬中没有發現生活用具和生産用具，但在墓室中部壯年男性人骨架的左右兩側，分別有用蚌殼精心擺塑的龍虎圖案。其中的龍形圖案，位於人骨架右側，頭朝北，背朝西，長 1.78 米，昂首拱背，身子彎曲，前爪扒，後爪蹬，尾尖。虎形圖案位於人骨架左側，頭朝北，背朝東，長 1.39 米，高 0.63 米，其頭微低，身子略高，四肢交遞作行走狀；其尾巴下垂，牙齒外露，作張口伸舌狀。另外，在 M45 的北部，還發現有兩組蚌塑，第一組離 M45 約 20 米處，動物圖案有虎、鹿、龍和蜘蛛等。其中，龍虎爲一體，龍頭虎身，背上有一鹿，頭上有一蜘蛛；正對龍口處擺塑有一圓球（圖九，1）。第二組圖案距第一組圖案 20 餘米，動物圖案中有龍和虎，其虎頭朝西，背朝南，呈奔跑狀；龍則位於虎的南面，頭朝東，尾朝西，背上騎有一人。這兩組動物圖案基本上與 M45 在一條南北的直綫上，間距也大體相同，并且位於同一層的平面上[1]（圖九，2）。

---

① 河南省文物考古研究所、濮陽市文物保護管理所：《濮陽西水坡》，北京：文物出版社，2012 年，第 238 頁。

對於 M45 所反映的文化内涵，學界紛紜未決。如張光直先生認爲，龍、虎、鹿蚌塑藝術形象的寓義原形是原始道教中的三橋，M45 的墓主人是一個 "原始道士或是巫師"；用蚌殼擺塑的龍、虎、鹿乃是他能召唤使用的三橋的藝術形象，同時也是助他上天入地的三橋的形象①。馮時先生則根據蚌塑的擺放位置分析，推測該遺迹内含 "二宮與北斗" 的天象布局。如蚌塑的龍位於墓主人的東側，虎位於墓主人的西側，其布列的方位分別與東宮蒼龍、西宮白虎相一致；而墓主人北側有蚌塑三角形圖案，在三角形圖案的東側還橫置兩根人的脛骨，這無疑是北斗的圖案②（圖十）。何星亮先生則認爲，蚌塑龍虎是墓主神靈的象徵；龍是主要神靈，虎是次要，墓主應是人神一體的人物③。

1   2

圖九　河南濮陽西水坡 M45 蚌殼擺塑

1. 第一組圖案　2. 第二組圖案

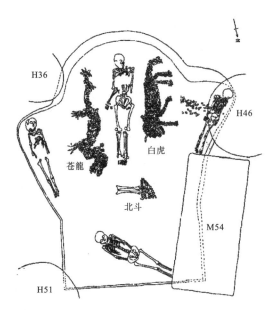

圖十　河南濮陽西水坡 M45 蚌殼擺塑 "二宮與北斗" 推測示意圖

（轉引自馮時《河南濮陽西水坡 45 號墓的天文學研究》，《文物》1990 年第 12 期）

---

①　張光直：《濮陽三橋與中國古代美術史上的人獸母題》，《文物》1988 年第 11 期，第 36—39 頁。
②　馮時：《河南濮陽西水坡 45 號墓的天文學研究》，第 52—60 頁。
③　何星亮：《河南濮陽仰韶文化蚌殼龍的象徵意義》，《中原文物》1998 年第 2 期，第 38—50 頁。

綜括上述各家對於河南濮陽西水坡 M45 蚌塑内涵的分析，我們可以得出以下認識：
第一，不論哪一種觀點，M45 所反映的文化意涵均暗指其與新石器時期仰韶時代的宗教
活動有關；第二，從墓葬中特殊的喪葬形式來看，墓主人應是具有特殊身份的大巫；第
三，從蚌塑品圖案的擺放位置看，確實與"東西二陸與北斗"的真實星圖的位置關係完
全一致；第四，墓主人只有對天文星象進行過一定瞭解觀察纔能擺放出如此位置、圖案。
這恰如馮時先生所言，河南濮陽西水坡 M45 的蚌殼擺塑所反映的迹象均可以用天文學觀
點來解釋，這對於探索中國天文學的起源具有重要的意義①。

以傳統眼光視之，在原始社會，掌握天文形象的人最有可能的便是巫師。巫師在進
行祭祀或卜卦時將一切星宿、天文等都歸入天神系統，由此纔能把天象的變化都歸功於
天神的威力，只有他纔能做到人與神的溝通。因此，作爲與宗教、巫師、天文星象有關
的 M45 的墓主人應掌握了一定的天文知識。由此我們推測，新石器時期的巫師應是具備
觀測天文星象的職能。

四、巫與"絕地天通"

一直以來，顓頊"絕地天通"被視爲上古時期中國社會與思想領域的深刻變革事件。
很多學者也指出，"絕地天通"中所言重、黎分屬神民，就是後世神職與民職分流的源
頭，是一場宗教改革②。而在這個改革的過程中，上古原始社會經歷了一次巫師專業分
化的過程③，即從"民神雜糅，不可方物"的舊秩序，達到了"天地神民類物之官，是
謂五官，各司其序"的新秩序。據《國語·楚語下》載：

> 古者民神不雜。民之精爽不攜貳者，而又能齊肅衷正，其智能上下比義，其聖
> 能光遠宣朗，其明能光照之，其聰能聽徹之，如是則明神降之，在男曰覡，在女曰
> 巫。是使制神之處位次主，而爲之牲器時服，而後使先聖之後之有光烈，而能知山
> 川之號、高祖之主、宗廟之事、昭穆之世、齊敬之勤、禮節之宜、威儀之則、容貌
> 之崇、忠信之質、禋潔之服，而敬恭明神者，以爲之祝。使名姓之後，能知四時之
> 生、犧牲之物、玉帛之類、采服之儀、彝器之量、次主之度、屏攝之位、壇場之所、
> 上下之神、氏姓之出，而心率舊典者爲之宗。於是乎有天地神民類物之官，是謂五
> 官，各司其序，不相亂也。民是以能有忠信，神是以能有明德，民神異業，敬而不
> 瀆，故神降之嘉生，民以物享，禍災不至，求用不匱。及少皞之衰也，九黎亂德，
> 民神雜糅，不可方物。夫人作享，家爲巫史，無有要質。民匱於祀，而不知其福。
> 烝享無度，民神同位。民瀆齊盟，無有嚴威。神狎民則，不蠲其爲。嘉生不降，無

---

① 馮時：《河南濮陽西水坡 45 號墓的天文學研究》，第 52—60 頁。
② 徐旭生：《中國古史的傳說時代》，北京：文物出版社，1985 年，第 83 頁。
③ 陳來：《古代宗教與倫理：儒家思想的起源》，北京：生活·讀書·新知三聯書店，1996 年，
第 26 頁。

物以享。禍災薦臻，莫盡其氣。顓頊受之，乃命南正重司天以屬神，命火正黎司地以屬民，使復舊常，無相侵漬，是謂絶地天通。①

從文獻的記載來看，在顓頊“絶地天通”之前，民神各自有序、不相混雜，明神可降於“巫”或“覡”，由此爲天地神民類物之“五官”，“各司其序，不相亂也”。在這一方面，我們有兩層含義的解讀。其一，神靈通過巫覡爲官來管理社會秩序；換言之，即巫覡是通過溝通神靈以示巫權神授來表明其對一定世俗權力的合法性和權威性。其二，在“絶地天通”之前，巫或覡則指的是“民之精爽不携貳者，而又能齊肅衷正，其智能上下比義，其聖能光遠宣朗，其明能光照之，其聰能聽徹之”的人。可見，之前的巫覡不僅要衷正比義、聖明聰慧，而且還要能照扶百姓，能遵從百姓之意願。由此説明，“絶地天通”之前的巫覡應不是指原始社會或上古時期某氏族部落裏特定的某一人，而應是特指可以爲普通氏族成員服務并進行相關事物管理的一部分群體或階層。我們可將其泛稱爲“公巫”，與“少皞之衰”後“家爲巫史，無有要質”的“私巫”有别。

由此我們推測，早期的巫應是指從氏族部落中被民衆所選拔出的“公巫”，他們既需要負責制神位次、規定犧牲等工作，還要選拔專業人員司職履責。如能知山川地理、宗教祭祀，對神恭敬、工作勤勉，有威儀、有德容，忠信者纔能爲祝；而能知天象四時，通玉帛、采服之類儀，曉度量，名神之主次，氏族族譜及相關典籍者纔能爲宗。又《春秋繁露》云：“擇巫之潔清辯利者以爲祝。”②《説文》解此二字爲：“祝，一曰：从兑省。《易》曰：‘兑爲口爲巫。’”“巫，祝也。”③ 這説明巫、祝應爲一源，即祝是由巫而來。此外，據徐元誥引《路史·疏仡紀》云：“小昊氏衰，玄都黎氏實亂天德，賢鬼而廢人，唯龜策之從。謀臣不用，喆士在外，家爲巫史。”④ 也就是説，除祝、宗外，還應有“家爲巫史”的史官。因此我們認爲，祝、宗、史等職或人員也應是“公巫”的一種。

依上所述，既然早期的巫是指特定的人群或階層的“公巫”，而其中的“祝”“宗”“史”等代表了其擁有行使一定世俗權利的“官”，這便可解釋相關文獻中多有名爲“巫＋名詞”記載的情況。如《山海經·海內西經》有“巫彭、巫抵、巫陽、巫履、巫凡、巫相”，《大荒西經》中提到“有靈山，巫咸、巫即、巫盼、巫彭、巫姑、巫真、巫禮、巫抵、巫謝、巫羅十巫，從此升降，百藥爰在”⑤。因此，其中的“巫”并不是單指巫的人名，抑或是代表了不同職能的“職官”，以示其行使着不同的世俗權利。周策縱先生曾將《山海經》與《周禮》中的二十二巫按工作性質分爲五類，便即説明巫非一職⑥，或是身份的象徵。“巫”後的“咸”，即“彭”等字，可能爲“身份標志＋名”。這也可説明爲何後世常常將“巫祝”“巫史”“巫醫”連用，應亦是此理。也就是説，在顓頊“絶

① 徐元誥撰，王樹民、沈長雲點校：《國語集解》，北京：中華書局，2002 年，第 512—516 頁。
② 蘇興撰，鍾哲點校：《春秋繁露義證》，北京：中華書局，1992 年，第 428 頁。
③ （漢）許慎撰，（宋）徐鉉等校：《説文解字》，第 201 頁。
④ 徐元誥撰，王樹民、沈長雲點校：《國語集解》，第 515 頁。
⑤ 袁珂：《山海經校注》，成都：巴蜀書社，1993 年，第 352、453 頁。
⑥ 周策縱：《古巫醫與“六詩”考》，上海：上海古籍出版社，2009 年，第 93 頁。

地天通"之後，上古或原始時期的社會政治管理體系發生了根本性變化；"重黎絕地天通"剝奪了氏族一般成員通神的權利，而"家有巫史"在"絕地天通"後纔出現了專職的巫覡。

在新石器時期的相關考古發現中，氏族首領兼任其氏族大巫同時擁有世俗與宗教雙重身份的現象也不乏其例。江浙地區良渚文化的大型墓地如反山、瑤山、匯觀山、張陵山、寺墩、莫角山等墓地的發現，爲我們瞭解當時的社會進程及其宗教文化等提供了重要的信息。

如新石器時代晚期的良渚文化墓地可以劃分爲五個等級差別，其中反山、瑤山、匯觀山、寺墩等墓地爲第一級。這些地點的土臺，或者堆土量達到了數萬立方米，修整有較高的岩石山丘再堆土築臺亦形成頗爲壯觀的"墳山"，具有"王陵"的氣勢。土墩上埋葬的大墓，多數隨葬有琮、璧、鉞等豐富的玉禮器。這些情況反映良渚文化的社會結構已明顯地分化爲不同的階層[①]。如其中的反山墓地就是一處人工堆築的熟土墩，其高約 4 米，東西長約 90 米，南北寬約 30 米，總面積大致有 2700 平方米。該處發現的 11 座墓葬，排列整齊有序，隨葬品少者數十件，多則數百件，涵蓋有陶、石、玉、漆、象牙等類共計 1000 餘件（組）。其中，隨葬品又以玉器數量最多，占全部最葬品的 90％以上，種類有璧、環、琮、鉞、璜、鐲、柱形器、杖端飾、冠狀飾、錐形飾、三角形飾、半圓形冠飾、鑲嵌端飾、圓形牌飾等。

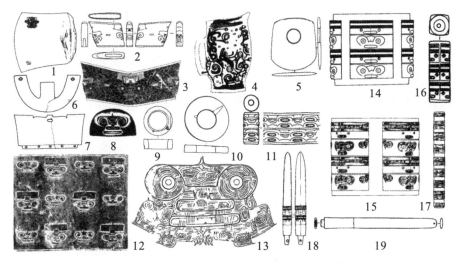

圖十一　良渚文化反山墓地 M12 出土典型玉石禮器及紋飾

1. 玉鉞（M12：100－1）；2、3. 玉權杖帽及紋飾（M12：103）；4. 嵌玉漆杯（M12：1）；5. 石鉞（M12：99）；6. 玉三叉形器（M12：83）；7. 玉冠狀器（M12：81）；8. 玉半圓形飾拓片（M12：85）；9. 玉鐲形器（M12：94）；10. 玉璧（M12：111）；11. 玉龍紋管（M12：129－1）；12. 玉柱形器紋飾拓片（M12：87）；13. 玉柱形器上的獸紋（M12：87）；14. 玉琮（M12：90）；15. 玉琮（M12：93）；16. 琮式管（M12：168）；17. 玉特殊長管（M12：82）；18. 玉錐形器（M12：74－5）；19. 玉柄形器（M12：110）

① 浙江省文物考古研究所：《反山》，第 365 頁。

　　如反山 M12，爲長方形豎穴土坑墓，墓坑南北長約 3.1 米、東西寬約 1.65 米、深約 1.1 米。墓地築有略呈凹弧形的棺床。出土遺物包括玉器、石器、嵌玉漆器和陶器等共計 658 件（組）。隨葬品種類以玉器爲大宗，以單件計共 647 件（不含玉粒和玉片）。器類有冠狀器、三叉形器、特殊長管、半圓形飾、錐形器、錐形器套管、帶蓋柱形器、柱形器、琮、鉞、"權杖"、璧、柄形器、鐲形器、各類端飾、琮式管、龍紋管、長管、管、半球形隧孔珠、鼓形珠、串飾和粒等（圖十一）。

　　特別是反山 M12 出土的反映世俗王權的玉鉞：整器呈"風"字形，上雕"神徽"，下琢"神鳥"（圖十一，1），其質地和工藝爲良渚文化出土的玉鉞之冠。冠上的紋飾在構圖要素上包含了良渚文化以鳥紋爲代表的祖先崇拜和以獸面紋爲代表的自然崇拜以及以人紋爲代表的偶像崇拜，不僅表現出了該墓主人集良渚社會世俗與宗教權利於一身，更表達出了墓主人對於良渚社會權利的獨占，即是神權與軍權、王權統一的象徵①。反山 M12 作爲良渚文化中期等級最高的祭壇和墓地，不論是從墓葬的排列位置還是從隨葬品的數量、種類和精美程度等情況分析，M12 都處於中心的地位，這無疑證明擁有"執秉玉鉞""權杖"之類王權象徵物②的良渚首領是集神權、軍權、王權等權利於一身的"神王"③。

　　祭祀與戰爭是發展王權的兩個重要基石。首領對祭祀權的壟斷，其本質上也是通過"君權神授"思想和"王"的神話來鞏固其統治地位。掌握祭祀權的首領逐漸被視爲新的神靈④，這意味着良渚先民由祖先崇拜完成了向世俗偶像崇拜的轉變⑤。張忠培先生曾對良渚文化具有實權掌控者的墓葬分析後指出："中國古代社會軍（王）權、神權的演變歷史，是軍權演變爲王權，軍（王）權愈亦高於神權而凌駕於神權之上。"⑥ 在良渚文化早中期，良渚是統一於巫政之下的神權社會，軍權尚高於神權；但到良渚中期後，軍權已與神權基本處於同等地位并逐漸高於神權。掌握良渚軍權的人，可能進行了類似於古史記載中顓頊"絕地天通"的宗教改革，取得了對神權的掌控，在此基礎上逐步完成了對良渚軍權和神權的統一并漸而發展爲王權⑦。

---

　　① 　畢洋：《試析良渚文化玉器組合紋飾的内涵》，《中國美術研究》（第 31 輯），上海：上海書畫出版社，2019 年，第 31—39 頁。

　　② 　林澐：《説"王"》，《考古》1965 年第 6 期，第 311—312 頁。

　　③ 　張忠培：《良渚文化的年代和其所出的社會階段——五千年前中國進入文明社會的一個例證》，《文物》1995 年第 5 期，第 47—58 頁；張忠培：《良渚文化墓地與其表述的文明社會》，《考古學報》2012 年第 4 期，第 401—422 頁。

　　④ 　杜金鵬：《大汶口文物與良渚文物的幾個問題》，《考古》1992 年第 10 期，第 38—45 頁。

　　⑤ 　另需要補充的是，氏族首領與氏族大巫一身二任的情況在近現代民族中也是屢見不鮮。如彝族的"畢摩"（祭司）與兹莫（氏族首領）的關係就很密切，有時二者的身份甚至可以重合。佤族的氏族酋長"窩郎"同時也是氏族的宗教祭師；在基諾族社會裏，作爲村社共同體的體現者寨父"周巴"和寨母"周遂"也是祭祀的主持者兼祭司；哈尼族的"追瑪"既是村寨行政領袖，也是祭師；雲南苗族的村社祭師多由年高有威望的村寨頭人"寨老"擔任，侗族的"鬼師"有的也是由寨老兼任。參見胡慶鈞《凉山彝族奴隷制社會形態》，北京：中國社會科學出版社，1985 年，第 413 頁。

　　⑥ 　張忠培：《中國古代文明形成的考古學研究》，《博物館博物院院刊》2000 年第 2 期，第 1—23 頁。

　　⑦ 　畢洋：《試析良渚文化玉器組合紋飾的内涵》，第 31—39 頁。

　　由上述對良渚文化 M12 墓葬及其反映的相關問題分析我們可以發現，至少在新石器時代晚期，在相對較發達的古代文明中，氏族首領已同時兼具神權、王權；他們既是宗教的首領，同時又是在氏族中享有最高威望的政治領袖。由此可以解釋文獻記載中"絕地天通"的結果是有關"公巫"壟斷地位結束及不同"公巫"專業分化的完成，而我們傳統意義上所言之巫師與巫術等纔具有了專業的職能性質；并且由於專業分化的完成，各種有所區分的職能開始由不同的巫師承擔，原本混同一致的"公巫"職業有了具體分化。可見，在"絕地天通"的"公巫"職能分化的邏輯下，巫師已經明確地區別於其他巫師的職能，漸而成爲一項專門的、相對獨立的巫術活動。這也即是李零先生所認爲"絕地天通"使得天、地二官分工，人事和神事也有所分工，巫的地位下降，位於祝、宗、卜、史之下，而後者又位於王之下的根本原因[1]。

　　由此可見，"絕地天通"的意義絕非限於恢復之前天地間的社會秩序，真正的巨變則是體現在政治結構方面。顓頊通過任命使得天官地官系統掌握在自己的統治範圍内，"公巫"所擁有的神權、"選仕"權、祭祀權等讓渡於王權。王在此次變革中無疑是最大的受益者。周策縱先生認爲，顓頊的手段其實是恢復嚴格的巫祝制度，利用相關職權，通過巫祝來鞏固其統治集團的既得地位[2]。即由"巫權神授"轉變爲"巫權王授"，壟斷對"公巫"的世俗權利，我們認爲其言懇切。這也可理解爲何較之後的商王在掌政時常常要進行卜祝，卜辭中也常見"今日王祝""王占曰"等語，"王爲群巫之長所演變而成的政治領袖"已成共識[3]。然王非必是巫人，或可説明了商王想通過利用巫階層，獲得更多王權的合法性、唯一性以及至高無上性。故商周時期"巫"的意義也漸由泛化的階層指縮爲後世的具體一職，《周禮·春官·宗伯》中所列"司巫""男巫""女巫"[4] 等官即是其證。

　　至此，可對"絕地天通"變革的意義進行綜括：一是政治結構的巨變，王權從"公巫"階層分權并逐漸掌控"公巫"所擁有的神權與世俗權利；至商周，以王權爲主的世俗權力完全控制了整個官僚體系。二是"巫"的内涵在"絕地天通"前後皆發生變化，巫由"公巫"階層的泛稱漸而縮爲一職，與祝、宗、卜、史、醫等列而居，且在後世的地位不斷下降。三是可知巫、卜、祝、宗、筮、醫等官的歷史發展進程，在"絕地天通"後均是具有某一職能的"巫"人，各司其職。四是可能因祝、宗、卜和筮史等除有其原有職能之外，均多少掌握一點占病卜疾的技能，因此巫醫的職能可能未被專業分化，故後世典籍中的祝、宗、卜和筮史依恃原有技藝占病卜疾，而醫官至先秦時期仍未成主流并未取代巫、卜、筮等官的醫療職能且其地位愈亦位於祝、宗、卜和筮、史、巫之後的根本原因[5]。

①　李零：《中國方術續考》，第 76—78 頁。
②　周策縱：《古巫醫與"六詩"考》，第 82 頁。
③　陳夢家：《商代的神話與巫術》，《燕京學報》1936 年第 20 期，第 45—63 頁。
④　（清）孫詒讓撰，王文錦、陳玉霞點校：《周禮正義》，第 2062 頁。
⑤　金仕起：《中國古代的醫學、醫史與政治》，臺北：政大出版社，2010 年，第 298 頁。

五、巫與巫醫

　　由前文對原始宗教及宗教信仰的界說、有關巫的相關職能分析以及巫與"絕地天通"關係的討論，這不僅使我們更加深刻認識了新石器時期巫的產生環境與社會背景，同時也厘清了與巫相關的模糊概念及其混沌問題。既此，我們可在此基礎上圍繞巫與巫醫的關係進一步剖析。

　　醫學的建立和發展，也是文明的重要内容。一般而言，世界各民族中最早的醫師，大都是巫師，所以在很多名字的辭彙中，巫師與巫醫（medicine man）的含義十分相近①，中國的情況也是如此。如《世本·作篇》②《吕氏春秋·勿躬》③《説文解字》④ 等釋"醫"皆言"巫彭作醫"；而《廣雅·釋詁》更加明確地指出"醫，巫也"⑤。可見在中國古代，巫和醫往往是一身二任，不能分割。

　　在我國現存最早的一部醫書《黄帝内經·素問·上古天真論篇》中，記載了黄帝與名醫岐伯的問答，而書中稱岐伯爲"天師"⑥，或可表明其身份也是巫師。而《黄帝内經·素問·移精變氣論篇》中對於"古之治病，唯移精變氣，可祝由而已。今世治病，毒藥治其内，針石治其外"⑦ 的記載則説明巫師治病不僅借助祝由治其精氣神，同時也借助針砭治其身。由此可以看出人們對於巫和醫認知的歷史發展規律，即巫醫治病時，并非僅僅靠巫術，有時也借助相關工具及醫藥方法。

　　此外，孔子曰："南人有言曰：'人而無恒，不可以作巫醫。'"⑧（《論語·子路》）這也足以證明巫醫的專業性，即需要長期的積累和學習纔能具備巫醫的技能。又孟子曰："矢人豈不仁於函人哉？矢人惟恐不傷人，函人惟恐傷人。巫、匠亦然。"⑨（《孟子·公孫丑上》）孟子在此將巫與製棺材的匠人作對比，這充分説明戰國時期巫具有醫療的技能，并與匠相同，皆爲職業也。

　　以上情況説明，至少在春秋戰國時期，巫醫應是相對獨立於巫的職業，且具備有"行醫問診"的職能。結合前文所言顓頊"絕地天通"後"公巫"職能及專業分化，"公巫"中的其他巫亦可能掌握有一定占病卜疾的技能來看，春秋戰國時期的巫醫儘管仍稱爲巫，但或已指掌握相關醫藥療法的特定人群。這或可説明，在先秦時期，巫中的醫師依然没有脱離新石器時期巫文化抑或是"公巫"階層這一特定人群的影響。

---

①　童恩正：《中國古代的巫》，第 180—197 頁。

②　（漢）宋衷注，（清）茆泮林輯：《世本》，第 114 頁。

③　許維遹撰，梁運華整理：《吕氏春秋集釋》，第 118 頁。

④　（漢）許慎撰，（宋）徐鉉等校：《説文解字》，第 227 頁。

⑤　（清）王念孫撰，鍾宇迅點校：《廣雅疏證》，北京：中華書局，2004 年，第 10 頁。

⑥　袁行霈主編，柳長華解讀：《黄帝内經》，北京：科學出版社，2019 年，第 34 頁。

⑦　同上，第 85 頁。

⑧　（清）劉寶楠撰，高流水點校：《論語正義》，北京：中華書局，1990 年，第 515 頁。

⑨　（清）焦循撰，沈文倬點校：《孟子正義》，北京：中華書局，1987 年，第 173 頁。

　　從考古發現來看，有相關迹象表明，早在新石器時期，“公巫”中的巫醫已經掌握了部分醫藥的技能。如在浙江蕭山跨湖橋遺址 T0411⑧A 層出土有一件繩紋小陶釜，(T0411⑧A：25，稍殘)。釜的形狀爲侈口鼓腹尖圜底（圖十二，1—4），出土時，傾斜棄於泥土中，器内盛有一捆形狀相近的植物莖枝，長度 5 至 8 厘米，單根直徑一般在 0.3 至 0.8 厘米間。共計約 30 根，紋理結節均很清晰，比較整齊地曲縮在釜底。莖枝之間不夾雜泥巴，與底腹的接觸面也十分清爽。發掘人員認爲，這捆植物莖枝是在丢棄前就在釜内，在丢棄過程中没有發生散亂，而是緊密地粘連在一起，比較符合莖枝被煮軟後的特點。另外，陶釜外壁有煙熏火燎痕迹，確實經過火炊。發掘者考慮到這些莖枝不可能被直接食用，綜合分析後認爲，這捆莖枝當屬因故（陶釜破裂）丢棄的煎藥。標本送浙江省藥品檢驗所中藥室檢測，定爲莖枝類①。可見，新石器時期古人就已能基本辨識一些植物的藥用屬性，在生病時就已煮其治療，這正是新石器時期的巫醫借助醫藥方法進行治病的例證。

　　另外，張弛先生曾運用古病理學方法對新疆地區青銅時代至早期鐵器時代遺址中的人類遺骸所表現的疾病和創傷進行了科學鑒定，并結合自然環境與歷史背景等因素，對創傷、齒科疾病、先天畸形、腫瘤、關節疾病、呼吸系統疾病、傳染性疾病、新陳代謝與内分泌疾病以及顱骨變形、鑽孔、頭骨環鋸等現象進行研究，探討了新疆地區該時期古代先民的部分醫療活動，包括外科手術、麻醉劑、骨折處理、假肢安裝、巫術醫療及藥物的相關内容；并進一步指出，治療這些疾病的醫師除已掌握了一些疾病的診療方法外，大都是在巫文化的背景下以巫術醫療的手段進行的②。

　　由此可見，在青銅時代至早期鐵器時代，部分邊疆地區的古代文化中就已出現了能識別部分疾病并能針對其進行相應治療的巫醫，甚至還能運用相關藥物和工具進行一些外科手術。因此在新石器時期，如前文所述大汶口文化墓葬江蘇邳縣大墩子 M21③ 和劉林 M44④ 均隨葬有龜甲及其内的小石子，且在龜甲中還裝有骨針、骨錐等物；特別是劉林 M44 出土的兩副龜甲，一副裝有 6 件骨錐，另一副裝有 6 件骨針；這在大汶口文化出土有龜甲的墓葬中均有骨錐、骨針發現（圖十二，5—10）。我們推測這兩座墓的墓主人不僅社會地位較高，又是可以龜卜的巫師，可能同時也承擔着用龜甲占病卜疾并用骨錐、骨針等針砭治病的醫療職能。

　　不寧唯是，從漢代出土的醫經典籍來看，如在四川成都天回老官山 M3 出土的醫簡中，就屢次出現“通天”這一概念，其内容涉及五臟、五色、五行等諸多方面⑤。顧漫先生和柳長華先生通過對出土文獻與傳世文獻相關條文的細緻比勘，認爲簡文“氣之通

---

　　①　浙江省文物考古研究所、蕭山博物館：《跨湖橋》，北京：文物出版社，2004 年，第 152、153 頁。

　　②　張弛：《疾病醫療考古初探：新疆青銅時代至早期鐵器時代》，北京：商務印書館，2022 年，第 131 頁。

　　③　南京博物院：《江蘇邳縣四户鎮大墩子遺址探掘報告》，第 9—56 頁。

　　④　南京博物院：《江蘇邳縣劉林新石器時代遺址第二次發掘》，第 9—47 頁。

　　⑤　柳長華、顧漫、周琦等：《四川成都天回漢墓醫簡的命名與學術源流考》，《文物》2017 年第 12 期，第 58—69 頁。

天，各有官竅"當爲《天回醫簡》中《脉書·上經》的全篇綱領；而"通天"其内容可歸納爲呼吸通天、五臟通天、五色通天、五行通天、經脉通天等；并進一步指出，"通天"的概念蘊含了古代醫師對人體生命的認識，不僅與扁鵲醫學的"五色診脉"體系關係密切，而且還是構建古代早期中醫脉診方法與經脉體現的理論基礎①。可見，成都天回老官山漢墓 M3 出土醫簡中的"通天"思想所反映古人的生命哲學觀與巫、巫醫均有密切的聯繫，且彼此之間產生過較爲深刻的影響，一直持續到歷史時期。

綜括以上，我們認爲在新石器時期，由巫占主導地位的神靈主義醫學模式即是由"公巫"來行使診療職能的，在神靈主義的意識形態塑造下，這些早期醫術還是被看作巫術。巫師用占卜的技術來診斷疾病，并以禱告、儀式等巫術尋求治療的同時，很可能也開始采用了一些醫藥或醫療工具來輔助其治病的情況。從考古發現的醫藥及相關醫療工具來看，儘管在"巫醫同源"模式中，一切都在"巫"的意識形態統攝之下，但這種醫療模式的内容和形式在一定程度上或具有早期醫學的特徵。可見，巫在新石器時期的原始社會中影響巨大，對中醫藥學的萌芽發揮過重要作用。

圖十二　新石器時期的醫藥及醫療工具

1. 出土時的藥釜形態；2. 藥釜與藥材；3. 釜中底部的藥材；4. 釜中上部的藥材；5—8. 骨針；9、10. 骨錐
1—4. 浙江蕭山跨湖橋（T0411⑧A：25）；5. 江蘇邳縣大墩子（M33：10）；6. 江蘇邳縣大墩子（M155：1）；7. 江蘇邳縣大墩子（M37：2）；8. 江蘇邳縣劉林（M148：8）；9. 江蘇邳縣大墩子（M44：7）；10. 江蘇邳縣大墩子（M44：31）

① 顧漫、柳長華：《天回漢墓醫簡中"通天"的涵義》，《中醫雜志》2018 年第 13 期，第 1086—1091 頁。

六、結論

　　總體來看，新石器時代的巫屬於"公巫"的範疇，指的是特定的群體或階層，由於其具有歌舞鼓樂、祭祀通靈、占卜觀星、占病卜疾等職能，同時還享有相當的社會地位、財富及世俗權利，這便決定了"公巫"在原始氏族部落的各種社會生活中起着舉足輕重的作用。隨着"公巫"各種權利的被壟斷以及各"公巫"職能的專業分化，由此便形成爲世俗首領所掌握的各種職官或職工（巫、卜、祝、宗、筮、醫等）。從這一層面而言，巫當是文明因素的創造者和積累者，這些文明因素創造和積累都與新石器時代的巫分不開。

　　通過對新石器時期的原始宗教及宗教信仰、巫的界説以及對巫的職能、巫與巫醫關係的分析，我們取得的收穫如下：

　　第一，就我國新石器時代的原始宗教而言，其信仰體系的基礎大多來源於原始宗教信仰中的神靈崇拜或自然崇拜抑或偶像崇拜，儘管發展到後期已有一定的規模和信仰體系，其神權或巫文化氛圍也已相當濃厚（如良渚文化的宗教社會），但尚未發展至真正意義上的宗教層面。這一時期的原始宗教信仰亦是相對較爲樸素的。

　　第二，在原始宗教及原始宗教信仰中，巫具有舉足輕重的作用；巫來源於對原始宗教的信仰，是原始宗教產生的重要基礎和必要條件；但巫及原始宗教信仰并不一定能發展至原始宗教；宗教的演化程式與我國新石器時期不同區域古代文化的社會進程密切相關但并不是絕對相關。

　　第三，基於對原始宗教、原始宗教信仰及巫的界説，并結合新石器時期有關巫的考古發現，可以看出我國新石器時代的巫具有較多的職能，或爲歌舞鼓樂者，或爲祭祀通神者，或爲醫，等等。也就是説，我國新石器時代的巫師并非僅指原始宗教中的專業神職人員，他們均具有一定的專業技能，且男女兩性都有；除此之外還具有交通神靈和要求神靈爲人類服務的能力，如占卜、治病、被禳、祈福等。

　　第四，結合古史記載中顓頊"絕地天通"的神話傳説并將其與新石器時期有關巫的考古發現進行文獻材料與出土材料的互證，我們發現新石器時期的巫具有不同的專業職能，相關考古材料不僅顯示出其一般擁有較多的社會財富、較高的社會地位的同時，還間接反映出具有一定世俗權利。這與古籍文獻中對於上古時期的巫不僅要履行一般巫的職能，同時還兼具制神位次、規定犧牲、選拔專業人員司職履責等世俗行政權利的記載相吻合。由此我們推測，新石器時期的巫應是從氏族部落中被民衆所選拔出的"公巫"，他們應并不是簡單地指原始氏族部落中具體的某一巫，而是特指一部分人群或階層。結合對相關文獻材料的分析，祝、卜、宗、史、巫、醫等職或人員應是"公巫"其中的一種或一類。

　　第五，最後，我們對巫與巫醫的關係進行了系統梳理與考證，不論是從文獻記載還是考古發現均證實，巫師治病不僅需要借助神靈或巫術，同時可能也借助醫藥或針砭治其身。由此可以看出人們對於巫和醫認知的歷史發展規律，即巫醫治病時，并非僅僅靠巫術，有時也借助醫藥方法。相關考古材料也顯示，早在新石器時期，"公巫"中的巫醫已經掌握了部分醫藥及使用相關工具進行醫療的技能。

綜合以上，我們認爲在新石器時期，由巫占主導地位的神靈主義醫學模式即是由"公巫"來行使診療職能的，在神靈主義的意識形態塑造下，這些早期醫術還是被看作巫術。巫師用占卜的技術來診斷疾病，并以禱告、儀式等巫術尋求治療的同時，也開始采用了一些醫藥與醫療工具來輔助其治病的職能。從考古發現的醫藥及相關醫療工具來看，儘管在"巫醫同源"模式中，一切都在"巫"的意識形態統攝之下，但這種醫療模式的内容和形式在一定程度上抑或具有早期中醫藥學的特徵。因此，就我國新石器時期的巫與巫醫而言，"巫醫同源"的模式是成立的。

另需要説明的是，本文關於巫與巫醫的論述僅是基於現有考古發現并結合相關傳世文獻材料而言，還較爲粗略，有待新考古材料的出土作進一步的補充和修訂。

太陽神鳥與針灸起源*

顧　漫　周登威　柳長華

（中國中醫科學院中國醫史文獻研究所，北京　100700；
廣州中醫藥大學第二臨床醫學院/廣東省中醫院，廣東　廣州　510000；
成都中醫藥大學中國出土醫學文獻與文物研究院，四川　成都　610031）

提　要：作爲中國文化遺産標志的"太陽神鳥"，展現出先民們太陽崇拜、鳥崇拜以及"鳥日一體"的信仰，也提示早在殷商時期，成都平原地區與中原地區已有文化交流。中醫針灸被列入人類非物質文化遺産代表作，追溯其文化起源，則與太陽神鳥所反映出的"鳥日一體"信仰密切相關。而近年來成都出土的《天回醫簡》，爲我們揭示出更多關於扁鵲與針灸之間聯繫的記載，進一步印證了中醫學術的源遠流長及其與傳統文化根脉的息息相通。從殷商晚期的太陽神鳥到在成都發現的西漢初期的《天回醫簡》，無不彰顯祖國東西地域間文化傳播與交流的深入與廣泛。如此東西之間長期、持久的交流，使得中華文明的發展呈現出多元一體、兼容并蓄、歷久彌新的顯著特徵。

關鍵詞：太陽神鳥；針灸；《天回醫簡》；扁鵲

一、作爲中國文化遺産標志的太陽神鳥

2001 年，成都市文物考古研究所對青羊區金沙遺址開展考古發掘，出土重要文物共 2000 餘件[1]，其中包含震驚世界的"太陽神鳥"金箔（見圖一）。太陽神鳥在年代上屬商代晚期，形制爲圓形，外徑 12.5 厘米，内徑 5.29 厘米，厚 0.02 厘米，内有鏤空圖案。圖案爲内外兩層，内層中心爲一鏤空的圓圈，周圍有十二道等距離分布的象牙狀的弧形旋轉芒；外層圖案是四隻逆向飛行的神鳥，首足前後相接。2005 年 8 月 15 日，國家文物

---

* 基金項目：四川省社會科學重點研究基地（拓展）中國出土醫學文獻與文物研究中心委托項目"出土資料的先秦兩漢醫學源流研究"（項目編號：2020CW03）。

① 張擎、周志清、朱章義：《成都金沙遺址的發現與發掘》，《考古》2002 年第 7 期，第 2、9—11、99—100 頁。

局第 15 次局長辦公會議研究決定，將太陽神鳥金飾圖案作爲中國文化遺産標志①。

圖一　"太陽神鳥"金箔

（源自成都金沙遺址博物館）

（一）太陽神鳥的文化内涵

太陽神鳥一經問世，即引起學界的熱烈討論。關於太陽神鳥的文化内涵，學者衆説紛紜。總結約有如下觀點：1. 太陽神鳥可能是古代成都的徽圖②；2. 太陽神鳥是古代蜀人崇日觀念的産物③；3. 太陽神鳥與古蜀人所使用的一年爲四季和 12 個月的陰陽曆法有關④；4. 太陽神鳥展示的方位，符合古代"上南下北，左東右西"的方位觀，是包含着"渾天説"信息的太陽的"生命之輪"⑤。社會上至今對太陽神鳥的關注度依然不減，太陽神鳥有從成都飛向世界之勢。

簡言之，太陽神鳥反映出先民們的太陽崇拜以及鳥崇拜。對於先民而言，太陽象徵着光明、生命與永恒，太陽帶來的光明可給予人們温暖與安全感；并認爲太陽具有能使萬物復蘇、生長的超自然力量，從而逐漸把太陽人格化，視之爲神，加以禮敬或祭祀。鳥是可以飛翔的動物，古人認爲鳥有與天溝通的神力⑥，所以加以崇拜。

———————————

①　《中國文化遺産標志——太陽神鳥》，《南方文物》2005 年第 4 期，第 93 頁。

②　錢玉趾：《太陽神鳥可能是古代成都的徽圖》，《文史雜志》2003 年第 3 期，第 7 頁。

③　黄劍華：《太陽神鳥的絶唱——金沙遺址出土太陽神鳥金箔飾探析》，《社會科學研究》2004 年第 1 期，第 130—134 頁。

④　劉道軍：《金沙遺址中"太陽神鳥"的象徵意義》，《成都大學學報（社會科學版）》2006 年第 2 期，第 90—92 頁。

⑤　彭元江：《從古彝醫占卜圖解讀金沙"太陽神鳥"》，《文史雜志》2009 年第 2 期，第 16—18 頁。

⑥　吕富華、楊福瑞：《紅山文化猪龍、鳳鳥圖騰崇拜原因探析》，《赤峰學院學報（漢文哲學社會科學版）》2014 年第 4 期，第 1—3 頁。

　　太陽神鳥也充分體現了上古先民“鳥日一體”的信仰。傳世文獻對“鳥日一體”的信仰也有記載，如《山海經·大荒東經》：“湯谷上有扶木，一日方至，一日方出，皆載於鳥。”郭璞注：“中有三足烏。”① 《淮南子·精神訓》：“日中有踆烏，而月中有蟾蜍。”高誘注：“踆猶蹲也，謂三足烏。”② 先民常將鳥和太陽聯繫在一起，形成了頗具特色的“鳥日一體”信仰。由此推測，鳥崇拜或是太陽崇拜的另一種表現形式。

（二）太陽神鳥與東西文化交流

　　“鳥日一體”的信仰，在較太陽神鳥（距今約 3600—3000 年）更早、屬新石器時代東夷文化圈的大汶口文化遺址（距今約 6100—4600 年）出土的文物中也有體現。大汶口出土文物中，有兩件帶有符號的灰陶尊特別引人注目③。關於陶尊上的符號，學界有種種不同的解釋。多數學者認爲此陶器符號是文字，只是對其所處發展階段的估計有所不同④。韓建業先生將大汶口灰陶尊的符號與仰韶文化廟底溝類型的河南陝縣廟底溝、華縣泉護村和華陰西關堡等遺址出土彩陶中的類似題材進行對比研究（見圖二），認爲此灰陶尊“上圓圈下角形”的圖案，可能就是“鳥日合體”符號，上面的圓圈既象徵太陽，也代表鳥首，下面的雙角形即正面鳥身的形象⑤。

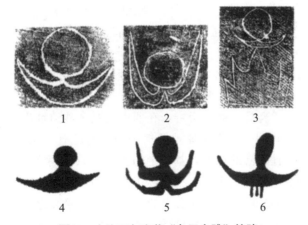

圖二　大汶口灰陶尊“鳥日合體”符號

（引自韓建業、楊新改《大汶口文化的立鳥陶器和瓶形陶文》，《江漢考古》2008 年第 3 期）

　　目前學界已大體形成共識，認爲鳥崇拜起源於我國東方沿海一帶的東夷文化圈。考古發掘和研究發現，東夷文化自後李文化開始，中經北辛文化、大汶口文化、山東龍山

---

　　① （晉）郭璞注，（清）郝懿行箋疏，沈海波校點：《山海經》，上海：上海古籍出版社，2015 年，第 338 頁。

　　② （漢）劉安著，（漢）高誘注：《淮南子》，上海：上海古籍出版社，1989 年，第 69 頁。

　　③ 山東省文物管理處、濟南市博物館編：《大汶口新石器時代墓葬發掘報告》，北京：文物出版社，1974 年，第 118 頁。

　　④ 李學勤：《論新出大汶口文化陶器符號》，《文物》1987 年第 12 期，第 75—80、85 頁。

　　⑤ 韓建業、楊新改：《大汶口文化的立鳥陶器和瓶形陶文》，《江漢考古》2008 年第 3 期，第 43—47 頁。

文化，直到夏商周時期的岳石文化、珍珠門文化、南黃莊文化①，後形成東夷部落。在東夷文化的不同發展階段，出土許多體現爲鳥崇拜的史前遺物，如大汶口、龍山等出土的陶鬶。劉敦願先生研究龍山遺址出土的陶器時發現："小型的陶鳥及鳥頭紐的器蓋屢有發現，陶器全形擬立鳥之狀，或部分結構形如鳥喙的情況更是多見。"② 充分彰顯以鳥爲圖騰是東夷族的突出特徵。

傳世文獻亦不乏關於東夷族鳥崇拜的記載。如《漢書・地理志》："冀州……鳥夷皮服。"③《左傳・昭公十七年》記載東夷人的祖先少皞以鳥名官一事，其中記載郯子的先祖少皞，設置五鳥、五鳩、五雉、九扈等二十四種以鳥爲名稱的官職。五鳥氏等掌管天時曆法；五鳩氏掌管社會管理機構；五雉氏掌管社會分工，負責手工業；九扈氏掌管農牧業。石興邦先生研究指出："這些記載，不是向壁虛造，而是以真實的鳥圖騰歷史爲基礎的。二十四官職，無一非鳥，這是保持鳥圖騰制最完備的記述。"④

商部族也有疑似鳥圖騰的信仰。《詩經・商頌・玄鳥》有"天命玄鳥，降而生商"的傳說。有趣的是，少皞氏"以鳥名官"的系統中也有"玄鳥氏"。《史記・殷本紀》記載："殷契母云簡狄，有娀氏之女，爲帝嚳次妃。三人行浴，見玄鳥墮其卵，簡狄取吞之，因孕生契。"⑤ 殷契是商的部族始祖，由簡狄吞玄鳥卵孕育而生。在少皞以鳥名官中的系統中，"玄鳥氏，司分者也"。高誘曰："玄鳥，燕也，春分而來，秋分而去也。"⑥ 燕子是候鳥，約在春分左右遷至中原地區，而在秋分遷徙南方，因燕子"春分而來，秋分而去"，古人認爲其掌司春分與秋分；而"二分二至"既來源於曆法中對太陽周年視運動的觀測，又可通過周期性的物候變化（如燕子的遷徙）來印證。這恰與商部族的始祖傳說聯繫起來，故商部族或是玄鳥氏之後。

起源於東夷文化的"鳥日一體"崇拜，在西南地區金沙遺址出土的太陽神鳥上得以展現，反映出早在殷商時期，成都平原地區與中原地區已有文化交流。學者研究發現：三星堆出土的青銅尊、青銅罍的造型，基本上仿照了中原青銅器的同類器型。而三星堆祭祀坑中出土的作爲祭祀儀仗的玉璋、玉璧、玉琮，與二里頭、殷墟出土的玉器幾乎如出一轍⑦。諸多文物證據表明，三星堆出土的文物，有中原文化影響的諸多遺痕。出土的殷商甲骨卜辭中有"王敦缶於蜀""蜀受年""至蜀亡（無）禍""在蜀"等記載⑧，雖然學界對甲骨卜辭中的"蜀"具體指何地還有爭議，但對於商周時期中原地域與古蜀國之間已存在政治和文化往來，是頗具共識的。

---

① 李軍强：《論先秦東夷文化分布範圍的演變》，鄭州大學碩士學位論文，2013 年，第 10 頁。

② 劉敦願：《古史傳說與典型龍山文化》，《山東大學學報（歷史版）》1963 年第 2 期，第 1—16 頁。

③ （漢）班固撰，（唐）顔師古注：《漢書》卷二十八，北京：中華書局，2000 年，第 1231 頁。

④ 石興邦：《石興邦考古論文集》，西安：陝西師範大學出版總社，2015 年，第 238 頁。

⑤ （漢）司馬遷撰，（南朝宋）裴駰集解，（唐）司馬貞索隱，（唐）張守節正義：《史記》卷三，北京：中華書局，2000 年，第 67 頁。

⑥ （戰國）呂不韋編撰，（漢）高誘注：《呂氏春秋》，上海：上海書店出版社，1986 年，第 12 頁。

⑦ 霍巍：《三星堆：東西方上古青銅文明的對話》，《清華大學學報（哲學社會科學版）》2022 年第 1 期，第 1—8、213 頁。

⑧ 饒宗頤：《説卜辭之蜀》，《先秦史與巴蜀文化論集》，天津：歷史教學社，1995 年，第 197—200 頁。

二、人類非物質文化遺産的代表——針灸

（一）針灸的出處與概念

針灸是中國傳統醫學寶貴遺産之一，2010 年 11 月 16 日，聯合國教科文組織審議并通過"中醫針灸"被列入人類非物質文化遺産代表作名録。"中醫針灸"申遺成功，標志着針灸不僅是中國的瑰寶，也已成爲全人類共有的財富。

針，古籍中常作"箴"或"鍼"，《廣雅》："鍼，刺也。"灸，《説文》："灼也。"針灸是指運用金屬針具或艾條、艾柱，在人體特定的部位進行針刺或施灸，通過調整經絡臟腑氣血的功能，以治療疾病。"針灸"并舉，首見於《素問・病能論》，其云"有病頸癰者，或石治之，或針灸治之，而皆已"①。

（二）針灸與砭灸的關係

在《黄帝内經》（特別是《靈樞》）中屢見"九針"這一術語，是當時使用的金屬針具的統稱。但《黄帝内經》之前的早期古籍中，往往是"砭灸"連用，而非"針灸"，如《史記・扁鵲倉公列傳》"當論俞所居，及氣當上下出入邪〔正〕逆順，以宜鑱石，定砭灸處"②。目前資料顯示，"砭灸"較"針灸"更早出現，此與砭石産生在前而九針較晚出現有關。

砭，《説文》："以石刺病也。"砭石有"鑱石""砥石""礪石"等异名，或徑稱爲石。這些异名中，"鑱石"是言其鋭利；"砥石"與"礪石"，則是言其使用前需要磨製，如《史記・扁鵲倉公列傳》載扁鵲治虢太子病，"乃使弟子子陽屬針砥石"③；《素問・寶命全形論》新校正引全元起注亦云："砭石者，是古外治之法……言工必砥礪鋒利，製其小大之形，與病相當。"④ 馬王堆醫書、張家山《脉書》等西漢早期的出土醫學文獻中，收録有較多的砭法或灸法資料，却未見有針法記載。

據《南史・王僧孺傳》記載，全元起注《素問》時，對砭石之事不甚瞭解，曾求教於當時以"多識古事"聞名的王僧孺。王僧孺則引經據典地回答道："古人當以石爲針，必不用鐵。《説文》有此砭字，許慎云：'以石刺病也。'……季世無復佳石，故以鐵代之爾。"⑤ 不論"以石爲針"是否曾在歷史上真實存在過，但這一説法表明砭石與"九針"之間有着極深的淵源關係。

---

① 中醫出版中心整理：《黄帝内經素問》，北京：人民衛生出版社，2012 年，第 175 頁。
② （漢）司馬遷撰，（南朝宋）裴駰集解，（唐）司馬貞索隱，（唐）張守節正義：《史記》卷一百五，第 2164 頁。
③ 同上，第 2148 頁。
④ 中醫出版中心整理：《黄帝内經素問》，第 110 頁。
⑤ （唐）李延壽：《南史》卷五十九，北京：中華書局，2000 年，第 974 頁。

近年來考古發現的文物顯示，早在西漢中期，已出現作爲金屬針具的"九針"。入葬時間屬西漢中後期的河北滿城中山靖王劉勝墓中，出土金醫針 4 枚。針細長，上端爲柄，斷面作方形，下部爲針身，斷面圓形，柄之上端穿有小孔。其中 1：4446 末端鈍尖，形狀與半段米粒相仿，合於《靈樞·九針十二原》"鋒如黍粟之鋭"的形制，當爲鍉針；1：4447 鋒部 0.4 厘米，作三棱形，合於《九針十二原》"刃三隅"的形制，當爲鋒針；1：4354、1：4390 鋒部長 1.8 厘米，愈至末端愈尖，合於《九針十二原》"尖如蚊虻喙"的形制，當爲毫針（葉又新則認爲尚未達到毫針可以"微以久留"的纖細程度，當是毫針之早期形狀）[1]。此是關於"九針"的可靠物證。

以金屬製成的"九針"的創製，技術上應受到了較早產生的砭石的啓發，某些類型的針具（如鈹針）可視爲對砭石的繼承和改進。九針產生後，逐漸取代了砭石的地位。如《素問·寶命全形論》新校正引全元起注云："黄帝造九針以代鑱石。"[2] 其説應來源於王僧孺所述"古人當以石爲針……季世無復佳石，故以鐵代之"的典故，反映出中醫主要外治工具從"砭石"到"九針"的嬗替過程。

戰國秦漢時期醫者運用藥石治病的原則是"病不表，不可 以 鑱 石。病不裏〈裏〉，不可以每（毒）藥。不表不【裏者】，死"[3]，或曰"必齊毒藥攻其中，鑱石針艾治其外"（《素問·湯液醪醴論》）。即對於體表的病證，以砭石、針灸治之；而體內的病證，則以毒藥、火劑治之。《黄帝內經》作者開始突破這一原則，嘗試用九針中的"毫針"通治表裏病證。如《靈樞·九針十二原》記載："黄帝問於岐伯曰：余子萬民，養百姓而收其租税；余哀其不給，而屬有疾病。余欲勿使被毒藥，無用砭石，欲以微針通其經脉，調其血氣，榮其逆順出入之會。"[4] 如此，微針的治療病證的範圍逐漸擴大，也進一步促進了針刺技法體系的日益豐富。

微針技術的快速發展，砭石技術則逐漸式微以至失傳。砭石與九針的盛衰變化，是中醫學自身發展的表現；但砭灸作爲針灸的前身，對後者從理論到實踐都有很大啓發，後者也繼承了前者的很多技法和適應證，應該是大體無疑的。

三、太陽神鳥與砭灸的關係

由上文可知，砭石是九針的"前身"，那麽研究針灸的起源，勢必需要追溯砭石、艾灸的形成。砭石、艾灸的起源，與太陽神鳥所反映出的"鳥日一體"崇拜密切相關。

---

① 中國社會科學院考古研究所、河北省文物管理處：《滿城漢墓發掘報告》，北京：文物出版社，1980 年，第 116 頁；鍾依研：《西漢劉勝墓出土的醫療器具》，《文物》1972 年第 3 期，第 49—53、70 頁。

② 中醫出版中心整理：《黄帝內經素問》，第 110 頁。

③ 天回醫簡整理組編著：《天回醫簡》（下），北京：文物出版社，2022 年，第 56 頁。

④ 顧漫點校：《黄帝內經靈樞》，北京：北京科學技術出版社，2016 年，第 1 頁。

（一）鳥崇拜與砭石

1. 砭石的發明與鳥有關

　　20 世紀以來，全國各地出土了很多秦漢及之前的砭石實物。馬繼興先生對已出土砭石文物做過全面整理，按用途將出土的砭石分爲：①用於熨法的砭石；②用於按摩的砭石；③用於切割癰膿、刺瀉瘀血的砭石；④用於叩擊體表的砭石①。馬繼興先生極富創見地將河北藁城臺西村商代遺址第十四號墓葬中出土的石鐮，辨識爲“砭鐮”（見圖三），是當時砭石的一種，用於切割腫瘍和放血；并指出此件出土器物與後世砭鐮之間存在着一脉相承的關係②。砭鐮在外形上，與鳥嘴特別相似。古人發明砭鐮，可能是受到了鳥嘴形狀的啓發。

圖三　河北藁城臺西村商代遺址第 14 號墓葬所見“砭鐮”
（引自馬繼興《臺西村商墓中出土的醫療器具砭鐮》，《文物》1979 年第 6 期）

　　在衆多出土砭石文物中，有一類被學者稱爲“錐形砭石”（見圖四），是人類歷史遺物中迄今可以認識的最早的石製醫療工具③。此類錐形砭石是古之“石針”“箴石”的可能性極大。《廣雅疏證·釋器》：“石針謂之㭰。”王念孫注云：“㭰者，銳末之名，鳥喙謂之觜，義相近也。”④ 石針因其銳末而得名，故其字與表示鳥喙的“觜”字相近。

①　馬繼興、周世榮：《考古發掘中所見砭石的初步探討》，《文物》1978 年第 11 期，第 52、80—82 頁。
②　馬繼興：《臺西村商墓中出土的醫療器具砭鐮》，《文物》1979 年第 6 期，第 54—56 頁。
③　葉又新：《錐形砭石——砭石形制試探之一》，《中華醫史雜志》1980 年第 2 期，第 105—111 頁；葉又新：《早期錐形砭石——砭石形制試探之二》，《山東中醫學院學報》1986 年第 1 期，第 48—55 頁。
④　（清）王念孫：《廣雅疏證》，北京：中華書局，1983 年，第 262 頁。

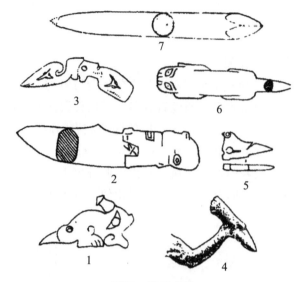

圖四　錐形砭石

（引自葉又新《早期錐形砭石——砭石形制試探之二》，《山東中醫學院學報》1986 年第 1 期）

著名文博專家史樹青在《古代科技事物四考》一文中提到中國歷史博物館收集的一件易縣戰國燕下都遺址出土的圓餅形陶器，一面有鳳鳥紋飾，也是古代的陶砭①。此陶砭可能是用於熨法治療，如楊上善在注解《病能論》時言"氣盛血聚，未爲膿者，可以石熨，瀉其盛氣也"②。陶砭上鳳鳥的形象亦是鳥崇拜的體現。

砭鐮、錐形砭石（石針或箴石）與陶砭等，形狀不同，用途各异，但皆體現了鳥崇拜的影響。

2. 砭石的使用技術與扁鵲有關

扁鵲與砭石的使用技術有深厚的淵源，堪稱砭法的宗師。《聖濟總録·治法·砭石》中保存了部分扁鵲遺論，對砭石的適應證作了很好的概括："扁鵲有云，病在血脉者，治以砭石。"③ 西漢劉向《戰國策·秦策》記載有扁鵲見秦武王的故事：

> 扁鵲見秦武王，武王示之病，扁鵲請除，左右曰："君之病，在耳之前，目之下，除之未必已也，將使耳不聰，目不明。"君以告扁鵲。扁鵲怒而投其石："君與知之者謀之，而與不知者敗之。使此知秦國之政也，而君一舉而亡國矣。④

高誘注"扁鵲怒而投其石"云："石，砭，所以砭彈人臃腫也。"⑤ 這則故事可能是

---

① 史樹青：《古代科技事物四考》，《文物》1962 年第 3 期，第 47—52、46 頁。
② （隋）楊上善撰，錢超塵、李雲校正：《黃帝内經太素（新校正）》，北京：學苑出版社，2006年，第 581 頁。
③ （宋）趙佶：《聖濟總録》，北京：人民衛生出版社，1982 年，第 185 頁。
④ （漢）劉向撰，（漢）高誘注：《戰國策》，上海：上海書店出版社，1987 年，第 30 頁。
⑤ 同上，第 30 頁。

寓言，但故事也表現出在當時人的印象裏，砭石是扁鵲所慣用的醫療工具。

山東出土的漢畫像石經常出現“扁鵲行醫圖”的主題。如在微山縣兩城山出土屬東漢中葉的扁鵲畫像石中①（見圖五），扁鵲爲一位人面鳥身的醫者，面對患者，一手切脉，一手持石針（砭石），揚臂作預備刺入狀，極爲生動地刻畫出當時人心目中的扁鵲形象，同時也鮮明地反映出扁鵲與砭石之間的密切關聯。

圖五　扁鵲畫像石②

（源自曲阜孔廟“漢魏碑刻陳列館”）

3. 扁鵲之名與鳥有關

“扁鵲”一名，有學者認爲實指鵲之類的鳥類，或爲半人半鳥之鵲人③；有學者認爲扁鵲即飛翔的喜鵲④。2012—2013 年於成都西漢墓葬出土的《天回醫簡·脉書·上經》中，出現了“敝昔曰”的簡文，武家璧先生考證認爲，敝昔是鷩䧿的省寫，意爲“頭戴鷩冕的雉鵲”⑤。出土的漢畫像石“扁鵲行醫圖”的扁鵲，確乎戴有冠冕。扁鵲之實義，當爲“以鳥名官”之醫官形象，體現了醫者爲“王官之一守”的傳統。

4. 砭石、扁鵲俱在東方

砭石、扁鵲在地域上皆是在東方。從砭石出産的地域來看，《山海經》記載“高氏之山”“凫麗之山”皆出産“箴石”。其中“高氏之山”的地望，大體範圍在今山東境内⑥。李時珍猜測砭石“即石砮之屬”，并記載：“石砮出肅慎國。人以枯木爲矢，青石爲鏃，施毒，中人即死。石生山中。《禹貢》荆州、梁州皆貢砮，即此石也。”⑦ 肅慎國，在古

① 葉又新：《神醫畫象石刻考》，《山東中醫學院學報》1986 年第 4 期，第 54—60 頁。

② 原刻石高 84 厘米，寬 80 厘米，畫面共三層，圖居第二層，現存曲阜孔廟。孔子博物館 http://www.kzbwg.cn/xueshu/chengguo/248.html。

③ 楊金萍：《漢畫像石與中醫文化》，北京：人民衛生出版社，2010 年，第 145 頁。

④ 邢省虎：《扁鵲考辨及扁鵲對針灸學貢獻的探討》，《陝西中醫》2009 年第 8 期，第 1034—1035 頁。

⑤ 武家璧：《成都老官山漢墓醫簡“敝昔”爲扁鵲考》，簡帛網 http://www.bsm.org.cn/show_article.php?id=2045,2014-07-06。

⑥ 譚其驤：《長水粹編》，石家莊：河北教育出版社，2000 年，第 330 頁。

⑦（明）李時珍撰，劉衡如、劉山永點校：《本草綱目》，北京：華夏出版社，2013 年，第 433 頁。

代東北地區。馬繼興先生據文獻記載推斷："從古代文獻上看，砭石最早的產地是在我國東部的沿海地區。一方面是由於這些地區居民多患癰瘍之疾。另一方面還可能由於天然石塊通過海水的不斷衝刷，多已形成較光滑細緻的外形和强硬的特點，可以無須更多加工即可應用，是製造砭石較好的材料。"① 而上文提到的錐形砭石，曾廣泛存在於東方自龍山文化以前至其後漫長的歷史時代。

與砭石使用技術有深厚淵源的扁鵲，《史記·扁鵲倉公列傳》記載其"姓秦氏，名越人……爲醫或在齊，或在趙，在趙者名扁鵲"②。無論扁鵲有幾人，在齊或在趙，其爲東方之人（黄河下游、環渤海地區）蓋無疑義。

綜上所述，砭石的發明與鳥有關，扁鵲亦與鳥有關；砭石出産在東方，善用砭石技術的扁鵲，亦是東方之人，而東方又是日出之地；諸多證據皆已指向砭石的發明與使用與"鳥日一體"崇拜之間的深厚淵源。《素問·异法方宜論》指出"砭石從東方來"，可謂於史有據。

（二）太陽崇拜與艾灸

1. 火與灸

有關灸法起源的傳説與史料較爲缺乏，不過"灸"字從火從久，則顯然與火有關。傳説中火的發明者是上古"三皇"之一的燧人氏。《韓非子·五蠹》記載："上古之世……民食果蓏蚌蛤，腥臊惡臭而傷害腹胃，民多疾病，有聖人作，鑽燧取火以化腥臊，而民説（悦）之，使王天下，號之曰燧人氏。"③ 這則傳説生動形象地説明了用火與疾病防治之間的關係。

文獻記載，火的發明與鳥也有一定的關係。《拾遺録》記載："遂明國，有大樹，名遂，屈盤萬頃。後世有聖人游日月之外，至於其國，息此樹下，有鳥啄樹，粲然火出，聖人感焉，因用小枝鑽火，號燧人氏。"④ 鳥在樹上啄木，出現燦然的火花，燧人氏受此啓迪，發明了"鑽木取火"的技術。

灸法是中醫最古老的療法之一。先民巧妙地用火，在身體特定部位上進行燒灼，以達到防病治病目的。《五十二病方》中多次提及灸法的使用，如："取敝蒲席若藉之蒻，繩之，即燔其末，以灸疣末，熱，即拔疣去之。"⑤ 馬王堆出土的《足臂十一脉灸經》，其治療方法僅采用灸法，不涉及砭、針等其他療法。其體例爲：每述一脉，先描述循行，次列舉"其病"，結之以"諸病此物者，皆灸某某脉"⑥。

早期灸法治療不盡用艾，亦可選其他易燃物，如上文所引《五十二病方》灸疣方，是使用蒲席等燒灰進行灸治。古人在灸法治療過程中，實踐了多種灸火的材料。成書於

---

① 馬繼興：《針灸學通史》，長沙：湖南科學技術出版社，2011年，第17頁。
② （漢）司馬遷撰，（南朝宋）裴駰集解，（唐）司馬貞索隱，（唐）張守節正義：《史記》卷一百五，第2143頁。
③ （清）王先慎注，鍾哲點校：《韓非子集解》，北京：中華書局，1998年，第442頁。
④ （宋）李昉纂：《太平御覽》，北京：中華書局，1960年，第364頁。
⑤ 裘錫圭：《長沙馬王堆漢墓簡帛集成》（第5册），北京：中華書局，2014年，第234頁。
⑥ 同上，第187—194頁。

東漢時期的《黃帝蝦蟆經》記載有"辨灸火木法"，較爲詳細地記錄了古人在灸火材料上的選擇，可謂經驗之談：

> 松木之火以灸，即根深難愈。柏木之火以灸，即多汁。竹木之火以灸，即傷筋，多壯筋絕。橘木之火以灸，即傷皮肌。榆木之火以灸，即傷骨，多壯即骨枯。枳木之火以灸，即陷脉，多壯即脉潰。桑木之火以灸，即傷肉。棗木之火以灸，即傷骨髓，多壯即髓消。右八木之火以灸，人皆傷血脉肌肉骨髓。太上陽燧之火以爲灸，上次以礌石之火常用。又槐木之火灸，爲瘡易差。無者，膏油之火益佳。①

古人認爲，松、柏、竹、橘、榆、枳、桑、棗等八木之火作爲灸火，副作用較大，易傷人血脉、肌肉、骨髓，故不推薦使用。陽燧之火爲首選，礌石之火次之，槐木之火即使造成灸瘡，也容易愈合；沒有槐木，則可用膏油替代——以上幾種作爲灸火，皆相對安全。關於陽燧取火的討論，詳見下節；礌石取火的方法，唐代王燾引東漢末醫家張仲景云："礌石似玉堅，以此石擊賓鐵即火出，仍以極爛榆木承之即得，亦用艾取之。此是匈奴取火法，今胡人猶爾。"②

2. 太陽與艾

古人用銅製成的凹面鏡，用以聚集日光，通過引燃艾以取火，此凹面鏡名之曰"陽燧"；此火"從天來"（《論衡・説日篇》），稱爲"明火"；此即陽燧取火法。東漢高誘對陽燧有非常明確的描述："陽燧，金也。取金杯無緣者，熟摩令熱，日下以艾承之，則燃得火也。"③ 近來發現在祥瑞圖畫中，陽燧還有一個被神化了的形象，和代表太陽的"陽烏"類似，也作禽鳥形（見圖六）④。此形象亦可與上文所述陶砭上鳳鳥的形象互證互考。

圖六　禽鳥形陽燧
（引自孫機《中國聖火——中國古文物與東西文化交流中的若干問題》，
瀋陽：遼寧教育出版社，1996年，第4頁）

---

① 《黃帝蝦蟆經》，北京：中醫古籍出版社，1984年，第55—56頁。
② （唐）王燾撰，王淑民校注：《外臺秘要方》，北京：中國醫藥科技出版社，2011年，第333頁。
③ （漢）劉安著，（漢）高誘注：《淮南子》，第27頁。
④ 孫機：《中國聖火——中國古文物與東西文化交流中的若干問題》，瀋陽：遼寧教育出版社，1996年，第1—14頁。

在用陽燧取火過程中，太陽是火源，艾是引燃物。艾草有"冰臺"的別名，即源於古人以冰製的透鏡或青銅凹面鏡引取太陽之火，以艾作爲引火燃料的歷史。在引取"天火"的儀式氛圍之中，太陽之火在古代象徵純陽之潔氣，巫師通過操作陽燧這樣通天的器物，汲取純陽之氣點燃屬溫熱的艾草，溝通天氣與人氣，被除患者身體的不潔，并通暢其血脉，進而驅除疫鬼①。如此艾草就有禳除疾病的含義，如南朝梁宗懍在《荆楚歲時記》記載説："五月五日，謂之浴蘭節。荆楚人并踏百草，又有門百草之戲。采艾以爲人形，懸門户上以禳毒氣。"② 如今，全國各地仍然保留有五月五日端午節采艾、插艾的傳統，此傳統亦是太陽崇拜的後世遺響。

四、《天回醫簡》與東西醫學交流

（一）成都《天回醫簡》中的扁鵲與砭石、針灸

金沙遺址之後，成都地區再次出現重寫文明史的重大考古發現。2012 年 7 月至 2013 年 8 月，成都市文物考古工作隊和荆州文物保護中心組成聯合考古隊，對位於四川省成都市金牛區天回鎮的一處西漢時期墓地進行了搶救性發掘，共發掘西漢時期土坑木槨墓 4 座，其中 M3 出土竹簡 951 支③。除一種有題名簡的"逆順五色脉臓驗精神"外，其餘都没有書名。整理者根據傳世文獻記載，結合出土醫書體例，將這些醫簡定名爲《脉書·上經》《脉書·下經》《治六十病和齊湯法》《刺數》《逆順五色脉臓驗精神》《療馬書》④。《脉書·上經》所見殘文中，凡六處出現"敝昔曰"，如"敝昔曰：人有九徼（竅）五臓十二節，皆壼（朝）於氣"⑤。這一綫索直接指向秦漢時期享譽最高、影響最大但在後世隱没的扁鵲醫學。

出土的《天回醫簡·脉書·上經》記載很多扁鵲對於脉學的論述，如"敝（扁）昔（鵲）曰：脉句（鈎）至者曰病出心，心曰善悲，得之憂"⑥。司馬遷在《史記·扁鵲倉公列傳》説："至今天下言脉者，由扁鵲也。"《淮南子·泰族訓》云："所以貴扁鵲者，非貴其隨病而調藥，貴其饜息脉血知病所從生也。"⑦ 西漢桓寬在其《鹽鐵論》中亦提及："扁鵲撫息脉而知疾所由生。"⑧ 傳世文獻與出土文獻同時證明，扁鵲爲脉學宗師，

---

① 李建民：《艾火與天火——灸療法誕生之謎》，《自然科學史研究》2002 年第 4 期，第 320—331 頁。
② （南朝梁）宗懍撰，宋金龍校注：《荆楚歲時記》，太原：山西人民出版社，1987 年，第 47 頁。
③ 中國中醫科學院中國醫史文獻研究所、成都文物考古研究所、荆州文物保護中心：《四川成都天回漢墓醫簡整理簡報》，《文物》2017 年第 12 期，第 48—57 頁。
④ 柳長華、顧漫、周琦等：《四川成都天回漢墓醫簡的命名與學術源流考》，《文物》2017 年第 12 期，第 1、58—69 頁。
⑤ 天回醫簡整理組編著：《天回醫簡》（下），第 5 頁。
⑥ 同上，第 8 頁。
⑦ 何寧：《淮南子集釋》（下），北京：中華書局，1998 年，第 1403 頁。
⑧ 王利器：《鹽鐵論校注》（上），北京：中華書局，1992 年，第 179 頁。

其醫學以診脉爲標志，是西漢時期人們的一般認識。

《天回醫簡》中有關於砭石和針灸的豐富内容，對於研究西漢初期砭法、針法、灸法的理論與技術，具有重要學術價值。砭石治療原則，天回醫簡《逆順五色脉臧驗精神》記載説："石且（疽），太上石神，石神必已。其次石血，石血得分。其下石農（膿），石農（膿）十一活。"① 言癰疽起病之初，用砭石之法以治神爲上，治血爲次；若到癰疽化膿時再行砭石治療，則僅能十活其一。"石神"即以砭石調神、治神之意，此爲《素問·寶命全形論》"一曰治神"、《靈樞·本神》"凡刺之法，先必本於神"思想之濫觴。無獨有偶，《史記·扁鵲倉公列傳》記載公乘陽慶傳給倉公的醫書中，恰有一部名曰《石神》，很可能與本簡内容相關。《天回醫簡》中的《刺數》則是針刺專論，記載有針刺原則與針刺手法。關於灸法的運用在《天回醫簡》中記載有 9 處，收録於《脉書·下經》"間別脉"一節中，如"間別辟（臂）陽脉，出頸下，出頭耳上，奏顔，顔、肩博（髆）痛，久（灸）辟（臂）陽"②。

（二）《天回醫簡》體現的東西文化交流

《天回醫簡》中存在較多的齊語特徵，且醫簡中出現的地名與《史記》所載倉公行醫及授學的地域重合，整理組推斷這批醫書成書并抄録於齊地，西漢文帝以後纔流傳至成都地區，醫簡主人可能是倉公弟子③。

戰國至秦漢時期的齊國，得益於經濟、文化的優勢，爲醫學的發展提供了天時、地利、人和兼備的絶佳環境。由此之故，齊地涌現一大批醫學巨子，如春秋戰國時期的長桑君、扁鵲；西漢初期的陽慶、公孫光、淳于意；西漢中後期的宋邑、高期、王禹等，有學者將他們統稱爲"齊派醫學"④ 或"齊醫學派"⑤，引領着當時醫學的發展。《天回醫簡》的發現，一是證明西漢初期齊地扁鵲醫學輝煌的學術成就；二是表明當時祖國東、西各方已存在廣泛深入的文化交流。

東西地域間文化的傳播在《治六十病和齊湯法》一書中，尤爲明顯。《和齊湯法》中出現"廢丘""濟北"和"都昌"三處地名，其中"濟北"和"都昌"爲山東古地名。柳長華等結合《史記·扁鵲倉公列傳》所記倉公行迹，指出此三地名均與倉公行迹相關⑥，這一證據也加强了《和齊湯法》爲倉公所傳的可能⑦。蜀椒、附子等藥物在《和齊湯法》高頻出現，有學者研究發現《和齊湯法》所用藥物凡 480 餘見，其中所用桂、薑、蜀椒出現頻次最多，均在 20 次以上，分別達到了 32 次、26 次、21 次；附子也用至達 16 次

---

① 天回醫簡整理組編著：《天回醫簡》（下），第 61 頁。

② 同上，第 49 頁。

③ 中國中醫科學院中國醫史文獻研究所、成都文物考古研究所、荆州文物保護中心：《四川成都天回漢墓醫簡整理簡報》，第 48—57 頁。

④ 何愛華：《齊派醫學簡論》，《管子學刊》1990 年第 1 期，第 76—78 頁。

⑤ 劉慶文：《齊醫學派古代人物考略》，《管子學刊》1990 年第 3 期，第 77—83 頁。

⑥ 柳長華、顧漫、周琦等：《四川成都天回漢墓醫簡的命名與學術源流考》，第 1、58—69 頁。

⑦ 羅瓊、顧漫、柳長華：《天回醫簡〈治六十病和齊湯法〉釋名考證》，《中國中藥雜志》2018 年第 19 期，第 3979—3983 頁。

之多①。成書於兩漢之際的《范子計然》記録有當時藥材的産地，其中提及"蜀椒出武都，赤色者善……附子，出蜀武都，中白色者善……"②。這意味着西漢時期，蜀椒、附子的主産區皆是蜀地。在齊地抄録完成的《和齊湯法》，高頻使用蜀地藥材——這一事實似乎表明，在西漢初期東西地域間的文化交流，已深入到社會生活層面。

《天回醫簡》雖爲西漢初期齊地扁鵲醫學的代表著作，但其於成都發現，并非無迹可循。《漢書·循吏傳》記載，漢景帝末年，任命廬江郡舒縣人文翁擔任蜀郡太守。文翁治理蜀郡期間，大力推進蜀地的經濟、文化建設，遣派學子前往京師太學博士處學習儒學，學成歸蜀後擔任要職。如《華陽國志·蜀志》所記載："翁乃立學，選吏子弟就學，遣雋士張叔等十八人東詣博士受《七經》，還以教授，學徒鱗萃，蜀學比於齊魯。巴、漢亦立文學。"③《七經》是指《詩》《書》《禮》《易》《春秋》《孝經》《論語》，皆爲儒家經典。文翁對於蜀地文化的建樹，爲西漢以來蜀學的興盛奠定了基礎；其本人的儒學背景及對儒學的倡導，可能是溝通齊魯與川蜀交流的關鍵因素之一。

餘 論

太陽神鳥所藴涵的太陽崇拜和鳥崇拜，體現了中國人對於光明的熱愛，以及對生命不朽的信仰。這種信仰對先秦兩漢時期的神仙文化亦有直接影響。《山海經·大荒北經》記載："大荒之中，有神九首，人面鳥身，名曰九鳳。"④ 傳説中的仙人即是"人面鳥身"。兩漢時期的石像與墓葬中，常見羽人的形象。人面鳥身的仙人和羽人，反映了羽化升仙思想，亦是鳥崇拜的典型體現。劉向《列仙傳》記載有很多仙人異人在蜀地修行，如楚人陸通在峨眉山修行⑤；羌人葛由騎羊而入西蜀，在峨眉山西南得仙道⑥；太山崔文子在蜀賣黄散⑦。東漢中後期，張道陵在蜀中創立道教天師道；巴蜀地區産生出西王母信仰；峨眉山、青城山等被奉爲神仙聖地；可以説，蜀地的神仙思想從秦漢以來未曾中斷。

《天回醫簡》主人的入蜀，使扁鵲醫學在蜀地生根發芽。到西漢末年，蜀地涌現出涪翁、程高、郭玉等醫學名家，他們的醫術亦多以針灸爲擅長，或爲《天回醫簡》主人的傳人，其所傳學術至此已開花結果，桃李天下。據《後漢書·郭玉傳》記載："初，有老父不知何出，常漁釣於涪水，因號涪翁。乞食人間，見有疾者，時下針石，輒應時而效，

①　王一童：《老官山漢墓天回醫簡〈治六十病和齊湯法〉的内容特點與學術源流研究》，成都中醫藥大學博士學位論文，2019 年，第 37—39 頁。

②　《范子計然》，《黄氏逸書考》第 55 册，民國甲戌江都·朱長圻據甘泉黄奭原版補刊，1935 年，第 12 頁。

③　（晋）常璩撰，劉琳校注：《華陽國志校注》（修訂版），成都：成都時代出版社，2007 年，第 109 頁。

④　（晋）郭璞注，（清）郝懿行箋疏，沈海波校點：《山海經》，第 378 頁。

⑤　王叔岷：《列仙傳校箋》，北京：中華書局，2007 年，第 48 頁。

⑥　同上，第 50 頁。

⑦　同上，第 95 頁。

乃著《針經》《診脉法》傳於世。"① 《華陽國志》載有一位名爲李助的醫者，自稱翁君，或即是涪翁。李助"校醫術，作《經方頌説》"，其事迹與西漢末年的侍醫李柱國多雷同，二者或爲一人②。李柱國在校方技時感嘆道："漢興有倉公，今其技術暗昧，故論其書，以序方技爲四種。"③ "技術暗昧""論其書"當針對倉公言。論，讀如《論語》之"論"，音 lún。《論語注疏·序解》引鄭玄云："論者，綸也，輪也，理也，次也，撰也。"④ 在李柱國看來，當時倉公醫術的傳承已隱晦不明，因此編次其所留傳下來的醫書，并依學術源流分成四類。李伯聰先生考證發現，《漢書·藝文志》"醫經小序"與"經方小序"皆是依據扁鵲學派的醫學觀點進行概括的⑤。由此推測，作爲其整理者的李柱國，亦當是扁鵲醫學的傳人之一，不然很難如此熟知扁鵲醫學的理論，并據此對其著述加以明晰的分類。涪翁、李助、李柱國，其名雖異，其實或爲同一人；郭玉爲涪翁的再傳弟子，東漢和帝時爲太醫丞，亦以診脉與針術聞名於世。涪翁、程高、郭玉三代名醫的興起，是脉學與針灸學術在蜀地繁榮發展的體現。

　　從殷商晚期的太陽神鳥到西漢初期的《天回醫簡》，這些考古發現無不彰顯祖國東西地域間的文化傳播與交流。西漢文翁治蜀，進一步推動東西地域間文化交流更加暢通和繁榮；《天回醫簡》的傳入及此後蜀地醫學的興盛，可能恰是在這一背景下發生的。東西之間長期、持久的交流，纔使得中華文明的發展呈現出多元一體、兼容并蓄、歷久彌新的顯著特徵。

---

　　① （南朝宋）范曄編撰，（唐）李賢等注：《後漢書》卷八十二，北京：中華書局，2000 年，第 1847 頁。

　　② 周登威、顧漫：《經方概念的形成與演變》，《中醫藥文化》2022 年第 1 期，第 10—18 頁。

　　③ （漢）班固撰，（唐）顏師古注：《漢書》卷三十，第 1398 頁。

　　④ 李學勤主編：《十三經注疏·論語注疏》，北京：北京大學出版社，1999 年，第 2 頁。

　　⑤ 李伯聰：《扁鵲和扁鵲學派研究》，西安：陝西科學技術出版社，1990 年，第 195—201 頁。

秦漢醫學

先秦秦漢涉藥考古遺存資料初步整理研究及評價 *

羅　瓊　李　奇

（中國中醫科學院中國醫史文獻研究所，北京　100700）

提　要：涉藥考古遺存能爲研究先秦秦漢的藥物提供一手材料，亦爲簡帛藥物及傳世本草文獻研究提供可靠證據，是後期進行本草考古的基礎。學術界對此已有豐富研究成果，筆者按照先秦秦漢時代進行介紹和總結，發現目前研究較爲零散，且還存在不少爭議，今後可以從系統整理、多重證據研究、本草考古三方面進行深入與拓展研究。

關鍵詞：先秦秦漢；涉藥考古遺存；綜述

20 世紀以來，我國多地相繼出土大量遺存藥物，最早可追溯至新石器時期，包括植物藥、動物藥、礦物藥。有些遺存物有確鑿的依據證明爲藥物使用，如成都天回墓中出土的麻仁，馬王堆出土的桂皮、辛夷、藁本等。然而部分遺存物因爲年代久遠，且藥食同源，醫巫不分，未有證據可説明其確爲藥用，不過這些遺存物在後世作爲藥物廣泛使用，如河姆渡遺址出土的梅、芡實等，濟南大辛莊商代遺址出土的黄芪、蒼耳、商陸等。故而有必要將這部分遺存物一并整理歸納，對其進行簡要介紹和總結，以探求其使用歷史，爲先秦秦漢的藥物研究提供一手材料，亦爲簡帛藥物及傳世本草文獻研究提供可靠證據，是後期進行本草考古的基礎。

一、研究現狀

筆者查閱了近 60 年的先秦秦漢涉藥考古遺存研究相關文獻共 90 篇，其中期刊文章 53 篇，專著 25 本，碩士論文 5 篇，報紙 3 篇，研究報告 2 篇，網絡文章 2 篇（見表一）。

---

* 基金項目：中國中醫科學院科技創新工程（課題編號：CI2021A00412）。

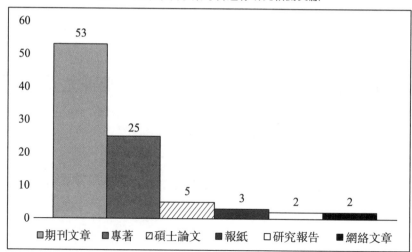

表一　先秦秦漢涉藥考古遺存研究相關文獻

1. 先秦時期涉藥考古遺存資料整理

出土先秦時期涉藥考古遺存 84 種，其中 61 種植物及其加工品，21 種動物，1 種礦物，1 種未詳，詳細情況見表二。

表二　出土先秦涉藥考古遺存

分類	涉藥考古遺存
植物	麻黄、沙參葉、桃仁、郁李仁、棗、花椒、酸棗核、赤豆、緑豆、萹蓄、黄芪、决明、莎草、大戟、蒼耳、桑樹、牽牛、酢漿草/酸漿、商陸、敗醬、堇菜、百合、曼陀羅、梅核、桃核/毛桃核、杏核、菱角、芡實、香桂、山桃、核桃、橡子、薏苡、靈芝、芝麻、麻子、粟（小米）、冬瓜、黍、小麥、大豆、白芥子、白菜子、紫蘇、稻穀（米）、藜、稷/野稷、大麥、李、荆條、地膚、栗子、柿核、荸薺、藕、梨核、蓮蓬、柑橘、小茴香、茅草、酵母菌殼
動物	狗、牛、鹿、鼠、烏鱧、天鵝、雁、鴨、鷹、虎、犀/犀牛、猪/野猪/家猪、梅花鹿、水牛、蘇門羚、龜、鷄、羊、魚、鳥、麻雀
礦物	朱砂
未詳	一捆植物藥

先秦時期出土多以藥食同源的植物種子類爲主，通過統計發現，頻次較高的分別是麻子 14 處，粟（小米）13 處，花椒 10 處，稻穀（米）8 處（圖一——三）。神農爲傳説中農業與藥物的發明人，正是反映了"藥食同源"這一情況。先秦史籍中亦有體現，《周禮·天官》中將"醫"分爲食醫、疾醫、瘍醫、獸醫，其中食醫列爲首位。同時指出"食醫"的任務："掌合王之六食、六飲、六膳、百饈、百醬、八珍之齊。"[1] 按鄭注，飲食就像合和藥物一樣，亦必調之適宜，故六食、六飲等亦稱"合齊"。涉藥考古遺存分布地區以浙江、湖北、河南、甘肅等地爲主，與早期人類活動軌迹一致（圖四）。

---

[1]　徐正英、常佩雨釋注：《周禮》，北京：中華書局，2014 年，第 104—110 頁。

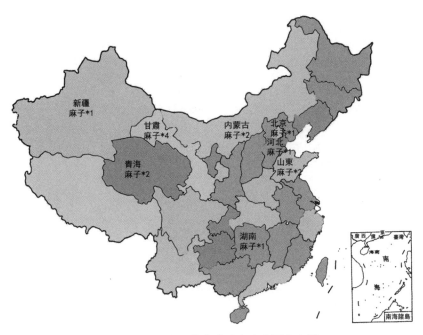

圖一　先秦時期墓葬遺址出土麻子分布圖

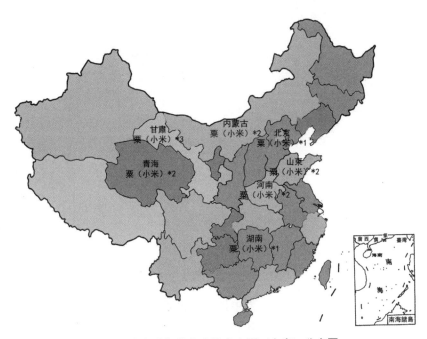

圖二　先秦時期墓葬遺址出土粟（小米）分布圖

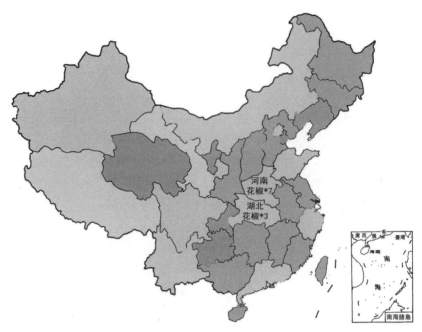

圖三　先秦時期墓葬遺址出土花椒分布圖

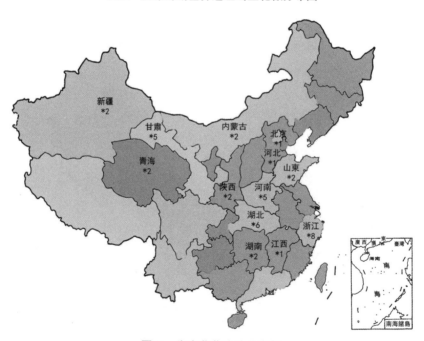

圖四　先秦墓葬遺址分布圖

　　2004 年，湖南省文物考古研究所對玉蟾岩遺址進行挖掘，發現了距今約 1.2 萬年前的 6 粒水稻碳化米粒，屬於舊石器向新石器過渡時期的栽培稻①。江西萬年縣的仙人洞與吊桶環遺址發現距今約有 1.2 萬年的稻屬植硅石，被認爲是世界上最早的栽培稻遺存

---

　　①　龍軍：《玉蟾岩遺址發現 1.2 萬年前古栽培稻》，《光明日報》2005 年 3 月 2 日。

之一①。新石器時代早期的浙江浦江上山遺址出土的陶片中普遍攙入稻穀穎殼，研究者推測上山遺址的古稻遺存可能是具有現代粳稻、抑或是熱帶粳稻一些特點的原始栽培稻。報道有水稻遺存的新石器時代遺址（公元前 2000 年以前）數量有 170 餘處，主要分布於長江中游和長江下游地區，少數分布於華南地區和黃河流域②。

新石器早期的河南新鄭裴李崗遺址，居住區第 2 層發現均已碳化的植物果核，經中國科學院遺傳研究所李璠先生鑒定，有梅核、酸棗核和核桃殼等。此外還出土了數量不多的動物骨骼，經鑒定有豬、狗、牛、鹿和鼠等。第二次發掘出少量可能是粟的碳化穀物③。

浙江杭州市蕭山區跨湖橋遺址發現的植物遺存有桃核、梅核、杏核、菱角、芡實等。此外還發現了豆科、山茶科、蓼科的植物種子和果實。動物遺存有烏鱧、天鵝、雁、鴨、鷹、狗、虎、犀、野豬、家豬、梅花鹿、水牛、蘇門羚④。T0411⑧層發現一件外底部有煙火熏焦痕迹的小陶釜，器內盛有一捆植物莖枝⑤。蔣樂平等人認爲，這捆植物莖枝屬於因陶釜燒裂丟棄的煎藥，但其具體藥性與名稱因有機質不足不能確斷。傳說中伊尹製湯液，這次出土的顯然是中藥"單方"，這一珍貴資料對研究我國中草藥的起源尤其是煎藥起源具有重要價值⑥。

浙江河姆渡遺址的早期地層出土的植物遺存種類豐富，植物的種類達 25 種以上，有香桂等亞熱帶落葉、闊葉林植物，有山桃、酸棗等灌木類植物，不少樹葉的葉脉都還清晰可辨。此外，還發現大量的稻穀、南酸棗、核桃、橡子、山桃、菱角、薏苡等種植或采集的果實。還有稻秆、稻葉和蘆葦等。此外還有鹿、龜、犀牛、豬、狗、水牛等 61 個種屬的動物遺骸⑦。

近年來，中國中醫科學院將科技考古引入到本草學的研究中，提出并建立了"本草考古"研究領域和研究平臺。通過對田螺山遺址、餘杭南湖遺址、千金塔地遺址出土的新石器時期靈芝進行研究，推斷靈芝的藥用歷史可以追溯到 6800 年前，説明伴隨着中華文明起源，先民就開始使用了中藥⑧。

杭州水田畈遺址第 4 層出土了芝麻、桃核、酸棗、稻子等⑨。

甘肅東鄉林家馬家窑文化遺址的窖穴內發現大量的稷，陶罐中儲藏有稷和大麻的果

① 張衍、毛江凡：《萬年仙人洞與吊桶環遺址：壹粒種子改變世界》，《江西日報》2021 年 12 月 24 日。

② 鄭雲飛：《上山遺址出土的古稻遺存及其意義》，《考古》2007 年第 9 期，第 19—25 頁。

③ 任萬明、王吉懷、鄭乃武：《1979 年裴李崗遺址發掘報告》，《考古學報》1984 年第 1 期，第 23—52、137—146 頁。

④ 浙江省文物考古研究所、蕭山博物館：《跨湖橋》，北京：文物出版社，2004 年，第 241—243、271 頁。

⑤ 蔣樂平、王屹峰等：《浙江發現早於河姆渡的新石器時代遺址——距今八千年的"中藥罐"令人稱奇》，《中國文物報》2002 年 2 月 1 日。

⑥ 朱德明：《先秦時期浙江醫藥的起源》，《浙江中醫藥大學學報》2008 年第 6 期，第 705—708 頁。

⑦ 金開誠：《河姆渡遺址》，長春：吉林文史出版社，2010 年，第 33、72—78、103 頁。

⑧ 袁媛、王亞君、孫國平等：《中藥靈芝使用的起源考古》，《科學通報》2018 年第 13 期，第 1180—1188 頁。

⑨ 浙江省文物管理委員會：《杭州水田畈遺址發掘報告》，《考古學報》1960 年第 2 期，第 93—106、159—162 頁。

實。研究者認爲大麻在新石器時代作爲纖維植物而被栽培，除了用以解決人類的衣着外，還可能以其果實作爲油料植物，直接供食用或用以製油，以滿足人類生理上所需要的熱量①。多處亦出土大麻果實，如仰韶文化晚期的陽坬遺址中發現一粒大麻屬種子②，官亭盆地的齊家文化層出土碳化大麻種子③，喇家遺址浮選出土的碳化植物種子包括了大麻、粟、黍、小麥和大豆④。甘肅金蟬口遺址鑒定出 10163 粒碳化農作物種子，包括粟 7055粒、黍 2821 粒、大麥 271 粒、小麥 15 粒和大麻 1 粒⑤。内蒙古二道井子遺址 2009 年浮選包含有粟、黍、大豆、大麻等農作物在内的大量碳化植物遺存⑥。新疆吐魯番洋海墓地 I 號臺地 M90 墓室的一個草編簍内盛有麻子⑦。

1993—1994 年在解剖城頭山遺址南城墙時，發現了大溪文化早、中期大圍壕，壕溝淤泥中出土的植物籽實、莖葉經鑒定屬栽培作物的有稻、粟、大麻、薏苡、冬瓜等。除此，還發現大量編織物、木件及動物遺骸。其中尤以稻作遺存最豐富，在不到 3 米長的一段壕溝内，出土了數以斤計的碳化稻米和稻穀⑧。經初步研究，這些稻穀可能爲水生，稻種類型與現代稻有所不同，以小粒型爲主，爲栽培稻，具有秈、粳兩個亞種⑨。

西安半坡遺址出土白芥子與白菜子，研究者認爲它們均具有止咳定喘的功效，且出土時共置一器，推測是供先民藥用的⑩。

甘肅省天水秦安大地灣遺址的一期文化期，發現了碳化的黍。大地灣二期文化 H379挖掘出大量粟粒和極少黍粒以及 2 粒紫蘇的種子。大地灣四期，挖掘出大量黍粒和極少粟粒⑪。

浙江省湖州市錢山漾遺址出土數百粒芝麻、2 個菱、成堆的稻穀（包括米）、較多大

① 王慶瑞、敦德勇：《甘肅東鄉林家馬家窑文化遺址出土的稷與大麻》，《考古》1984 年第 7 期，第 654—655、663、679 頁。
② 周新郢等：《隴東地區新石器時代的早期農業及環境效應》，《科學通報》2011 年第 4—5 期，第 318—326 頁。
③ 張小虎：《青海官亭盆地植物考古調查收獲及相關問題》，《考古與文物》2012 年第 3 期，第 26—33 頁。
④ 張晨：《青海民和喇家遺址浮選植物遺存分析》，西北大學碩士學位論文，2013 年，第 21 頁。
⑤ 楊穎：《河湟地區金蟬口和李家坪齊家文化遺址植物大遺存分析》，蘭州大學碩士學位論文，2014 年，第 31—35 頁。
⑥ 孫永剛：《内蒙古二道井子遺址 2009 年度浮選結果分析報告》，《農業考古》2014 年第 6 期，第 1—9 頁。
⑦ 李肖：《新疆鄯善洋海墓地發掘報告》，《考古學報》2011 年第 1 期，第 99—166 頁。
⑧ 尹檢順：《湖南澧陽平原史前文化的區域考察》，《考古》2003 年第 3 期，第 248—260 頁。
⑨ 顧海濱：《湖南澧縣城頭山遺址出土的新石器時代水稻及其類型》，《考古》1996 年第 8 期，第 81—89、104 頁。
⑩ 陝西省地方志編纂委員會：《陝西省志》卷七十二《衛生志》，西安：陝西人民出版社，1996年，第 812 頁。
⑪ 劉長江、孔昭宸、朗樹德：《大地灣遺址農業植物遺存與人類生存的環境探討》，《中原文物》2004 年第 4 期，第 26—30 頁。

部分尚未碳化的毛桃核及數十個酸棗核等八種農作物①。辛智科認爲這些出土的芝麻、核桃等對人體有潤腸通便、止咳定喘之療效，又是食用之佳品。這是人類亦菜亦藥、亦果亦藥、醫食同源的一個有力佐證②。

　　内蒙古通遼的哈民忙哈遺址出土了粟、黍和大麻的種子共計 638 粒，以及藜科的藜、禾本科的狗尾草屬和野稷等植物種子③。

　　甘青地區西城驛遺址，是新石器時代至青銅時代的一處重要遺址。研究者通過對2012 年和 2014 年發掘采集的 179 份土樣的浮選，獲得了包括炭屑、碳化植物種子和果實在内的大量植物遺存。其中可鑒定植物種子和果實共計 29611 粒，包括農作物、雜草、可食果實等。出土的農作物主要是粟、黍、小麥和大麥，另有 2 粒大麻種子出土④。

　　新疆羅布泊地區古墓溝和小河墓地出土麻黃，張海鵬認爲麻黃既可緩解和治療呼吸系統疾病，麻黃所含麻黃鹼對人體的“興奮”作用又可以使人産生一種“恢復青春”的錯覺，具有宗教和醫學兩個面向的作用⑤。

　　涇陽高家堡遺址出土的鼎、兩鼎和方鼎所烹煮的肉、麵食物中，都發現有數量不等的梅的果實和梅核，第 1 至第 4 號墓的炊、食器甗和篚内有沙參葉。研究者認爲沙參葉、梅具有藥用價值，也指出梅具有調味作用⑥。

　　1973 年，河北省博物館、文物管理處在藁城縣臺西村商代遺址進行發掘，在 F2、F6 屋内、墻外和 T7、T8、T4 文化層中發現了植物種子三十餘枚，鑒定爲桃仁和郁李仁。耿鑒庭、劉亮認爲桃仁和郁李仁均含有苦杏仁甙等藥效成分，在療效上具有一定相似之處，均能潤燥通便和破血。推測我國古代勞動人民在實踐中已瞭解到這類種子的用處并將其用作治病的藥物⑦。此外，在 F14：48 殘甕内含重 8.5 公斤的灰白色水銹狀沉澱物，經有關單位分析，是釀酒用的酵母。由於年代久遠，酵母死亡，僅存殘殼。而在F14：39、41、64、69 四件大口罐中分別發現了桃仁、李、棗、麻仁等植物種仁，其中大部分是可以釀酒的原料。反映了商代我國勞動人民已經能够人工培植酵母菌并用來釀酒了。臺西 F14 内大量酵母菌殼的發現恰好爲這個記載提供了實物例證⑧。

　　1975 年，河南安陽殷墓的銅鼎内出土梅核，研究者認爲梅核發現在祭器裏，是作調味品而入於祭筵的，同時也可能與醫藥方面相關⑨。殷墟“亞長”墓出土了花椒，研究者認爲

　　①　浙江省文物管理委員會：《吴興錢山漾遺址第一、二次發掘報告》，《考古學報》1960 年第 2期，第 73—91、149—158 頁。

　　②　辛智科：《略談考古發掘中出土的藥物》，《陝西中醫》1989 年第 9 期，第 428—429 頁。

　　③　孫永剛、趙志軍、吉平：《哈民忙哈史前聚落遺址出土植物遺存研究》，《華夏考古》2016 年第2 期，第 45—52、164 頁。

　　④　范憲軍：《西城驛遺址炭化植物遺存分析》，山東大學碩士學位論文，2017 年，第 32—43 頁。

　　⑤　張海鵬：《宗教與醫學之間的羅布泊“墓葬麻黃”》，《中華醫史雜志》2020 年第 3 期，第 131—137 頁。

　　⑥　周秦文化研究編委會：《周秦文化研究》，西安：陝西人民出版社，1998 年，第 202—203 頁。

　　⑦　耿鑒庭、劉亮：《藁城商代遺址中出土的桃仁和郁李仁》，《文物》1974 年第 8 期，第 54—55 頁。

　　⑧　河北省文物研究所：《藁城臺西商代遺址》，北京：文物出版社，1985 年，第 172、176 頁。

　　⑨　耿鑒庭：《從安陽殷墓出土的梅核談起》，《浙江中醫學院學報》1978 年第 2 期，第 45—47 頁。

可能是應用花椒止血、生肌的藥用功能，另一方面也可能將花椒用於防腐、防蟲①。

　　山東大辛莊商代遺址 2014 年出土大量植物遺存種子，經鑒定包括粟、黍、水稻、大豆、小麥、赤豆、绿豆、萹蓄、黄芪、決明、莎草、紫蘇、大戟、蒼耳、大麻、桑樹、牽牛、酢漿草、商陆、敗醬、芡實、菫菜、百合、曼陀羅、棗、酸棗、杏、李、桃②。

　　劉家莊商代遺址 2010 年出土的碳化植物種子與果實包括粟、黍、大豆、小麥、藜、紫蘇、大麻、荆條、地膚、酸漿、酸棗③。

　　春秋中晚期的北京丁家窪遺址居住址，在 2006 年的發掘過程中采集并浮選了 105 份土樣，出土碳化植物種子近 500 粒，包括粟、黍、大豆和大麻等農作物，以及少量的禾本科、豆科等其他植物種子④。

　　春秋至戰國多座墓中均發現花椒，分別爲河南固始縣葛藤山六號商代墓墓主人牙齒數枚及上頜骨旁發現數十粒花椒，棺室内棺底鋪有一層較薄的朱砂⑤。河南光山縣黄君孟夫婦墓的棺底布滿朱砂和花椒⑥。河南光山黄季佗棺底布滿朱砂和絲織品，墓主人腰部散存許多花椒⑦。河南固始侯古堆一號墓，墓内槨與棺之間的盒内盛有大半盒花椒⑧。河南正陽蘇莊 1 號楚墓在棺底四隅及中部左右兩側有六堆拌着朱砂的花椒⑨。

　　湖北隨縣曾侯乙墓出土九鼎，其中七鼎内有骨骼，經鑒定，一鼎内爲牛和鷄，三鼎内爲猪和羊，二鼎爲猪，一鼎爲猪和鷄，一鼎爲魚⑩。

　　河南信陽長信關楚墓一號墓的前室内有僅剩外殼的栗子 26 個，雖已碳化成黑色，但顆粒保存完好的柿核 16 個，在第 4 層臺的西北角發現半個松塔。主室内有 1000 粒花椒。右側室有 500 粒花椒、319 個杏核。室底部的填土中發現外部腐爛僅有内核的杏核。二號墓主室内有 200 餘粒花椒，1000 餘粒小米，4 顆棗核，100 餘個栗子、梅核⑪。

　　湖北荆門包山楚墓竹笥、陶罐等器物之内發現少量花椒，以及板栗、菱角、棗、柿

　　①　楊俊峰：《殷墟“亞長”墓隨葬花椒葬俗淺議》，《農業考古》2012 年第 4 期，第 8—12 頁。
　　②　崔曉茜：《濟南大辛莊 2014 年出土植物大遺存研究》，山東大學碩士學位論文，2021 年，第 17—32 頁。
　　③　宫瑋：《濟南大辛莊、劉家莊商代先民食物結構研究——植物大遺存與碳、氮穩定同位素結果》，山東大學碩士學位論文，2016 年，第 54—65 頁。
　　④　趙志軍：《植物考古學：理論、方法和實踐》，北京：科學出版社，2010 年，第 V 頁。
　　⑤　劉開國、丁永祥、詹漢青：《固始縣葛藤山六號商代墓發掘簡報》，《中原文物》1991 年第 1 期，第 96—99 頁。
　　⑥　歐潭生：《春秋早期黄君孟夫婦墓發掘報告》，《考古》1984 年第 4 期，第 302—332、348、385—390 頁。
　　⑦　歐潭生：《河南光山春秋黄季佗父墓發掘簡報》，《考古》1989 年第 1 期，第 26—32、99 頁。
　　⑧　固始侯古堆一號墓發掘組：《河南固始侯古堆一號墓發掘簡報》，《文物》1981 年第 1 期，第 1—8、98—100 頁。
　　⑨　駐馬店地區文化局、正陽縣文化局：《河南正陽蘇莊楚墓發掘報告》，《華夏考古》1988 年第 2 期，第 21—41 頁。
　　⑩　譚維四：《曾侯乙墓》，北京：生活・讀書・新知三聯書店，2003 年，第 156 頁。
　　⑪　河南省文物研究所：《信陽楚墓》，北京：文物出版社，1986 年，第 20、37、85、116 頁。

核、荸薺、藕、杏核、梨核和雞、鳥、魚等的骨骼①。

湖北江陵秦家咀楚墓出土花椒及李核、桃核、蓮蓬等果實②。湖北江陵望山1號墓頭廂之内發現梅核、柑橘、小茴香，沙冢1號墓内棺蓋板上發現小茴香③。

江陵馬山一號楚墓的8號竹笥内及邊箱東部發現茅草，一件小菱形紋錦囊内裝有花椒。邊箱出土的九件竹笥内盛有羊、雞、麻雀、雀類等動物骨骼。

2. 秦漢時期涉藥考古遺存資料整理

出土秦漢時期涉藥考古遺存91種，包括49種植物及其加工品，14種動物，17種礦物，11種未詳，詳細情況見表三。

表三　秦漢時期涉藥考古遺存

分類	涉藥考古遺存
植物	茅香、高良薑、桂皮、花椒、辛夷、藁本、薑、杜衡、佩蘭、小麥、大麥、粟（小米）、大豆、赤豆、黑豆、棗、梅、葵、芥菜、藕、冬瓜、橘子、李、金銀花、芋、菜籽、鐵冬青樹葉、鐵冬青果子、乳香、稻穗、杏核、枇杷、黍、薏苡、菇（茭白）、麻子、皺皮木瓜、板栗、冬葵、核桃、沙棗核、地黄、紫蘇、小豆、松柏葉、薄荷、稻穀、桃核、酒
動物	牡蠣、蚌殼、羚羊角、牛排、鷄蛋、猪、雞、雉、兔、鴻雁、鯉魚、牛骨/牛頭骨、馬骨/馬頭骨、羊骨/羊頭
礦物	朱砂、紫水晶、硫磺、雄黄、赭石、綠松石、石英、寒水石、方解石、文石、滑石、堊石、孔雀藍、硝石、明礬、曾青、雲母片
未詳	藥丸半盒、中草藥材、白色結晶體、藥丸、藥粉、各種藥石、銀白色膏狀金屬、膏丸、白色片葉狀物、紅色和乳白色粉末狀物品、白色石塊

通過分析發現，秦漢時期墓葬遺址出土的涉藥考古遺存與先秦相似，植物種子仍然較多，如粟（小米）發現8處，花椒發現6處（圖五—六），其他涉藥考古遺存蚌殼發現5處（圖七）。這一時期礦物類開始顯著增多，如朱砂4處（圖八），種類也由先秦的1種增加到12種。秦漢時期的礦物遺存藥的增加，印證了秦漢時期煉丹術的盛行。漢代煉丹術士推崇礦物藥，認為服食這些礦物藥煉製的神丹可以達到長生不死之目的。《史記·扁鵲倉公列傳》記載："齊王侍醫遂病，自練五石服之。"④《神農本草經》中收錄礦物藥50種，包括不少遺存藥物，如礬石、曾青、代赭石等⑤。可見秦漢時期，醫藥與煉丹術亦是密不可分。秦漢時期的墓葬遺址分布於陝西、河南、廣西、湖北、新疆、四川、北京等地，與先秦相比，兩廣地區開始出土涉藥考古遺存（圖九）。

---

① 湖北省荆沙鐵路考古隊、包山墓地整理小組：《荆門市包山楚墓發掘簡報》，《文物》1988年第5期，第1—14頁。

② 陳耀鈞：《江陵秦家咀楚墓發掘簡報》，《江漢考古》1988年第2期，第36—43、129—130頁。

③ 湖北省文物考古研究所：《江陵望山沙冢楚墓》，北京：文物出版社，1996年，第25、172、190頁。

④ （漢）司馬遷：《史記》，北京：中華書局，2006年，第612頁。

⑤ 柳長華主編，羅瓊、趙永亮點校：《神農本草經》，北京：北京科學技術出版社，2016年，第1—14頁。

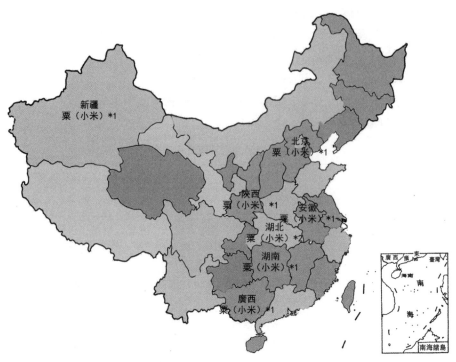

圖五　秦漢時期墓葬遺址出土粟（小米）分布圖

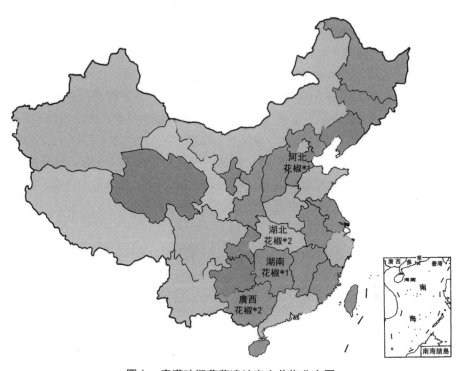

圖六　秦漢時期墓葬遺址出土花椒分布圖

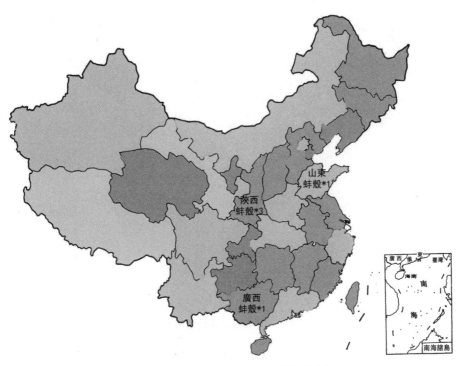

圖七　秦漢時期墓葬遺址出土蚌殼分布圖

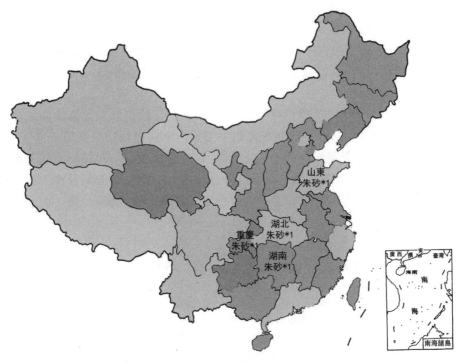

圖八　秦漢時期墓葬遺址出土朱砂分布圖

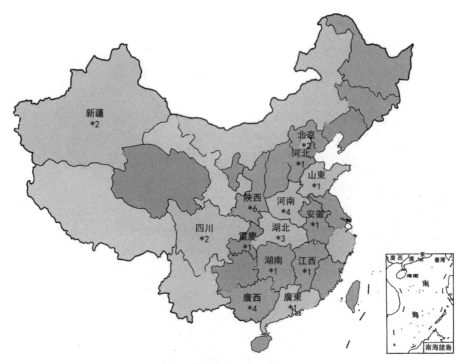

圖九　秦漢墓葬遺址分布圖

　　湖北雲夢睡虎地 M11 出土稻穀、粟、桃核、棗核、牛頭骨及禽獸骨。M7 椁蓋板上發現馬頭骨，M11 以及 M9 壁龕裏有羊骨①。

　　2017 年，三門峽市文物考古研究所對後川村古墓群進行考古勘探發掘，發現自戰國至近代各時期墓葬 600 多座。三門峽後川村古墓群發掘出一件鵝首曲頸青銅壺，壺中有 6 斤多重的液體，經考古人員實測，其所在的古墓年代爲西漢初年。三門峽市文物考古研究所所長鄭立超認爲："根據液體的檢測報告，此壺應該是酒器，可從壺頂小孔倒出美酒。"②

　　1972 年初至 1974 年挖掘的湖南長沙馬王堆漢墓，一號墓和三號墓保存了大量動植物標本，在最初一號墓、三號墓的發掘簡報中顯示出土的植物藥分別爲 5 種③、6 種④。1978 年經進一步檢測，確定所出藥物包括 3 類共 11 種藥物，一爲植物類藥茅香、高良薑、桂皮、花椒、辛夷、藁本、薑、杜衡、佩蘭 9 種；二爲動物類藥牡蠣；三爲礦物類藥朱砂等⑤。此外，一號墓中還出土了稻、小麥、大麥、黍（稷）、粟（小米、穀子）、

　　①　雲夢睡虎地秦墓編寫組：《雲夢睡虎地秦墓》，北京：文物出版社，1981 年，第 60 頁。

　　②　https://m. thepaper. cn/newsDetail_ forward_ 9235770。

　　③　何祚成：《長沙馬王堆一號漢墓出土的藥物》，《新醫藥學雜志》1973 年第 2 期，第 35 頁。

　　④　劉麗仙：《長沙馬王堆三號漢墓出土藥物鑒定研究》，《考古》1989 年第 9 期，第 856—860、871—872 頁。

　　⑤　余斌霞：《長沙馬王堆漢墓出土動植物標本研究綜述》，《湖南省博物館館刊》2011 年第 8 輯，第 78—80 頁。

大豆、赤豆等七種農作物，棗、梅等瓜果，葵、芥菜、薑、藕四種蔬菜及麻子①。鄭志學等對馬王堆出土香囊内的藥物製成熏香進行了實驗研究，發現熏香能滅活細菌、病毒、支原體等微生物，從而預防呼吸道傳染疾病②；鄧婧溪等則通過馬王堆漢墓出土香物，展開對該時期楚地用香的文化意義及醫學運用的探討③。

廣西貴縣羅泊灣 M1，在椁室淤泥内出土大批植物種實，經廣西農學院和廣西植物研究所鑒定，計有：稻、粟、麻子、冬瓜、橘子、李、梅、金銀花、花椒、姜、芋，陶盒中盛有鐵冬青樹葉。發掘貴縣羅泊灣 M2 時，後室東、西邊箱的陶器中發現李、花椒、菜籽。四個小陶盒内都裝有鐵冬青樹葉④。1975 年在廣西合浦堂排的一座西漢晚期墓中，出土的銅碗内裝滿了冬青科冬青屬的鐵冬青的樹葉和果子。蔣廷瑜認爲，將鐵冬青樹葉果實放在碗内陪葬，在漢代已不是偶然現象。鐵冬青作爲一種常緑喬木，其莖、葉皆味苦，性寒，可作藥用，能清涼解渴、鎮痛。當時的人很可能已懂得了鐵冬青的藥用價值，用它來製作清涼解渴的飲料，人去世後，就把它作爲陪葬品埋入墳墓⑤。

1984 年西漢南越王墓發掘初步報告中記載："藥石有辰砂、鉛塊、紫水晶、硫磺和孔雀石，代表五色，總量有數公斤。"⑥ 後在 1991 年出版的《西漢南越王墓》一書中寫道："鉛彈丸 509 個。另鉛砂若干，與五色藥石同出。"五色藥石的組成爲"紫水晶、硫磺、雄黃、赭石、緑松石"，此外，墓主棺椁"足箱"内出土銀盒，出土時器内尚存已碳化粘結成團的藥丸半盒。墓中還出土了羚羊角、乳香、象牙算籌和卜龜甲片，西耳室地面有多層疊壓的藥材，疑爲中草藥材⑦。

江陵鳳凰山 167 號漢墓陶倉内卷放稻穗四束。出土時色澤鮮黃，穗、穎、莖、葉外形保存完好。穗形整齊，芒和剛毛清晰可見。顆粒飽滿，穀粒中的澱粉已經碳化。保存如此完好的成束稻穗，是西漢考古工作中的新發現。也爲農學研究提出了一個新課題。稻穀經初步鑒定爲粳稻。兩個羅綺囊内盛花椒⑧。

1975 年，江陵鳳凰山 168 號漢墓墓坑青灰泥填土中，發現了杏核和桃核。陶倉和168：220 竹笥裏盛有粟。漆方平盤和 168：253 竹笥裏盛有牛排、鷄蛋。頭箱西北角、

① 湖南農學院、中國科學院植物研究所：《長沙馬王堆壹號漢墓出土動植物標本的研究》，北京：文物出版社，1978 年，第 1—19 頁。

② 鄭志學、葉自雋等：《仿馬王堆壹號漢墓出土中草藥的實驗研究》，《上海中醫藥雜志》1980 年第 6 期，第 35—37 頁。

③ 鄧婧溪、何清湖、劉朝聖：《從馬王堆漢墓出土香物探討楚地香文化及其醫學運用》，《湖南中醫藥大學學報》2016 年第 6 期，第 8—10 頁。

④ 廣西壯族自治區博物館：《廣西貴縣羅泊灣漢墓》，北京：文物出版社，1988 年，第 20—21、87、111、116 頁。

⑤ 蔣廷瑜：《廣西漢墓出土鐵冬青》，《農業考古》1984 年第 1 期，第 106 頁。

⑥ 廣州象崗漢墓發掘隊：《西漢南越王墓發掘初步報告》，《考古》1984 年第 3 期，第 222—230、289—292 頁。

⑦ 廣州市文物管理委員會、中國社會科學院考古研究所、廣東省博物館：《西漢南越王墓》（上册），北京：文物出版社，1991 年，第 131、140—142、209—210、217 頁。

⑧ 鳳凰山壹六七號漢墓發掘整理小組：《江陵鳳凰山壹六七號漢墓發掘簡報》，《文物》1976 年第 10 期，第 31—37、50、96 頁。

邊箱東北角的樟板竹釘上懸掛着十二件竹笥，分別盛放鷄蛋、梅、枇杷、李、杏、花椒和生薑①。内棺的下部有厚達 20—31 厘米的絳紅色堆積物。初步清理，在堆積物中發現有半透明的白色結晶體、朱砂、黑豆②。

山東巨野縣的西漢墓中也出土了較多的藥物，有藥丸、藥粉和各種藥石、朱砂和蚌殼。35 號銅鼎内盛有藥丸和 39 號漆衣銅盆内盛藥粉，41 號漆衣銅盆内盛有朱砂、石英、寒水石、方解石、文石、滑石、堊石、蚌殼、孔雀藍等藥石。參加實驗檢測的李敏生在同年對發掘報告中的藥丸（丸狀物）作了進一步討論，結合其成分，他認爲藥丸可能不是五石散，而很可能是一種普通治病强身的礦物性藥品，初步推測當爲代赭石、赤石脂或禹餘糧等多種礦物的混合。除此之外，還出土了銅杵臼、藥匙、藥量等製丹煉丹器具③。

1995 年四川綿陽永興雙包山二號西漢墓出土一塊銀白色膏狀金屬，通過肉眼觀察，這塊金屬呈膏泥狀，質軟，無固定形狀，捏之有固體存在的感覺，可隨意成形。測定結果表明銀白色膏狀金屬由液態汞和金汞合金顆粒組成，文章推測極有可能是煉丹過程中產生的中間材料，體現了墓主人對長生不老的追求④。

安徽六安雙墩一號漢墓出土水稻、粟、黍、薏苡、菇（茭白）、大豆、麻子、皺皮木瓜、梅、棗、板栗、冬葵等⑤。

2018 年，洛陽紗廠路發現一座西漢墓，在出土的青銅器中有一件器内保存有近 3.5 升液體。經檢測，該液體主要含有硝石（主要成分爲硝酸鉀 KNO_3）和明礬（古稱礬石，$[KAl(SO_4)_2 \cdot 12H_2O]$，硫酸鉀 K_2SO_2 和硫酸鋁 $Al_2(SO_4)_3$ 的復鹽）。蔣建榮等人結合古文獻《三十六水法》的相關記載，判斷該銅壺中的液體爲當時的仙藥礬石水。該溶液中的主要成分有硝石、明礬，爲古人所用的一種仙藥⑥。

洛陽燒溝漢墓 M131 出土的彩繪陶壺内放置較多的薏苡、小米⑦。

敦煌博物館現藏多種漢代涉藥考古遺存，如敦煌西漢墓出土的陶製藥罐中所盛薏米、楊家橋佛爺廟灣漢墓出土的琥珀、敦煌三號橋漢代墓出土的貝齒、玉門關漢代烽燧出土的珍珠。敦煌馬圈灣漢代遺址中掘得 206—228 年之間的穀子、糜子、大麥、青稞等食

① 陳振裕：《江陵鳳凰山一六八號漢墓》，《考古學報》1993 年第 4 期，第 455—513、551—566 頁。

② 紀南城鳳凰山一六八號漢墓發掘整理組：《湖北江陵鳳凰山一六八號漢墓發掘簡報》，《文物》1975 年第 9 期，第 1—7、8、5—12、22 頁。

③ 山東省菏澤地區漢墓發掘小組：《巨野紅土山西漢墓》，《考古學報》1983 年第 4 期，第 471—499、531—542 頁。

④ 何志國、孫淑雲、梁宏剛：《我國最早的道教煉丹實物——綿陽雙包山漢墓出土金汞合金的初步研究》，《自然科學史研究》2007 年第 1 期，第 44—50 頁。

⑤ 趙志軍、汪景輝：《雙墩一號漢墓出土植物遺存的鑒定和分析》，《農業考古》2016 年第 1 期，第 1—8 頁。

⑥ 蔣建榮、潘付生、薛方等：《洛陽漢墓出土仙藥的科技研究》，《中國科技史雜志》2019 年第 2 期，第 127—136、124 頁。

⑦ 洛陽區考古發掘隊：《洛陽燒溝漢墓》，北京：科學出版社，1959 年，第 101 頁。

用物①。

　　滿城漢墓的一號墓和二號墓都出土內有花椒的銅枕，經中國科學院植物研究所鑒定，是屬於芸香科花椒屬的花椒。研究者認爲花椒的果皮中含有芳香的揮發油和味麻的蠟狀物，有麻醉、止痛、驅蟲、抗菌的效用。現從墓主銅枕內出現花椒，説明當時還用花椒製作香枕②。

　　北京大葆臺漢墓北面外回廊的大陶甕裏，發現僅剩帶殼的小米。在內棺南端和西面內回廊中，都發現有栗子皮（果已無存）。在北面外回廊大陶甕、陶壺以及前室中，都發現一些獸骨。經中國科學院古脊椎動物與古人類研究所鑒定，其中有豬、鷄、雉、兔、鴻雁和鯉魚等③。

　　新疆山普拉墓地發現了粟、大麥、薏米、核桃、杏核、沙棗核、摻和有沙棗核的黍餅。墓葬中還發現膏丸和苦豆子，以及銀白色片葉狀物、紅色和乳白色粉末狀物品。膏丸多在小袋裏，可能是香料。銀白色片葉狀物、紅色和乳白色粉末狀物，多包扎在小絹布裏，小紙包裹包扎着乳白色粉末狀物品。山普拉墓葬還有隨葬犧牲的習俗，如羊頭、羊骨、牛骨、馬骨等，最多的是羊頭④。

　　2016 年，江西省南昌市海昏侯墓被挖掘。通過運用核磁及三維重建、顯微分析、化學分析等手段對西漢海昏侯墓園主墓中出土的木質漆盒盛裝樣品進行鑒定，發現該樣品爲地黃的炮製品，是迄今報道的我國古代最早的中藥輔料炮製品⑤。此外，海昏侯漢墓出土琥珀質、瑪瑙質、綠松石質的多件文物⑥。主墓 M1 糧庫內發現水稻、粟、麻子、甜瓜、梅五種可食用植物遺存⑦。在東回廊北部出土了一套結構獨特的青銅蒸餾器，江西省博物館張瓊等認爲該蒸餾器可適用於不同生産條件和產品類別的蒸餾操作，蒸餾產品可能是以芋爲原料的蒸餾酒、提取物或藥酒⑧。醫藥方面的陪葬品還有銅杵臼和有"醫工五禁湯"字樣的漆器，鄧根等認爲可能是與海昏侯的日常藥、食調治有關的醫療用具⑨。

---

　　① 范新俊：《從敦煌遺物看漢代醫藥文化之西傳》，《上海中醫藥雜志》1991 年第 1 期，第 36—37 頁。

　　② 中國社會科學院考古研究所、河北省文物管理處編：《滿城漢墓發掘報告》，北京：文物出版社，1980 年，第 81、262 頁。

　　③ 大葆臺漢墓發掘組、中國社會科學院考古研究所：《北京大葆臺漢墓》，北京：文物出版社，1989 年，第 63 頁。

　　④ 新疆維吾爾自治區博物館、新疆文物考古研究所：《中國新疆山普拉——古代于闐文明的揭示與研究》，烏魯木齊：新疆人民出版社，2001 年，第 24 頁。

　　⑤ 彭華勝、徐長青、袁媛等：《最早的中藥輔料炮製品：西漢海昏侯墓出土的木質漆盒內樣品鑒定與分析》，《科學通報》2019 年第 9 期，第 935—947 頁。

　　⑥ 楊軍、徐長青：《南昌市西漢海昏侯墓》，《考古》2016 年第 7 期，第 45—62 頁。

　　⑦ 蔣洪恩：《南昌海昏侯劉賀墓糧庫內出土植物遺存的初步研究》，《南方文物》2020 年第 6 期，第 226—230 頁。

　　⑧ 張瓊、劉荃、高勁松：《海昏侯劉賀墓出土青銅蒸餾器研究》，《農業考古》2022 年第 1 期，第 215—221 頁。

　　⑨ 鄧根、朱道成等：《基於中醫養生"忌口"文化對海昏侯"醫工五禁湯"漆器初探》，《南方文物》2020 年第 6 期，第 223—225 頁。

四川天回漢墓 M3 中還發現了大量植物遺存，目前由成都文物考古研究所負責保存和處理。據瞭解，社科院考古所科技考古中心主任趙志軍和王樹芝曾初步看過幾份樣，認爲與中藥相關的有紫蘇、川椒、桂皮等①。此外，在 M1、M2 和 M3 的墓葬中分別發現了 30、116940 和 3660 顆完整的大麻果實②。

2023 年 12 月，重慶關口西漢一號墓出土了大量植物遺存，包括朱砂、紫蘇等在內的中藥材③。

2001 年北京老山漢墓北側外回廊中部鑒定出黍、粟、大豆和大麻四種農作物的籽實④。

西安地區漢墓陶倉內出土多種植物，如西柞 M20 的黍，理工 M13 的稻穀殼，石油 M22 的大豆、小豆，曲春 M23 的粟，以及三兆村 M3 的麻子和 M4 的薏苡⑤。

廣西貴縣東漢墓中出土蚌殼、松柏葉⑥。

陝西韓城姚莊坡東漢墓出土薄荷、薏苡和棗核⑦，證明我國早在漢代已經認識并使用了薄荷，而薏苡和棗核的出土對我國養生史和古代食品研究也有重要的參考價值。

漢代多處鎮墓瓶中發現遺存藥物，如咸陽東漢墓 M1 出土的陶瓶內裝有一長 4 厘米的白色砂質石條，一長 2 厘米的黃色砂質小石塊以及三顆藍色或青灰色的小顆粒和一片雞蛋殼。劉衛鵬根據陶瓶上"建立大鎮、慈、礬、雄黃、曾青、丹沙，五石會精"的文字推測其爲蚌殼、雄黃和曾青⑧。敦煌祁家灣 M336 棺床及朱書斗瓶內裝有雲母片⑨。潼關吊橋漢代楊氏墓群 M2 出土 5 個朱書瓶內均裝有雄黃，M4、M7 出土蚌殼 5 件⑩。西安初平瓶內裝有一塊白色石塊⑪，後有學者推測其可能是"礜石"⑫，但未見後續研究。西安市長延堡瓦胡同村東漢墓中發現蚌殼、雲母片⑬。劉衛鵬認爲漢代鎮墓瓶中的五石不

---

① 羅瓊、顧漫、王鳳蘭等：《天回鎮漢墓醫簡藥物同异名、功用主治及配伍情況研究》，報送單位：中國中醫科學院，報送時間：2018 年 8 月。

② Yunjun Bai，Ming Jiang，Man Gu，Xingying Zhou，Yuan Yuan，Luqi Huang，"Archaeobotanical evidence of the use of medicinal cannabis in a secular context unearthed from south China," *Journal of Ethnopharmacology*，Vol. 275，No. 15，2021。

③ https://mp. weixin. qq. com/s/iWembeLs1KMbYX1236OvCA。

④ 孔昭宸：《北京老山漢墓植物遺存及相關問題分析》，《中原文物》2011 年第 3 期，第 103—108 頁。

⑤ 西安市文物保護考古所：《西安東漢墓》，北京：文物出版社，2009 年，彩版三一。

⑥ 黃增慶：《廣西貴縣漢墓的清理》，《考古學報》1957 年第 1 期，第 155—162、256—257 頁。

⑦ 康興軍、李亞軍：《張厚墉漢唐醫文集》，陝西中醫學院內部資料，2005 年，第 164—172 頁。

⑧ 咸陽市文物考古研究所：《文物考古論集——咸陽市文物考古研究所成立十周年紀念》，西安：三秦出版社，2000 年，第 164—167、232 頁。

⑨ 戴春陽、張瓏：《敦煌祁家灣——西晉十六國墓葬發掘報告》，北京：文物出版社，1994 年，第 10 頁。

⑩ 王玉清：《潼關吊橋漢代楊氏墓群發掘簡記》，《文物》1961 年第 1 期，第 56—66 頁。

⑪ 唐金裕：《漢初平四年王氏朱書陶瓶》，《文物》1980 年第 1 期，第 95、105 頁。

⑫ 劉衛鵬：《漢代鎮墓瓶所見"神藥"考》，《宗教學研究》2009 年第 3 期，第 1—7 頁。

⑬ 西安市文物保護考古所：《西安財政幹部培訓中心漢、後趙墓發掘簡報》，《文博》1997 年第 6 期，第 3—38 頁。

但是古代道門中人用來煉丹、養生和服食的仙藥，也按其顏色具有五方壓鎮的功能，用來"輔神"，壓鎮冢墓，祛除邪魅。這些都同道教的巫醫性和神仙方術有關①。

二、先秦秦漢涉藥考古遺存資料整理評價

筆者查閱了近 60 年的先秦秦漢涉藥考古遺存研究期刊論文集共 90 種，其中涉及 155 種。發現先秦秦漢具有不同的特點，先秦多以藥食同源相關的植物種子類爲主。秦漢時期的礦物遺存藥顯著增多，印證了秦漢時期煉丹術的盛行。近年來關於先秦秦漢涉藥考古遺存研究的論文數量較多，但是較爲零散，鑒於已有研究還存在不足之處。今後可以從加強系統整理、多重證據研究、深入本草考古三方面進行深入與拓展研究。

1. 加强系統整理

從現有研究來看，涉藥考古遺存材料更多散見於"植物遺存""動物遺存""農作物遺存"等文獻中。在知網上輸入"植物遺存"檢索到 173 篇文章，輸入"動物遺存"檢索到 130 篇，輸入"農作物遺存"檢索到 110 篇，輸入"墓葬遺址發掘簡報"檢索到 871 篇，這些資料亟需系統梳理，目前業內還未開始單味涉藥考古遺存的統計整理。此外，除了案頭研究，還應該進行現場調查，對涉藥考古遺存進行全面摸底研究，理清家底，補充與豐富中藥早期的一手材料。研究這些內容，可以瞭解早期藥物的分布和傳播情況，探求藥物的使用歷史，爲研究藥物起源、發展和變化提供珍貴實物資料，也有助於厘清古代醫藥學的某些淵源關係。

2. 多重證據研究

王國維先生所倡導的"二重證據法"運用"地下之新材料"與古文獻記載相互印證，以考量古代歷史文化。後人在二重證據法的基礎上發展出三重證據法，涉藥考古遺存作爲第一手史料，與秦漢簡帛文獻、傳世本草著作構成多重證據，爲本草研究提供有力支持。此次整理過程中發現一些涉藥考古遺存的資料只見於當時的發掘報告，後續未有進一步研究，如東漢西安初平瓶內裝有一塊白色石塊，發掘簡報稱石塊爲漢白玉石，後續有學者認爲其可能是"礜石"，但未見相關成分研究。期待後續學者將涉藥考古遺存應用於多重證據研究中，探明中醫藥的流傳狀況，總結早期中醫藥的傳承脉絡與演變規律。

3. 深入本草考古

本草學與考古學的交叉新領域"本草考古"成爲本草學研究發展的一種方向。本草考古在本草文獻考證的基礎上，進一步借助出土文物爲依據，可能會修正和補充歷史文獻的錯漏和缺失②。如浙江杭州市蕭山區跨湖橋遺址出土的煎藥陶釜，將我國中草藥的起源尤其是煎藥起源追溯到 8000 年前。此外，通過運用核磁及三維重建、顯微分析、化學分析等手段對西漢海昏侯墓園主墓中出土的木質漆盒盛裝樣品進行鑒定，發現該樣品

---

① 劉衛鵬：《漢代鎮墓瓶所見"神藥"考》，《宗教學研究》2009 年第 3 期，第 1—7 頁。

② 徐婧：《本草學和考古學相遇會發生什麼？"本草考古"爲你解密》，《中國中醫藥報》2022 年 2 月 5 日。

爲地黄的炮製品，是迄今報道的我國古代最早的中藥輔料炮製品。隨着科學技術手段的進步，爲涉藥考古遺存的成分鑒定提供了便利，能更準確地判斷藥物的成分。將本草學與考古學深度融合，回溯中醫藥的歷史，探尋中醫藥發展的脉絡。

　　涉藥考古遺存研究能爲本草考古提供新材料和綫索，亦是研究藥物起源、發展和變化的珍貴實物資料，也有助於厘清古代醫藥學的某些淵源關係。今後可以從加强系統整理、多重證據研究、深入本草考古三方面進行深入與拓展研究，以期爲相關研究提供參考，提高涉藥考古遺存的學術價值。

漢代藥用杵臼形制與組合
——兼論古代散劑的使用*

謝佳芮

（河南大學歷史文化學院考古文博系，河南 開封 475001）

提 要：散劑爲中醫藥中應用最廣泛的劑型之一，杵臼爲古代主要的散劑加工工具。考古出土兩漢時期藥用杵臼，數量較多，分布較爲廣泛，其規格、形制、銘文均具有較强的醫療實用性與專用性。藥用杵臼組合多樣，反映諸多散劑加工與醫藥使用内容，根據杵臼與量、醫藥加工器、沐浴器、藥物等組合，結合出土文獻記載，在兩漢時期，經由杵臼製成的散類藥劑應用廣泛，具有送服、炮製成丸藥、藥浴等多種用藥方式，配合針砭、熨帖等療法，普遍適應於多種病症與患病群體。對漢代藥用杵臼形制與組合的分析，進一步深化對古代散劑應用的認識，綜合體現兩漢時期醫藥理論與實踐的發展與成熟。

關鍵詞：漢代；藥用杵臼；散劑；醫療考古

杵臼爲撞擊式破碎工具，廣泛應用於糧食、醫藥的初加工環節。在以往研究中，學者根據文獻和有限的出土資料，對漢代杵臼與藥物加工之間關係進行過初步探討[①]。近年來考古發掘出土兩漢時期藥用杵臼材料日漸增多，組合内容多樣，在出土醫療器具中具有較强代表性，具象説明漢代醫藥的加工與使用情況。故本文擬對出土漢代藥用杵臼形制進行分析，據其在墓葬中器物組合，説明經杵臼加工的散劑後續使用方式，再結合出土文獻，分析散劑在醫療生活中的應用情況，不當之處，敬祈方家指正。

一、漢代藥用杵臼的出土情況

考古出土漢代杵臼數量較多，綜合器物材質、大小、出土位置、組合、銘文、器物

---

* 本文爲國家社科基金青年項目"秦漢時期醫療考古遺存的整理與研究"（編號：23CKG018）、河南興文化工程文化研究專項"河南中醫藥文化遺存的整理與研究"（編號：2023XWH242）的階段性成果。

① 參見和中浚《藥用杵臼考——兼談藥用杵臼與乳鉢的關係》，《四川文物》1998 年第 6 期，第31—37 頁；張量等《杵臼芻議》，《農業考古》1986 年第 2 期，第 143—145 頁。

內部藥物殘留等內容，可推斷爲藥用杵臼的約有 30 件套，包括河南義馬市張馬嶺村 M90 鐵杵臼①、河南南陽三傑房地産開發公司 M49 銅杵臼②、河北高莊漢墓銅杵臼③、陝西藍田支家溝漢墓銅杵臼④、陝西咸陽市空心磚漢墓 M34 鐵杵臼⑤、甘肅省環縣劉家灣漢墓出土鐵臼⑥、山東巨野紅土山漢墓銅杵臼⑦、廣西合浦望牛嶺漢墓銅杵臼⑧、廣州南越王墓銅杵臼與銅臼鐵杵⑨、江蘇徐州獅子山楚王陵銅杵臼⑩、江蘇徐州龜山 M2 銅杵臼⑪、江蘇儀征鐵杵臼⑫、江西南昌海昏侯墓銅杵臼⑬、四川西昌禮州銅杵臼⑭、四川成都揚子山鐵杵臼⑮、湖南長沙阿彌嶺銅杵臼⑯等。

根據藥用杵臼出土情況，其分佈較爲廣泛，主要見於河南、陝西、河北、甘肅、山東、廣東、廣西、江蘇、四川、湖南等地諸侯墓葬及中小型墓葬，年代涉及西漢及東漢，所屬人員包括諸侯王、高級官吏、地主、民間醫者及平民等。

出土漢代藥用杵臼材質主要爲銅、鐵、石，往往成套出現，材質大多一致，也存在銅臼鐵杵、鐵臼石杵的情況。《五十二病方》《雷公炮炙論》另載木、柏等質地杵臼，河南洛陽西朱村曹魏墓"銀小杵臼一具，杵，丹縑衣自副"⑰石楬，説明兩漢時期藥用杵臼還有木、銀等質地。

通過出土部分銅杵臼的實測資料（表一），可知藥用杵臼規格較爲統一，大致爲高

---

① 河南省文物考古研究所等：《河南義馬市張馬嶺村九十號墓的發掘》，《華夏考古》2012 年第 3 期，第 23—28 頁。

② 南陽市文物考古研究所：《南陽市三傑房地産開發公司 M49 發掘簡報》，《中原文物》2011 年第 3 期，第 17—23 頁。

③ 河北省文物研究所鹿泉市文物保管所：《高莊漢墓》，北京：科學出版社，2006 年，第 39 頁。

④ 陝西省考古研究院：《陝西藍田支家溝漢墓發掘簡報》，《考古與文物》2013 年第 5 期，第 3—30 頁。

⑤ 咸陽市文管會、咸陽市博物館：《咸陽市空心磚漢墓清理簡報》，《考古》1982 年第 3 期，第 225—235 頁。

⑥ 環縣博物館：《甘肅省環縣劉家灣漢墓清理報告》，《考古與文物》2016 年第 2 期，第 18—23 頁。

⑦ 山東省菏澤地區漢墓發掘小組：《巨野紅土山西漢墓》，《考古學報》1983 年第 4 期，第 471—498 頁。

⑧ 廣西壯族自治區文物考古寫作小組：《廣西合浦西漢木椁墓》，《考古》1972 年第 5 期，第 20—30 頁。

⑨ 廣州市文物管理委員會：《西漢南越王墓》，北京：文物出版社，1991 年，第 141 頁。

⑩ 徐州漢兵馬俑博物館等：《徐州獅子山楚王陵陪葬墓的調查發現與認識》，《華夏考古》2012 年第 3 期，第 99—106 頁。

⑪ 南京博物院、銅山縣文化館：《銅山龜山二號西漢崖洞墓》，《考古學報》1985 年第 1 期，第 199—299 頁。

⑫ 南京博物院：《江蘇儀征石碑村漢代木椁墓》，《考古》1996 年第 1 期，第 14—20 頁。

⑬ 江西省文物考古研究院、中國人民大學歷史學院考古文博系：《江西南昌西漢海昏侯劉賀墓出土銅器》，《文物》2018 年第 11 期，第 4—26 頁。

⑭ 禮州遺址聯合考古發掘隊：《四川西昌禮州發現的漢墓》，《考古》1980 年第 5 期，第 406—416 頁。

⑮ 沈仲常：《成都揚子山的西漢墓葬》，《考古通訊》1955 年第 6 期，第 24—27 頁。

⑯ 湖南省博物館：《長沙樹木嶺戰國墓阿彌嶺西漢墓》，《考古》1984 年第 9 期，第 790—799 頁。

⑰ 史家珍等：《流眄洛川——洛陽曹魏大墓出土石楬》（珍藏版·下册），上海：上海書畫出版社，2021 年，第 255 頁。

13.6—8.2厘米、口徑11—16.3厘米、底徑10—12厘米，結合銅臼銘文中重量與容積資訊，進行相應折合換算①，銅臼自銘重量與實測重量基本相近，體現其製作較爲規範。

表一　漢墓中出土銅臼實測資料表

出土地點	規格	銘文	實測資料
江蘇徐州獅子山楚王墓	高 18.2，口徑 16.3	"廿四斤八兩"	
山東巨野紅土山漢墓	高 13.6，口徑 15，底徑 11	"重廿一斤"	重 5200
江蘇銅山小龜山漢墓	簡報未顯示	"銅臼一重廿斤容五升四合"	重 4844；容 1080
廣州西漢南越王墓	高 13.5，口徑 12.4，底徑 10		
河北高莊漢墓	高 17.6，口徑 12，底徑 11.2		重 8000
四川西昌禮州漢墓	高 16.5，口徑 11，底徑 12		

注：長度單位爲厘米，重量單位爲克，容量單位爲毫升

　　部分杵臼刻有銘文，集中於臼口沿、外腹部、杵中部等較明顯位置。銘文内容簡明，包括官署與人員名稱，器具重量、容量及編號等，體現器具製作、所有、使用等醫療活動信息。如湖南長沙阿彌嶺 M7 出土銅臼口部外壁上刻有"李卿"銘文（圖一，1）；江蘇徐州獅子山楚王墓從葬坑出土銅杵臼，臼身銘文"武庫□□廿四斤八兩□宦者藥府"（圖一，2），標注該杵臼重量、製作與存放地點，應爲西漢楚王宮中"宦者藥府"機構專門使用的醫藥加工器具②。

1　　　　　　　　　2

圖一　出土銅臼銘文

1. 湖南長沙阿彌嶺 M7 出土銅臼　2. 江蘇徐州獅子山楚王陵出土銅杵臼及銘文

二、形制特點

　　根據出土藥用杵臼的具體形態，分述杵、臼的形制特點。

---

　　①　漢代一斤相當於現在 248 克，一兩約爲 15 克。

　　②　謝佳芮：《"宦者藥府"銅杵臼與西漢楚王宮的醫療》，《中華醫史雜志》2021 年第 6 期，第 323—329 頁。

（一）杵

包括銅、鐵、石質。形狀皆近似長圓柱體，根據器形差異可分爲二型。

A 型　兩端粗中間細。如河南義馬市張馬嶺村 M90：15，杵爲棒形八棱狀，兩端皆向外突起略呈弧狀（圖二，1）。廣西合浦望牛嶺漢墓出土銅杵，爲兩端粗中間收腰的圓柱體（圖二，2）。陝西咸陽空心磚漢墓 M34：33，中部較細，頭呈球形（圖二，3）。

B 型　上細下粗。山東巨野紅土山墓出土銅杵爲圓柱狀，上細下粗（圖一，4）。江蘇徐州龜山 M2 出土銅杵爲棒槌形，一端粗一端細（圖一，5）。

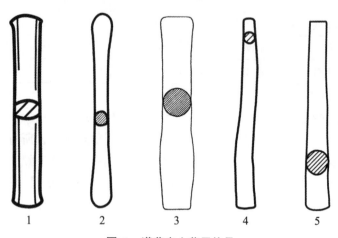

1　　　2　　　3　　　4　　　5

圖二　漢墓出土藥用杵具

A 型杵（1. 河南義馬張馬嶺村 M90：15　2. 廣西望牛嶺漢墓出土　3. 陝西咸陽空心磚漢墓 M34：33）
B 型杵（4. 山東巨野漢墓出土　5. 江蘇徐州龜山 M2 出土）

（二）臼

包括銅、鐵質。口大底小，深腹。底較厚，帶有較高圈足、假圈足。部分臼中部帶有鋪首、環、折帶等裝飾，一些臼口、腹部刻有銘文。根據臼身主體形態差異，可分爲圓形臼、方形臼二型。

A 型　圓形臼。臼主體呈圓形，深腹，腹部弧收，根據臼身形態具體差异，可分爲筒形、杯形、釜形。

Aa 型：筒形。上腹較直，下腹弧收或斜收，底部較厚，喇叭形或覆斗形假圈足。廣西合浦望牛嶺漢墓銅臼，侈口，圓唇，覆斗形假圈足（圖三，1）；山東巨野紅土山墓銅臼，直口，方唇，喇叭形假圈足（圖三，2）；河北石家莊高莊漢墓銅臼，口微侈，喇叭形假圈足（圖三，3）。

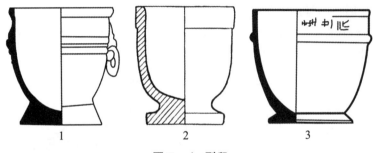

圖三　Aa 型臼

1. 廣西合浦望牛嶺漢墓出土　2. 河北省高莊漢墓出土　3. 山東巨野紅土山墓出土

Ab 型：杯形。整體較筒形瘦長，直口微侈，喇叭形假圈足。如河南義馬市張馬嶺村 M90：14，腹部飾兩周凸弦紋（圖四，1）。甘肅省環縣劉家灣 LM1：12，斜弧腹，近底內收（圖四，2）。江西南昌海昏侯墓出土銅臼 4 件，口下部有一周折帶，臼腹部有一周寬凸帶，寬頻中間有一道凸棱（圖四，3）。

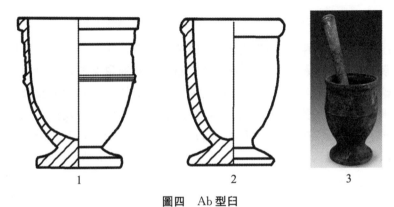

圖四　Ab 型臼

1. 河南義馬市張馬嶺村 M90：14　2. 甘肅省環縣劉家灣 LM1：12　3. 江西南昌海昏侯墓出土

Ac 型：圓釜形。斂口，圓鼓腹，圜底，喇叭形、覆斗形假圈足。陝西藍田支家溝漢墓出土銅臼，喇叭形假圈足，腹中有寬凸棱一周，其上有凸弦紋一周（圖五，1）。南京市博物館藏東漢銅臼，覆斗形假圈足，腹部有帶狀紋飾，雙環耳（圖五，2）。

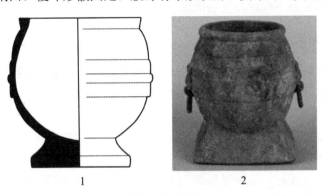

圖五　Ac 型臼

1. 陝西藍田支家溝漢墓 S2：12　2. 南京市博物館藏東漢銅臼

　　B型　方形臼。臼身爲方形，敞口，斜腹，自口至底收縮，平底或覆斗形假圈足。如陝西咸陽市空心磚漢墓 M34：15，口部略大，腹斜收，平底（圖六，1）。四川成都揚子山西漢墓出土鐵臼，臼身方形，底部爲覆斗形假圈足（圖六，2）。

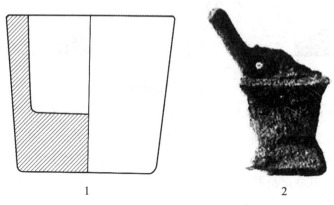

1

2

圖六　B型臼

1. 陝西咸陽市空心磚漢墓 M34：15　　2. 四川成都揚子山西漢墓出土

　　通過上述分析，可知兩漢時期藥用杵、臼造型簡單，功能性強。藥用杵臼整體裝飾較少，大多素面，部分所屬人員等級較高者，臼身帶有簡單裝飾，表現爲臼腹身中部飾以凸弦、凸棱、帶狀紋飾，兩側帶有鋪首銜環。形制較統一，杵均似長圓柱體，兩頭粗中間細或上細下粗，臼主體爲圓形、方形，特點滿足醫療的實際用途，如臼身圓鼓、口部收斂，可減少加工過程中藥物的飛濺，臼爲厚底或帶高圈足，便於搗碎質地堅硬的藥物。藥用杵臼形制穩定，演變不甚明顯，是該時期醫療實踐水準發展至一定程度的表現。

三、組合内容

　　《傷寒雜病論》《五十二病方》中見將不同類型的藥物“杵以散”的記載，反映杵臼在兩漢醫藥活動中的應用。作爲主要的散劑加工器具，杵臼在墓葬中具有多種組合方式（表二），表明較多散劑製作以及後續使用情況。

　　（一）杵臼、醫藥器具組合

　　該組合主要圍繞着醫藥的加工與製作，組合器具包括醫藥破碎器、量藥器、醫藥炮製器，具體反映散類醫藥破碎、製備及炮製等多個過程與環節。

　　1. 杵臼＋醫藥破碎器具

　　主要見於西漢早中期墓葬，與杵臼組合出現的醫藥破碎器具包括刀、削、擂具等，如河南義馬市張馬嶺村 M90，棺兩側鐵杵臼、銅量伴出刀、削等，咸陽市空心磚漢墓出土銅杵臼、銅量以及擂石、鐵錘等醫藥加工器具。破碎操作對藥劑品質和藥效等均產生相應影響，杵臼與刀、削、擂具等器具均運用於醫藥的破碎環節，但適配於不同的破碎操作與目的，如刀、削用於藥物的初加工，“或須皮去肉，或去皮須肉，或須根去莖，又須花須實，依方揀采，治削，極令净潔"，主要目的爲去除藥物的非藥用部分，將藥物切製成片、絲、段、塊等適宜的大小、形狀，便於後續加工以及長期儲存。杵臼、擂具則主要對初加工的藥物進行再次研磨，將藥物進一步製備爲散劑。墓葬内杵臼與其他醫藥破碎器具組合成套出現，反映該時期藥物加工過程中，對藥物的破碎處理要求較爲精細，依據藥物質地、用藥需求選擇適當的粉碎器具。

2. 杵臼＋量藥器

該組合分布較廣泛，見於西漢早中晚及東漢時期墓葬，爲藥用杵臼最常見的固定組合。量藥器以銅質爲主，如陝西藍田支家溝漢墓出土銅杵臼、銅量；江蘇徐州龜山 M2出土銅杵臼、銅量；陝西西安龍首山軍幹所 M14 出土鐵杵臼與銅量。同一墓葬内伴出量藥器數量有一件或多件，如江蘇徐州獅子山楚王陵出土銅杵臼、銅量大小各 1；山東巨野紅土山漢墓出土銅杵臼 1、銅量 4；河南南陽市三傑房地産開發公司出土 1 套銅杵臼及3 件銅量，同一墓葬中伴出多件銅量形制相同，容積不一，應爲一組，對應不同劑量。杵臼與量藥器爲方劑形成的核心器具組合，在兩漢時期墓葬中較爲常見，經杵臼搗製而成的散劑，需通過量藥器抄取，進行方劑的配伍，因而杵臼與一套多件的量藥器組合，適用不同劑量方劑的配製。

3. 杵臼＋醫藥炮製器

該組合主要見於西漢中晚期、東漢時期，醫藥炮製器具包括銅鼎、銅篩檢程式等，同時伴出礦物質藥，説明該組合多與丹藥的煉製相關。山東巨野紅土山漢墓銅杵臼伴有盛有丸藥的銅鼎。江蘇儀征石碑村東漢木槨墓 M1 出土鐵杵臼 1 套，并與銅量、銅碟形器、銅篩檢程式、附匣銅尺、鐵刀共出，以上器具放置於頭厢内，均爲實用器，銅量及篩檢程式的内壁、底部以及碟形器的器背有朱紅色物質殘留。《抱樸子》《黄帝九鼎神丹經訣》記載煉丹所需測量"屋""壇""爐"設備尺寸，銅尺應與煉丹活動有關，根據該套器具的形制、組合以及内部遺存特點，推測該組合與道教煉丹術有關（圖七）。

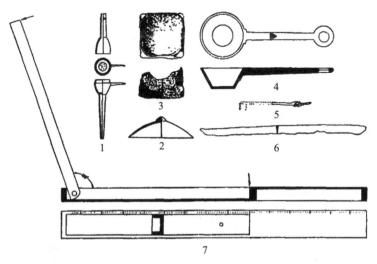

圖七　江蘇儀征石碑村東漢木槨墓出土醫藥器具組合

1. 銅篩檢程式　2. 鐵臼　3 銅碟形器　4. 銅量　5. 銅刷　6. 鐵刀　7. 銅尺

（二）杵臼、藥物組合

主要見於西漢早、中期諸侯王等高等級人員墓葬，藥物類型爲植物藥、礦物藥，出土形態包括原料以及經過加工的丸藥、複方藥。如廣州南越王墓出土杵臼 2 套，出土時與紫水晶、硫磺、雄黃等礦物質藥共置一處，皆爲原料狀態，同時該墓中出土 1 件陶質藥瓿，内盛黑色扁圓形藥丸。江蘇徐州獅子山楚王墓從葬坑出土銅杵臼，伴出銀銅中内殘植物草藥殘留；山東巨野紅土山漢墓銅杵臼除與礦物原料共出外，同時還伴有經過加工的礦物丸藥。江西南昌海昏侯墓出土銅杵臼 1 套，同時該墓葬内以及放置於漆盒中的中藥炮製品，經鑑定爲添加輔料的地黄根系。

（三）杵臼、沐浴器組合

見於西漢早期諸侯王等高等級人員墓葬中，杵臼與盆、洗、壺等沐浴器、藥物同出，反映出兩漢時期貴族群體中的藥浴習俗。如江蘇徐州獅子山楚王墓從葬坑出土銅杵臼，與銅量、銅沐鑒、銅沐盤、銅扁壺、銅鐘等沐浴器具共出。江蘇銅山小龜山漢墓銅杵臼出土於墓葬東室，與銅盆、銅洗等沐浴用器放置於一處。河北高莊漢墓 VIII 木箱出土銅杵臼、銅量斗、銅壺、銅鈁、銅鐘等。

表二　兩漢時期墓葬内藥用杵臼組合情況表

時期	墓葬	出土藥用杵臼	墓葬等級	伴出
西漢早期	河南義馬市張馬嶺村 M90	鐵杵臼 1	中小型墓葬	銅量 2、銅削 1、銅刀 1、銅錐 1、鐵鑱 1
西漢中期	河北高莊漢墓	銅杵臼 1	高等級墓葬（常山憲王劉舜）	銅鼎 1、銅壺 1、銅鈁 1、銅甑 1、銅鐘 1
西漢早期	廣州南越王墓	銅杵臼 1 銅臼鐵杵 1	高等級墓葬	紫水晶、硫磺、雄黃等礦物質原料、丸藥
西漢早期	江蘇徐州獅子山楚王陵	銅杵臼 1	高等級墓葬	
東漢中晚期	江蘇儀征石碑村漢代 M1	鐵杵臼 1	中小型墓葬	銅量 1、銅碟形器 1、銅篩檢程式 1、銅尺 1、
西漢中期	江蘇徐州龜山 M2	銅杵臼 1	高等級墓葬	銅洗 1、鐵削 1、銅量 1
西漢早期	陝西西安西北醫療設備廠 M120	鐵杵臼 1	中小型墓葬	
西漢中期	江西南昌海昏侯劉賀墓	銅杵臼 4	高等級墓葬	銅削 1、銅錐 1
西漢後期	四川西昌禮州漢代 M3	銅杵臼 1	中小型墓葬（低級官吏）	銅洗 2、銅釜 1、銅斗 2、銅釜甑 1、銅壺 1
西漢時期	湖南長沙五里牌 M1	銅杵臼 1		
西漢中期	湖南長沙東北郊漢墓	銅杵臼 1	中小型墓葬	銅器 30 件：銅燈、銅鈁、銅壺、銅鼎等

續表

時期	墓葬	出土藥用杵臼	墓葬等級	伴出
西漢時期	四川成都揚子山西漢墓葬	鐵杵臼 1	中小型墓葬	
西漢晚期	湖南長沙阿彌嶺西漢墓	銅杵臼 1	中小型墓葬（低級官吏）	銅杵臼 1、銅鼎 1
西漢中晚期	陝西咸陽市空心磚漢墓 M34	鐵杵臼 1		
西漢中期	陝西藍田支家溝漢墓	銅杵臼 1	高等級墓葬（女性、不低於列侯）	銅量 1
西漢晚期	河南南陽三傑房地産開發公司 M49	銅杵臼 1	中小型墓葬（郎中）	銅藥量 3 件
新莽時期至東漢初期	甘肅省環縣劉家灣漢墓	鐵臼 1	中小型墓葬	鐵釜 2
西漢中期	山東巨野紅土山漢墓	銅杵臼 1	高等級墓葬（昌邑哀王劉髆）	銅量 4、銅鼎 1、擂石 1、擂盤 1、漆衣銅盆 2、陶罐 1、陶壺 2、丸藥、朱砂、蚌殼

　　根據上述藥用杵臼組合内容，結合出土位置及實際用途，藥用杵臼在墓葬中的伴出關係，可分爲以下兩類。

　　一是與醫藥器具、藥物等醫療内容組合，該類組合醫用性質較爲突出，其用途主要圍繞着醫藥的加工與使用，反映醫藥的加工炮製過程與環節，在墓中一般集中、獨立放置，或通過銘文表示其醫用目的，表現出較强的醫用標識性。如廣州南越王墓出土杵臼與紫水晶、硫磺、雄黃等礦物質藥共置一處；山東巨野紅土山漢墓中，銅杵臼、銅量、銅鼎及藥物均統一集中放置於墓室後壁二層臺處；江蘇徐州獅子山楚王陵出土銅杵臼、大小銅量各一，其上標注有“藥府”“宦者藥府”等銘文，該類組合的伴出關係、位置、銘文等内容，綜合表現該時期人們有意識地將醫療活動與日常生活内容進行區分，體現出現實醫療活動的專門化趨勢。部分隨葬該類組合的墓主人身份或與醫療活動直接相關，如河南義馬市張馬嶺村 M90，出土鐵杵臼、銅量、刀等實用性醫療器具，墓中其他隨葬品主要爲明器，醫療器具均集中放置於棺兩側，表現與墓主人生前的緊密聯繫，推測墓主人身份或爲民間醫者。

　　二是與沐浴器組合，主要反映了藥浴等療法。該類組合的墓主人一般具有較高的身份等級地位，組合内容是墓主人生前所享受的醫療服務“事死如事生”的體現，其醫療目的具有多種内涵，不限於疾病的治療，而更多的體現出日常養生、追求升仙等的理念。《黃帝内經》記載“病名曰脾風，發癉，腹中熱，煩心出黃，當此之時，可按可藥可浴”① “此邪氣在表，洗浴發汗即愈”②，表示沐浴在治療疾病、保健養生方面的功效，而

① 郭藹春：《黃帝内經素問校注》，北京：人民衛生出版社，2013 年，第 195 頁。

② 同上。

藥浴有別於日常生活的沐浴，在器具、用水、步驟等方面均有一定的要求，其器具單獨存放或帶有刻銘，以將其與常物相區别。徐州東洞山楚王墓出土的銅沐盤，腹部陰刻"趙姬沐盤"。長沙湯家嶺西漢墓出土的銅盤，口沿上陰刻隸書"張端君沐盤一"。醫書對藥浴所使用的藥物以及水的用量也有較爲細緻的規定，因此杵臼多伴出銅量、匙等量具，四川西昌禮州漢墓銅杵臼伴出銅洗、銅釜、銅壺等沐器，另外的銅斗應爲浴水的量具。藥浴治療體能消耗大，在藥浴前後及時補充食物，"水三石，陳粟三斗，鹽三斗，煮之。每釀水一石，粟、鹽各一斗，三沸三襄，前美食，齊取其汁，浴之，已，復美食，毋令汗出"，另外還要注意浴後的保温，《金匱要略》記載："先剉敗蒲席半領，煎湯浴，衣被蓋覆，斯須通利數行，痛楚立差。"① 秦都咸陽宫殿建築遺址的浴室中設置壁爐，可以有效地提高沐浴時周圍環境的温度，獅子山楚王墓沐銅中放置一塊浴巾，可以在洗浴後吸乾身上的水分，避免因出汗着涼而加重病情。

四、兩漢時期散劑用藥方式

根據藥用杵臼的多種組合形式，可知其在兩漢時期醫藥加工、炮製中具有核心作用，且與日常生活聯繫緊密，亦從另一方面反映出經由杵臼製成的散劑，在醫療活動及現實生活中的廣泛應用，具有包括送服、炮製成丸藥、藥浴等多種用藥方式。根據考古材料結合出土文獻，對兩漢時期散劑的用藥方式進行探討。

根據出土文獻記載，散劑的主要用法爲内服，包括直接送服或配合酒、粥等服用。如"搗篩，白飲和服方寸匕""付子三分，蜀椒三分，澤烏五分，烏喙三分，細辛五分，术五分，凡五（六）物，皆治，合，方寸匕酒，日三飲"②。部分經過搗製的藥物粉末，摻和以水、煉蜜及其他輔料製成圓形固體製劑，主要用以治療慢性疾病，同時便於長期保存。如"右四味，搗篩爲末，蜜和丸""茈胡、橘梗、蜀椒各二分，桂、烏喙、薑各一分，凡六物冶合，丸以白密，大如嬰桃，晝夜含三丸"③。

另外，散劑同時具有藥浴、熏法等外部用藥方式，配合針砭、熨帖等療法，普遍適應於多種病症與患病群體。兩漢傳世及出土醫療文獻中記載多例藥浴醫方，如《金匱要略》記載："右二味，爲散，沐了。"④《五十二病方》記載："取雷尾（矢）三果（顆），冶，以豬煎膏，和之……以浴之。"⑤ "取闌（蘭）根、白付，小刌一升，舂之，以截、沐相半泊之……"⑥"取茈半斗，細剉，而以善截六斗□□□沐之"⑦，"散""冶""舂"

① （漢）張仲景著，劉藹韻校注：《金匱要略校注集解》，上海：上海古籍出版社，2014 年，第 574 頁。

② 周祖亮、方懿林：《簡帛醫藥文獻校釋》，北京：學苑出版社，2014 年，第 413 頁。

③ 同上，第 412 頁。

④ （漢）張仲景著，劉藹韻校注：《金匱要略校注集解》，第 574 頁。

⑤ 周祖亮、方懿林：《簡帛醫藥文獻校釋》，第 79 頁。

⑥ 同上，第 163 頁。

⑦ 同上，第 153 頁。

"細"等加工方法皆是將藥物作成細的散末①，以進行洗浴。

作爲一種外治手段，藥浴在漢代醫療中的應用已較爲成熟，根據方式的不同包括擦洗、沐浴洗、熏蒸浴等，"以寒水漬巾，捉以摩頭面身，一已""以水洎三溫，煮而浴若洗之"②。針對患處情况進行局部浴以及全身浴。《五十二病方》中記載以藥浴治療頭部、足部、全身的外傷。"癰首，取茈半斗，細剉，而以善截六斗□□□沐之"③ "脪久傷者癰……治之，煮水二（斗）……即炊湯。湯溫適，可入足"④ "身有疕傷。取柳、楊、荆、藜枝葉莖長寸，以水洎三溫煮而浴若洗之。其甚者，莖穀、柏支（枝）以益此四物者，并煮，洗浴如前"⑤。藥浴以外治給藥達到療病防病的目的，副作用較小，適用人群較廣，《老官山漢簡》中記述數條沐浴內容，其中就有治療嬰兒疾病的醫方⑥。

散劑包括内服、外用等用藥方式，在醫療實踐中或一法單用，或是多種方法綜合應用。"又一法，於雨水日後，三浴以藥泄汗。"⑦《金匱要略》記載："右二味，爲散，沐了，以方寸匕，已摩疾上，令藥力行。"⑧ 表明當時人們爲了獲得更好的療效，藥浴與服藥、按摩等療法一并施用。河北滿城漢墓滿城 M1 内後側室内出土燈、盆、壘等銅器、石刻男俑以及搓石，推測其爲浴室性質，該浴室内出土"醫工"銅盆⑨，應爲醫工用於蒸煮藥物、盛接藥水的醫療器皿，同時伴出銅匕 1 件，金、銀質醫針共 9 件以及水晶砭石 2 件，匕略呈圓形稍内凹，扁平長柄微向上曲，其形制、大小與醫方中所指方寸匕接近，應是在沐浴後對體表進行按摩的器具，配合醫針、砭石等針砭療法器具，綜合反映了醫藥、針砭、藥浴、按摩等多種醫療療法。

結　語

通過對兩漢時期墓葬中藥用杵臼形制分析，可知藥用杵臼裝飾較少，規格較爲統一，形制簡單變化不甚明顯，其形制主要適應於醫療用途的實際需要，具有較强的實用性；部分杵臼刻有銘文，內容簡明，多與杵臼的製作、所有、使用等相關，醫用標識性强；藥用杵臼在墓葬中一般集中、獨立放置，組合内容與日常生活器類、明器類存在明顯區

---

① 沈澍農：《中藥破碎加工術語叢考——以簡帛到卷子爲中心》，《現代中醫藥》2020 年第 2 期，第 9—17 頁。

② 梁繁榮等：《揭秘敝昔遺書與漆人老官山漢墓醫學文物文獻初識》，成都：四川科學技術出版社，2016 年，第 150 頁。

③ 周祖亮、方懿林：《簡帛醫藥文獻校釋》，第 153 頁。

④ 同上，第 144 頁。

⑤ 梁繁榮等：《揭秘敝昔遺書與漆人老官山漢墓醫學文物文獻初識》，第 150 頁。

⑥ 同上。

⑦ 郭藹春：《黃帝内經素問校注》，第 195 頁。

⑧ （漢）張仲景著，劉藹韻校注：《金匱要略校注集解》，第 574 頁。

⑨ 中國社會科學院考古研究所、河北省文物管理處：《滿城漢墓發掘報告》，北京：文物出版社，1980 年，第 58—59 頁。

別，綜合反映出藥用杵臼的醫用屬性，其性質與日常器具有明顯區別，代表着該時期醫療活動的專業化趨勢。

在組合與伴出關係方面，藥用杵臼與醫藥器具、藥物、沐浴器等構成固定組合，反映杵臼在醫藥加工以及日常生活中的廣泛運用。根據實物組合情況，結合出土文獻記載，經杵臼加工而成的散劑，爲該時期主要劑型之一，具有内服、外用等多種用藥方式，結合兩漢時期墓葬中所見人體經脉俑、砭具、針具、熨具、祖器、導引俑等醫療器具，綜合反映兩漢時期醫藥、針砭、按摩、房中、養生等多種醫療方法，亦説明該時期醫療理論與實踐體系的發展與成熟。

早期"傷寒""傷汗"考
——以《居延漢簡》醫藥文書爲中心*

閆敏敏 周 琦 顧 漫

(中國中醫科學院博士後科研流動站、中國中醫科學院中國醫史文獻研究所,北京 100700)

提 要:20 世紀以來,全國各地考古發現,讓沉睡地下千年的簡帛文獻陸續面世,其中很多醫藥相關的内容爲勾勒古老的中醫學之起源及其演變的軌迹提供了真實可靠的文獻證據,但同時以其自身書寫年代久遠所帶來的文字理解和解釋問題,成了出土文獻研究的重點與難點,醫藥簡亦不例外。前後兩批出土的《居延漢簡》散在地包含有疾病和醫藥相關的内容,其中"傷汗"這一病名的記載多有爭議,部分釋文解讀爲"傷寒"之通假,但亦有學者將其以獨立的病名列舉。本文試從文理和醫理兩方面,運用文獻比對和訓詁之法對其進行考證,傾向於認爲"傷汗"爲"傷寒"通假之説可信。同時,"傷寒"的概念隨歷史環境變化經歷了重新闡釋的過程,其所代表的中醫臨證思維在當代仍具有重要指導價值。

關鍵詞:《居延漢簡》;《居延新簡》;傷寒;傷汗;醫藥文書

《居延漢簡》是我國出土時間較早的一批簡牘文獻,其内容散在地包含有一些醫藥、疾病相關記載,裘錫圭先生最早對這部分的資料做了梳理研究,將"傷汗"作爲獨立的病名列出,與"傷寒"并列[1]。高大倫提出"傷汗之'汗'殆爲'寒'之別寫"[2]。周祖亮在對出土於 1972—1974 年的《居延新簡》中的醫藥信息做整理時,則直言相關簡文中"傷汗"即爲"傷寒"[3]。前輩學者皆未曾對二者异同做出辨析以解後學之疑,故本文不揣淺薄,略作一二考證。通過對兩批居延漢簡所載"傷寒""傷汗"相關記述的考辨分析,結合武威醫簡、敦煌漢簡及傳世經典醫籍的佐證,認爲"傷汗"爲"傷寒"通假説可信。同時,發汗解表之法作爲治療傷寒類疾病的一種重要臨證方法,亦多見載於西北漢簡,提示傷寒較早發生於氣候嚴寒的北方一帶,隨後因小冰期的到來致全國進入普遍

* 本文係四川省社會科學重點研究基地(擴展)中國出土醫學文獻與文物研究中心 2023 年度科研項目"出土散見涉醫簡牘整理研究——以秦簡、楚簡爲中心(CTWX2309)"的階段性研究成果。

① 裘錫圭:《居延漢簡中所見疾病名稱和醫藥情況》,《中醫藥文化》2008 年第 6 期,第 16—19 頁。
② 高大倫:《居延漢簡中所見疾病和疾病文書考述》,《簡牘學研究》1998 年第 2 輯,第 117—125 頁。
③ 周祖亮、方懿林:《居延新簡所記醫藥信息述略》,《中醫文獻雜志》2011 年第 2 期,第 1—4 頁。

低溫，傷寒逐漸形成廣義概念，而漢簡所載傷寒四物、傷寒逐風方等在藥物組成和配伍思路上與傳世醫方具有一定傳承關係。

一、文理對比

1. 漢簡"傷汗"伴隨症狀與"傷寒"同

20 世紀 30 年代出土的《居延漢簡》① 共有 4 條"傷汗"相關之簡文（表一"傷汗"列 1-4 條），皆僅言"病傷汗"，後接"飲藥"記錄，未有可進一步判斷其所指病症的輔助信息。而 1972—1974 年出土《居延新簡》② 的記載，給了我們可更進一步做出考證的信息。如表一所示，"傷汗"列下第 5、第 7 條簡文"病傷汗"後皆有"頭痛""寒熱"的伴隨症狀；於此相應，"傷寒"列下第 6、7、9、10 條在"傷寒"後亦接"頭痛"。由行文表述可明顯得知"頭痛"乃"傷寒"的一個症狀表現，"傷寒"爲病因，"頭痛"爲症狀。且從第 7 條來看，傷汗的傳變與傷寒的傳變，有較多的一致，可證二者是同一種病。"傷汗"5 與"傷寒"6、9，三條的體例與行文是一樣的，皆是"病傷寒（或汗）頭痛"，此細節亦暗示，"傷汗"同"傷寒"。據此可以初步推斷"傷汗"列下第 5、7 條"傷汗"當爲"傷寒"。

表一　出土文獻中"傷寒""傷汗"相關信息

序號	傷寒	傷汗	寒熱/頭痛
1	第卅一隧卒，王章以四月一日病苦傷寒（《居延漢簡（壹）》4.4A）	日病傷汗③未視事，官檄曰：移卒貰賣名籍會（《居延漢簡（壹）》44.23）	第廿四隧卒高自當，以四月七日病頭恿，四節不舉（《居延漢簡（壹）》4.4A）
2	第一隧卒孟慶，以四月五日病苦傷寒（同上）	卒三人。一人病，卒符惲，月廿三日病傷汗（《居延漢簡（壹）》46.9A）	第卅一隧卒尚武，四月八日病頭恿、寒炅，飲藥五齊，未愈（《居延漢簡（壹）》4.4B）
3	治傷寒滿三日轉爲□☑《居延漢簡（貳）》136.3	第八燧卒，宋□病傷汗④，飲藥十齊（劑），癸未，醫行……（《居延漢簡（三）》257.6A）	頭恿（痛）、寒熱，飲藥五齊（劑），不愈（愈）。戎掾言候官（《居延新簡（三）》EPT59：269）
4	傷寒四物：烏喙十分、細辛六分、术十分、桂四分，以溫湯飲一刀刲，日三夜再，行解不出汗（《居延漢簡（壹）》89.20）	第十燧卒高同，病傷汗，飲藥五齊（劑）（《居延漢簡（三）》265.43）	當遂里公乘王同，即日病頭恿、寒炅，小子與同隧，飲藥廿齊不偷，它爰書敢言之（《居延漢簡（壹）》52.12）

① 中國簡牘集成編輯委員會編：《中國簡牘集成·甘肅省、內蒙古自治區卷·居延漢簡》，蘭州：敦煌文藝出版社，2001 年，第 6 頁。
② 同上。
③ 釋文：傷汗，即傷寒。
④ 釋文：汗，通寒。

續表

序號	傷寒	傷汗	寒熱/頭痛
5	☑傷寒，即日加恂，頭痛煩懣，未（《居延新簡》EPT51：201A）	候長敢言□□□卒陳崇，迺□病傷汗頭懣（痛），撫□□即日加□，腹（《居延新簡（壹）》EPT4：101）	□□卒杜充病頭痛，四節不興（舉），不能（《敦煌漢簡》1577）
6	☑西安國里孫昌，即日病傷寒、頭懣（痛），不能飲食。（《居延新簡》E.P.T59：157）	嚴病傷汗，即日移病書，使弟赦付覆胡亭，卒不審名字。（《居延新簡（三）》EPT59：2）	頭身痛，汗不出而渴，爲温（《張家山漢簡脉書》M1·48）
7	病泄注不愈（愈），乙酉加傷寒，頭通（痛），潘（煩）懣，四節不舉，有書。（《居延新簡》EPF22：280）	庚午朔辛巳，吞遠士吏戎敢言□傷汗，寒熱，頭懣（痛）。即日，加煩懣，四支（肢）。（《居延新簡（三）》EPT59：49A）	身寒熱，渴，四節痛，爲瘧（《張家山漢簡脉書》M1·49）
8	吏，十一月廿五日病傷寒，□視一歲，病積五日。（《居延新簡》E.S.C24）	己酉病傷汗①，至五月甲午□□□☑（《居延新簡》EPW：88）	
9	乃戊辰病傷寒，頭懣（痛），四節□□□（《居延新簡》E.S.C80）	☑苦近善毋恙宜☑到亭傷汗元困蜀益……□不敢☑君問亟願☑有日遣使廩須得以自振（王莽始建國四年）（《額濟納漢簡》99ES16ST1：15A）	
10	□傷寒頭三，支不舉，即日加心腹支滿，不能飲食（《肩水金關漢簡（伍）》73EJF3：339+609+601）		
11	治傷寒□□（敦煌漢簡2008）		
12	治傷寒遂風方：付子三分、蜀椒三分、澤烏五分、烏喙三分、細辛五分、朮五分（《武威醫簡》6-7）		

2. "寒""汗"古音相通

此外，從古文字的角度而言，"寒""汗"上古音相通，可假借使用。陳劍先生《上博竹書〈昭王與龔之脽〉和〈柬大王泊旱〉讀後記》一文的釋讀中，《柬大王》"王向日而立，王滄［寒（汗）］至縟"句②，即認爲其中"寒""汗"相通假③，這亦是《居延漢簡》"傷汗"即"傷寒"説的有力論據。《天回醫簡·治六十病和齊湯法》簡七六有"□汗寒熱，取瞻諸一〔一〕，圭（桂）二尺，畺（薑）五果（顆），枲（漆）一合……"，因

---

① 釋文：傷汗，當爲傷寒。"汗"通"寒"。

② 白於藍：《戰國秦漢簡帛古書通假字彙纂》，福州：福建人民出版社，2012年，第815頁。

③ 同上。

簡首缺字，暫無從判斷此闕文，然參考表一"傷汗"列第 7 條文例，以及《神農本草經》"牡蠣""葱實""半夏"下"主傷寒寒熱"的文例，不排除此處爲"傷汗"（"汗"亦爲"寒"之通假）。

從假借字産生之本源而言，鄭玄之論最爲清晰，其曰："其始書之也，倉卒無其字，或以音模擬方，假借爲之，趣於近之而已。受之者非一邦之人，人用其鄉，同言异字，同字异言，於兹兹遂生矣。"① 假借字由同音比類而生，考"汗""寒"在上古音中同屬匣母元部，只是聲調不一，"汗"爲去聲，"寒"爲平聲②，來自不同地域的寫手聽音辨義，將二者互相假借使用，當在情理之中③。

而在傳世文獻中，亦有"傷寒"寫作"傷汗"之例。明朱橚等編《普濟方》卷一百二十二"發熱"條下論云："經曰：發熱惡寒者發於陽也，無熱惡寒者發於陰也。然少陰病始得之亦有反發熱者，蓋熱亦在表也，時與麻黃附子細辛湯發其汗，是以發熱爲傷汗之常也。"④ 查考該條當引自金成無己《傷寒明理論》一書，其中最後一句在景定辛酉（1261）建安慶有書堂刊本中"傷汗"即作"傷寒"，説明"寒"爲正字，"汗"爲通假字。文淵閣抄本《普濟方》的底本來自浙江范懋柱家天一閣藏本，而現存《普濟方》以文淵閣抄本爲最全（四百二十六卷），尚未見其他版本可與對照者⑤，因此是底本原爲"傷汗"還是抄寫者手誤所致，暫無法確認。然而我們注意到，明吳勉學校刻本和文淵閣抄本《傷寒明理論》中此處"傷寒"均寫作"陽寒"，文淵閣本《傷寒明理論》底本并非采用吳勉學刻本，而是來自郴山刊版，説明二者或出自同一版本系統；又據逯銘昕先生的研究，相比文津閣本，《文淵閣四庫全書》傷寒類醫書在字形上更爲規範，形式上更爲整齊，其抄寫者爲文人，詳校官爲太醫院醫官或醫士（《傷寒明理論》的詳校官爲醫官姜晟）⑥，但醫官詳校時間緊促，因此可以推斷，《普濟方》中"傷汗"和《傷寒明理論》的"陽寒"兩處錯別字，當是來自底本，抄寫者没有醫學專業背景，只是照底本謄録而沿襲致誤。

① 陸德明撰，張一弓點校：《經典釋文》，上海：上海古籍出版社，2012 年，第 2 頁。

② 唐作藩：《上古音手册》，北京：中華書局，2013 年，第 55 頁。

③ 王力先生指出："所謂假借或古音通假，説穿了就是古人寫别字。"見王力《王力語言學論文集》，北京：商務印書館，2000 年，第 526 頁。

④ （明）朱橚等編：《普濟方》卷一百二十二"傷寒門"，清《文淵閣四庫全書》本，愛如生中國基本古籍數據庫。

⑤ 據《中國中醫古籍總目》，在中國中醫科學院圖書館、北京中醫藥大學圖書館及四川省圖書館均藏有《普濟方》抄本，但具體情況還有待進一步考察。

⑥ 逯銘昕：《〈四庫全書〉文淵閣本與文津閣本醫家類異同析論——以傷寒類醫書爲例》，《圖書館研究》2020 年第 3 期，第 108—114 頁。

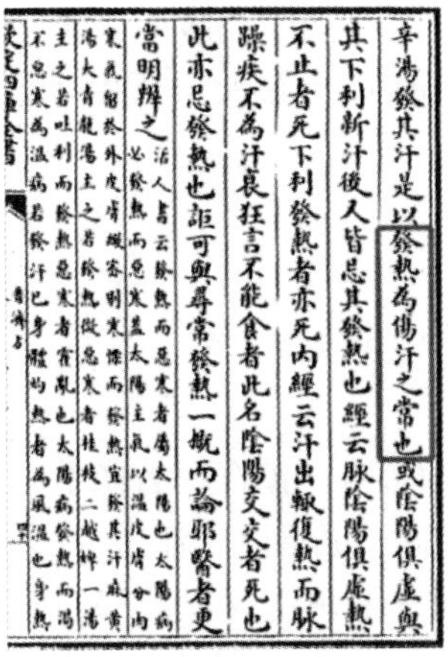

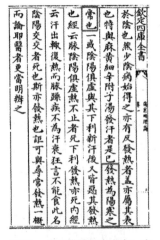

圖一　《文淵閣四庫全書》本　　　　圖二　景定辛酉（1261）建安慶有書堂刊本
　　　　《普濟方》　　　　　　　　　　　　　《傷寒明理論》

圖三　明萬曆二十九年（1601）吳勉學校刻本　　圖四　《文淵閣四庫全書》本
　　　　《傷寒明理論》　　　　　　　　　　　　　《傷寒明理論》

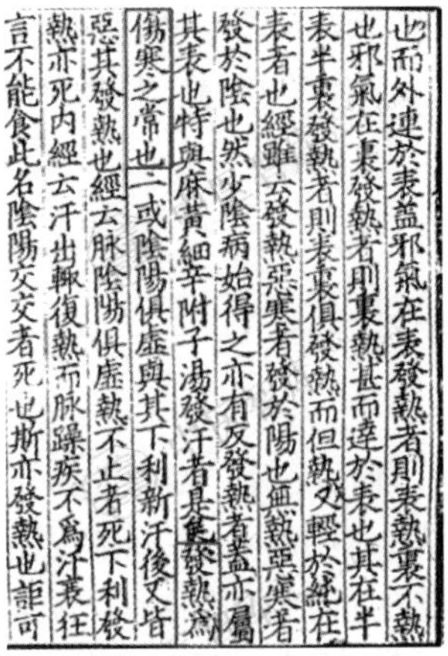

　　無獨有偶，清代醫家劉松峰所著《松峰説疫》中引《素問·生氣通天論》“冬傷於寒，春必温病”句，其疏解曰①：“《雲笈七籤》中引作冬傷於汗，甚妙。蓋言冬時過暖，以致汗出，則來年必病温。”劉松峰一引用便遭到《醫門棒喝》作者章楠的激烈批評，其云：“若冬傷於寒，可以改作冬傷於汗，則春傷於風，夏傷於暑，可以改作何字乎？自古及今，果有傷汗之病名否乎！余誠淺陋，未之聞也。且余嘗客粵東高雷等州，無冬不暖，無人不汗，却未見春必病瘟疫也。”章楠認爲“冬傷於汗”乃從“冬傷於寒”改寫而來，古今并不見“傷汗”之病名，且冬暖令人出汗與春季病温之間并無必然聯繫。筆者進一步檢閲道藏本《雲笈七籤》，并未查到“冬傷於汗”相關内容，此説法較早出自明代醫家高濂《遵生八箋》，其中“冬季攝生消息論”有“《雲笈七籤》云，冬月夜卧叩齒三十六通，呼腎神名，以安腎臟，晨起亦然。《書》云：冬時忽大熱作，不可忍受，致生時患，

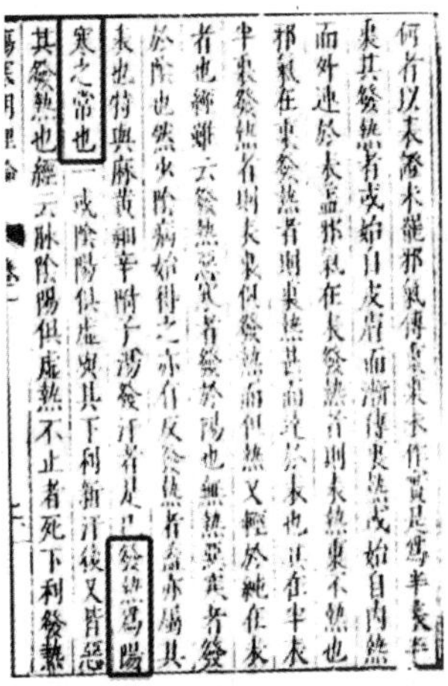

────────────────
①　（清）劉奎：《松峰説疫》，北京：人民衛生出版社，1987年，第9頁。

故曰冬傷於汗，春必温病"①，照此則其説原出處暫不得而知②。故而無論是有意改寫還是音似致誤，"傷汗"原爲"傷寒"當可確定。由此可見，"傷寒"寫作"傷汗"的情況在古代醫學文獻中時有發生。

二、醫理分析

以上從文理角度對"傷汗"做了考察，但從醫理而言，"傷汗"實際上有理可循。不僅《黄帝内經》多處論及各種情況下的"汗"，《傷寒論》更是以"汗出""無汗"作爲輔助診斷和治療的重要臨證指標。難點在於，查閱目前全部出土文獻醫學相關内容，發現"傷汗"病名僅出現在《居延漢簡》和《居延新簡》中，其他醫簡未見記載③，且居延簡關涉文字簡略。而考傳世醫籍，亦不見"傷汗"直接相關文獻，對此考證如下：

1. "汗出"多由勞傷

傳世醫籍出現"傷汗"字眼者多指"勞傷汗出"，《素問·生氣通天論》有"勞汗當風，寒薄爲皶，鬱乃痤"④；《備急千金要方》有"治男子卒勞内傷，汗出中風，腹脹，大饑食不下，心痛，小便赤黄時白，大便不利方"⑤；《中藏經》卷中對"氣脚"和"脚氣"做辨析時提到，風寒暑濕邪毒之氣多由"久立於低濕，久佇於水涯，冒雨而行，瀆寒而寢，勞傷汗出，食飲悲生"所生，不正之氣"形於下則灾於腰脚"⑥；《普濟方》"寒暑濕門"有"夫濕者，天之陰雨宿霧，地之山澤蒸氣，人或中之必溢於血脉而流於關節也，其或久處卑濕，常住水涇，或冒雨露而行，勞傷汗出，衣裏冷濕，皆能爲病"⑦，可見傳世醫籍以"勞傷汗出"爲疾病發生原因之一。

爲何"勞傷汗出"易致疾生？《素問·舉痛論》云"勞則喘喝汗出，内外皆越，故氣耗"，即勞力時常致喘喝，氣隨汗泄而致疾。明代醫家陳治《傷寒近編》卷五對傷寒發汗與内傷發熱汗出的情況分析道："凡傷寒發表，汗透即愈，惟内傷，汗而又熱，熱而又汗，或微汗至頸，或至臍而還，寒熱間作不齊，左手脉沉細，右手脉浮大數，或大而無力，口不知味，或兼泄瀉，或頭痛發熱，或自語煩躁，不思飲食，俱宜用補中益氣湯。"

---

① （明）高濂：《遵生八箋》（上），杭州：浙江古籍出版社，2019年，第264頁。

② 或爲高濂誤解。

③ 《天回醫簡·治六十病和齊湯法》簡七六或爲"傷汗"，然因孤證之例，仍有存疑之處。

④ 本句王冰注曰："時月寒涼，形勞汗發，淒風外薄，膚腠居寒，脂液遂凝，蓄於玄府，依空滲涸，齬刺長於皮中，形如米，或如針，久者上黑長分餘，色白黄而瘟於玄府中，俗曰粉刺，解表已。玄府，謂汗空也。痤，謂色赤膜憤。内蘊血膿，形小而大如酸棗，或如按豆，此皆陽氣内鬱所爲，待更攻之，大甚蒸出之。"

⑤ （唐）孫思邈撰，張印生、韓學傑主編：《孫思邈醫學全書》，北京：中國中醫藥出版社，2009年，第304頁。

⑥ （漢）華佗撰，（清）孫星衍校：《華氏中藏經三卷》，北京：人民衛生出版社，1963年，第28頁。

⑦ （明）朱橚等編：《普濟方》第六册《諸疾》卷二二七至卷二七一，北京：人民衛生出版社，1960年，第707頁。

該段中“汗”當分別指“發汗解表”的治法①和因內傷所致“虛熱汗出”的情況，從這條記載來看，《居延漢簡》中“傷汗”伴隨“頭痛”“寒熱”症狀（參考表一和圖一），從醫理而言似亦可得到解釋。但是，陳治所言意在突出內傷所致虛熱汗出，寒熱間作，反復發熱的特點，而《居延漢簡》所載患者當爲戍邊士卒，結合職業性質、人群年齡及地理環境來説，其得病多爲急性或實證，患虛勞病者當不常見。

2. “汗出”常爲伴隨症狀

從文書記述體例來看，“傷汗”可理解爲“傷（於）汗”的簡寫，“傷（於）汗”即汗出過多導致身體受損傷的情況，即“汗”爲病因，“傷”爲後果。考《內經》所載“汗”的相關條文，發現“汗出”是疾病發展過程中的一個中間環節，而非最開始的病因；即由外因（勞傷等）導致病理性汗出，在“汗出當風”等複合因素下又致疾病變化，使其發展爲某一疾病新的階段或不同類的疾病（汗出當風則傷脾，汗出浴水則傷腎）。《素問·經脉別論》云：“故飲食飽甚，汗出於胃。驚而奪精，汗出於心。持重遠行，汗出於腎。疾走恐懼，汗出於肝。搖體勞苦，汗出於脾。故春秋冬夏，四時陰陽，生病起於過用，此爲常也。”② 可見“汗出”是在不同外因誘導情況下的一個臨床伴隨症狀，與對應臟腑相關，如“飲食過飽”情況下的出汗是胃的作用，“驚而奪精”情況下的出汗是心的作用，“持重遠行”情況下的出汗是腎的作用，等等，發生次數過多則導致疾病（生病起於過用）。此外還有暑熱、肺病、腎病、酒風、風從外入等情況下的“汗出”，如：

《素問·生氣通天論》：“因於暑，汗煩則喘喝，靜則多言，體若燔炭，汗出則③散。”

《素問·藏氣法時論》：“肺病者，喘咳逆氣，肩背痛，汗出，尻陰股膝髀腨胻足皆痛……腎病者，腹大，脛腫，喘咳，身重，寢汗出憎風。”

《素問·病能論》：“帝曰：‘善。有病身熱解墮，汗出如浴，惡風少氣，此爲何病？’岐伯曰：‘病名曰酒風。’”

《素問·骨空論》：“黃帝問曰：‘余聞風者百病之始也，以針治之奈何？’岐伯對曰：‘風從外入，令人振寒，汗出頭痛，身重惡寒，治在風府，調其陰陽，不足則補，有餘則瀉。’”

足見“汗出”是一個伴隨症狀，亦是病理因素，“汗出”可以理解爲臟腑應對外界刺激的一種生理反應，而“汗出過多”爲病理表現，與臟腑內傷可互爲因果，但“傷汗”非一個獨立的疾病，因此在傳世醫籍中未有以之爲名者。在 2023 年新公布的《天回醫簡·治六十病和齊湯法》中，有“治風痹汗出方”“止風汗出方”“汗出”，且《天回醫簡·脉書·下經》中多處出現“漉於汗”“漉汗”“汗出”等，亦表現爲伴隨症狀/病理因素。

---

① 《素問·陰陽應象大論》有“有邪者，漬形以爲汗；其在皮者，汗而發之”，《素問·玉機真藏論》有“是故風者，百病之長也。今風寒客於人，使人毫毛畢直，皮膚閉而爲熱。當是之時，可汗而發也”，皆有對“汗法”應用原則的明確記載。

② （清）陳夢雷等編：《古今圖書集成醫部全録》（第一册）《醫經注釋》上卷，北京：人民衛生出版社，1988 年，第 228 頁。

③ 則，《太素》作“如”。

三、語境證義："傷寒"概念演變的考察

　　因文定義是傳統訓詁學主要方法之一。王力先生曾説"詞義是由上下文決定的"，王寧先生對此亦指出："注釋家們很少孤立和抽象地解釋詞義，而是十分注重句、段、章對詞義的確定作用。"① 近年來隨着與西方闡釋學理論的互動交流，王立軍教授補充提出"語境證義"的訓詁方法，認爲"字詞的意義是由文本語境決定的"，"同時也受到文化語境的制約"，即除了上下文的制約以外，文本產生時代的作者生平、學術特點、政治文化等外部條件亦是影響古代文本訓釋的重要參考因素②。"傷寒"是中醫學中的一個重要名詞，但對於其所指具體疾病的性質則自古至今衆議不決。在此以出土醫簡"傷汗""傷寒"之辨爲契機，擬采用"語境證義"之法，通過文本語境和文化語境雙重的分析，嘗試對早期（東漢及以前）"傷寒"所包含的疾病作一初步探析。

1. 同證异病

　　從目前公布的各類出土文獻的記載來看，早在戰國末至東漢時期，"傷寒"已成爲一種當時社會常見且多發的疾病，在西北簡（居延漢簡、武威醫簡、敦煌漢簡等）中尤爲明顯，這與邊地氣候寒冷，戍卒常居野外，易感寒邪相關。"傷寒"以外，《居延漢簡》尚有一類以"寒熱""頭痛"爲突出症狀表現的疾病（表一第 3 列），岳嶺研究提出這類病亦不排除鼠疫的可能性③。而實際上，非醫學類古籍中對疾病症狀的描述多相類，從出土文獻所載"傷寒"情況來看，"傷寒"突出表現亦爲"頭痛""煩懣""四肢不舉"之症狀，《張家山漢簡脉書》"頭身痛""四節痛"又分別在"温"和"瘧"病之類④。類似情況在《史記·扁鵲倉公列傳》中還有記載，淳于意診菑川王案曰："菑川王病，召臣意診脉，曰：'蹶上爲重，頭痛身熱，使人煩懣。'臣意即以寒水拊其頭，刺足陽明脉，左右各三所，病旋已。病得之沐髮未乾而卧。診如前，所以蹶，頭熱至肩。"⑤ 淄川王之病"得之沐髮未乾而卧"，屬"蹶"⑥，然其症狀（頭痛、身熱、煩懣），與《居延漢簡》中的"傷寒"很相似；《素問·評熱病論》云："汗出而身熱者風也，汗出而煩滿不解者厥也，病名曰風厥。"⑦《史記·扁鵲倉公列傳》又云："故濟北王阿母自言足熱而懣，臣意告曰：'熱蹶也。'"説明"蹶"以汗出而煩懣不解爲突出特徵，本非表證，其病機爲氣逆於上。淄川王之病爲"蹶"，但起於"沐髮未乾而卧"，臨床表現"頭痛""身熱""煩懣"

---

　　① 陸宗達、王寧：《訓詁方法論》，北京：中華書局，2018 年，第 126 頁。

　　② 王立軍教授在河南師範大學所做綫上講座：《"語境證義"和"義構語境"——小學和經學的互動關係》，2022 年 12 月 2 日。

　　③ 岳嶺：《居延漢簡所見疾病新探》，《許昌學院學報》2013 年第 4 期，第 75—78 頁。

　　④ 高大倫：《張家山漢簡〈脉書〉校釋》，成都：成都出版社，1992 年，第 31—32 頁。

　　⑤ （西漢）司馬遷著，林小安等注譯：《全注全譯史記》（中），天津：天津古籍出版社，1995 年，第 2755、2757 頁。

　　⑥ "蹶"通"厥"，文中不作區分。

　　⑦ 此句爲注文。

等，與"傷寒"症狀類似而疾病性質實非。《天回醫簡·刺數》云："病多相類而非。"倉公診病也特別注重對"同證异病"之鑒別，可見單純據簡略的症狀描述尚不能得出確定的判斷。

此時我們運用對文化語境的分析來輔助論證。《傷寒論》是對東漢及以前診療"傷寒"類疾病的經驗總結和理論闡釋之作，《居延漢簡》的書寫時間，據其文書紀年，開始於漢武帝太初二年（前 103），迄止於東漢光武建武十六年（40）①，因此其所載"傷寒"情况當爲《傷寒論》所承繼。《傷寒論》之理論基礎又源自《素問·熱論》。通過對《傷寒論》前後的醫學文獻進行針對性查考，梳理傷寒在早期的歷史演變過程，可説明我們更好地認識和理解圍繞傷寒所形成的理法方藥體系的内在邏輯，并在當下更好地傳承和發揚。

2. 兩漢："傷寒"由狹義到廣義

從早期記載來看，"傷寒"一詞多與西北地方聯繫較多。除上文提到的居延、敦煌、武威等簡帛文獻外，《漢書·陳湯傳》有"（陳）湯擊郅支時中寒病，兩臂不詘申（前36）"，《漢書·匈奴傳》有"匈奴處北地，寒，殺氣早降""（前81）其冬，單于自將萬騎擊烏孫，頗得老弱，欲還。會天大雨雪，一日深丈餘，人民畜産凍死，還者不能什一"。"郅支人衆中寒道死"②，師古注曰："中寒，傷於寒也。道死，死於道上也。"兩漢時期人們因寒冷氣候導致疾病多稱"中寒"，《傷寒論·傷寒例》亦有體現，其云："從霜降以後至春分以前，凡有觸冒霜露，體中寒即病者，謂之傷寒也。""中寒"，可理解"爲寒所中"，即單純感受寒邪導致疾病的意思。

根據竺可楨、劉昭民、陳良佐等學者的研究，"西漢成帝建始四年（前 29）以後，中原的氣候逐漸變成寒冷乾旱，進入中國歷史上第二個小冰期……自西漢末葉到東漢末葉的二百五十年中，中國氣候寒冷乾燥"③，結合早期文獻記載，"傷寒"之病最初多發於北地，而在西漢末年至東漢末，隨着全國氣温逐漸降低，來到寒冷期，因寒致病的地域範圍遂不斷擴大，而不同地域、人群感寒之後的反應亦當不一，"傷寒"遂逐漸由狹義的"傷於寒邪"擴展到了後世廣泛討論的廣義傷寒。《素問·熱論》云："今夫熱病者，皆傷寒之類也。"楊上善注曰："寒極爲熱，三陰三陽之脉、五臟六腑受熱爲病，名曰熱病。斯之熱病，本因受寒傷多，亦爲寒氣所傷，得此熱病，以本爲名，故稱此熱病，傷寒類也。"④《素問·水熱穴論》云："帝曰：'人傷於寒而傳爲熱，何也?'岐伯曰：'夫寒盛，則生熱也。'"可以看出，《内經》所述"傷寒"當從狹義，指人受寒邪所傷，身體反應爲熱象之症。至《難經》則將"傷寒"概念擴大，明確提出"傷寒有五，有中風，有傷寒，有濕温，有熱病，有温病"，《難經》此處實際是從不同角度做的總結，主語"傷寒"爲病名，中風、傷寒、濕温爲病因，熱病、温病爲病機相關證候表現，實際爲交

① 陳直：《居延漢簡研究》，北京：中華書局，2009 年，第 691 頁。

② 許嘉璐主編，安平秋、張傳璽分史主編：《二十四史全譯·漢書》（第 3 册），上海：漢語大詞典出版社，2004 年，第 24、446、1894 頁。

③ 劉昭民：《中國歷史上氣候之變遷》，臺北：商務印書館，1982 年，第 82—83 頁。

④ （隋）楊上善：《黄帝内經太素》，北京：中醫古籍出版社，2016 年，第 388 頁。

又而非包括關係，即中風、傷（於）寒、濕溫、熱病、溫病皆能表現爲傷寒（病名）之證，結合上下文語境，在這裏，"傷寒"有一個默認的約定俗成的特定含義，推測爲漢簡所載惡寒發熱、四肢不舉、食欲不振、汗出、泄瀉等臨床症狀。"傷寒例"進一步闡釋云："《陰陽大論》云：春氣溫和，夏氣暑熱，秋氣清涼，冬氣冰冽，此則四時正氣之序也。冬時嚴寒，萬類深藏，君子固密，則不傷於寒。夫觸冒之者，乃名傷寒耳。其傷於四時之氣，皆能爲病，而以傷寒爲毒者，以其最成殺厲之氣也。中而即病者，名曰傷寒；不即病者，寒毒藏於肌膚，至春變爲溫病，至夏變爲暑病。暑病者，熱重於溫也。"① 廣義傷寒由此形成，後世各家發揮闡釋多由此出。

"傷寒例"又將"時行之氣"亦歸於"傷寒"之例討論，使"傷寒"概念內涵有了進一步擴大；《諸病源候論》則明確提出"傷寒之病，但人有自觸冒寒毒之氣生病者，此則不染著他人。若因歲時不和，溫涼失節，人感其乖戾之氣而發病者，此則多相染易。故須預服藥，及爲方法以防之"② "從春分以後至秋分節前，天有暴寒者，皆爲時行寒疫也。一名時行傷寒。此是節後有寒傷於人，非觸冒之過也"③，結合《傷寒論》張仲景自序所述"余宗族素多，向餘二百，建安紀年以來，猶未十稔，其死亡者，三分有二，傷寒十居其七"，當可以推斷從先秦兩漢至於漢末魏晉，"傷寒"的概念內涵經歷了從狹義到廣義的過程，狹義主要聚焦於其單純觸冒寒邪導致的疾病，廣義則還包括了時行、中風、濕溫、熱病、寒毒伏藏而後發爲溫病等情況。需要强調的是，"傷寒"概念的擴大，不僅與氣候、地理等歷史因素帶來疾病譜系的改變有關，更與醫者（文本書寫者）的闡釋有關。

3. 清末民國："傷寒"由廣義到狹義

廣義傷寒所帶來長達千年的寒溫之爭，在清代以溫病學派的誕生而達到高峰，在此之前各種學說仍屬於中醫理論內部的自然生發。但在近代西學傳入以後至今，"傷寒"理論一直在接受新的醫學知識的不斷闡釋和檢驗，其概念內涵亦在知識轉型中悄然經歷了變化。較爲典型者，當是清末民國時期一些嘗試中西匯通的醫家運用西醫生理、病理知識對"傷寒"進行闡釋。惲鐵憔先生認爲"傷寒六經爲人身所著病狀之界説，《靈樞》經穴爲病後推得之徑路"，其在所著《傷寒論研究》"傷寒類西國病理略并論"中提到"傷寒原名 Typhus Abdominalis，其原因爲微菌，其證候有潛伏期，有前驅證，熱度弛張有一定病型，本病有類似證，曰急性粟粒結核、曰陰性敗血證、曰傳染性骨髓炎、曰流行性感冒、曰鼠疫、曰急性發疹傷寒……是雖傷寒一證，且兼及急性傳染病全體"④。惲先生提及"傷寒原名 Typhus Abdominalis"，同時又與其他具有類似病症表現的急性傳染病一起列舉，并納入中醫"傷寒"範疇中，可以想見，此乃晚清西學東漸，翻譯西學者依據類似的臨床表現，將西醫概念中的腸道及其他急性傳染病與傳統中醫學中的"傷寒"概念對應了起來。考蒲松齡《日用俗字·疾病章第十九》有"咽疼消渴爲傷熱，頭疼肚熱謂傷

---

① 中醫出版中心整理：《注解傷寒論》，北京：人民衛生出版社，2012 年，第 33 頁。
② 王旭東校證：《巢元方醫學全書》，北京：中國中醫藥出版社，2018 年，第 75 頁。
③ 同上，第 76 頁。
④ 惲樹玨：《傷寒論研究》，《歷代中醫珍本集成》（第 5 冊），上海：上海三聯書店，1990 年，第 85 頁。

寒",《日用俗字》成書於 1704 年，是一部歌謠體日用字彙編，其内容"涉及封建時代農村生活的方方面面""可以説是一份當時農村生活的百科詞表"①，因此其中内容當較爲真實地反映了詞語在民間使用約定俗成的含義，"頭疼肚熱謂傷寒"一句，説明在明清時期"傷寒"一詞所指稱的疾病以"頭疼肚熱"爲典型表現，則很有可能就是指現今的腸傷寒（包含腸胃不適、飲食不下的症狀）。另有一例，漢代崔寔《四民月令》記載了一則有關"傷寒"的條文："是月也，陰陽爭，血氣散。先後日至各五日，寝別外内。陰氣入藏腹中，塞不能化臘，先後日至各十日，薄滋味，毋多食肥醲。距立秋，毋食煮餅及水溲餅。夏日飲水時，此二餅得水，即堅强難消，不幸便爲宿食，作傷寒矣。""煮餅"即湯麵，"水溲餅"是以水和麵製成的餅。這裏是説立秋前後不要吃煮餅和水溲餅，它們原就難以消化，在立秋前更不適宜吃，不然就會造成宿食，發展成傷寒病。在此將"宿食"與"傷寒"聯繫在一起，亦説明早在東漢時期"傷寒"當已經包含腸道疾病。

　　1949 年華北人民政府衛生部編著的名爲《傷寒》的教材，副標題爲"腸熱症"，其中提及"傷寒"增進期症狀爲"體溫逐日上升，呈階梯狀而脉搏不甚頻數，呈重搏性。全身倦怠，前頭疼痛，四肢及腰部疼痛，煩渴等症日益加甚，至發病第四、五日睡眠不安，口唇口内及皮膚均乾燥，舌呈腫脹乾燥，被有厚苔，大便秘結"②，這與《傷寒論》所述"陽明病"表現一致，且書中所述腸傷寒的前驅期表現和并發症亦可與《傷寒論》相關條文對應參考（199—202 條）。

　　綜上，東漢時期所確立的廣義傷寒概念隨歷史發展在不斷發生變化，主要體現爲詞義逐漸縮小，在民間的使用中多約定俗成爲"頭疼肚熱"類的疾病（腸傷寒），隨着晚清民國西學東漸，文化語境發生改變，"傷寒"逐漸被用來指稱傷寒桿菌引起的急性傳染病，與特定疾病建立起了一對一的聯繫，"傷寒"的概念内涵亦由此固定下來，實現了這一名詞的公共闡釋，令"狹義"傷寒的含義精確到一種病。但在中醫學界，"傷寒"仍然具有在病因方面的特定意涵，將在其獨有的思維體系裏繼續被進行時代性的理解和解釋。

四、方藥溯源："傷寒四物"與"行解散"

　　前文提到，從可考文獻記載來看，傷寒是戰國秦漢時期的常見病，西北地方氣候乾燥寒冷，傷寒發生頻率當相對爲高，這不光從"傷寒外感類疾病在《居延漢簡》病名中占有最高的比例"③ 可以看出，其所載藥方"傷寒四物"及《武威醫簡》"治傷寒遂風方"等亦從側面説明傷寒病之多發（文書記載説明了該方使用廣泛，已成爲較爲成熟和固定的傷寒治方）。我們在此從《居延漢簡》"傷寒四物"醫方和傳世《千金要方》中的"崔文行解散"在組方上的聯繫入手，進一步分析早期文獻所載"傷寒"的疾病性質。

---

　　① 　張樹錚：《蒲松齡〈日用俗字〉注》，濟南：山東大學出版社，2015 年，前言。

　　② 　華北人民政府衛生部編：《傷寒》，1949 年，第 7 頁。

　　③ 　陳穩根、張如青：《居延漢簡中所見疾病的病因探析》，《吉林中醫藥》2017 年第 8 期，第 843—847 頁。

表二　早期治傷寒方與傳世行解散、度瘴散對照表

出處	方名	組成
《居延漢簡》	傷寒四物	烏喙十分，术十分，細辛六分，桂四分
《敦煌漢簡》	治久咳逆、胸痹、痿痹、止泄、心腹久積、傷寒方	人參、茈（紫）宛、昌（菖）蒲、細辛、薑、桂、蜀椒各一分，烏喙十分①
《武威醫簡》	治傷寒遂〈逐〉風方	付（附）子三分，蜀椒三分，澤烏（瀉）五［分］，烏喙三分，細辛五分，茱（术）五分②
《武威醫簡》	治魯氏青（圊）行解解腹方	麻黃世分，大黃十五分，厚樸、石膏、苦參各六分，烏喙、付（附）子各二分
《諸病源候論》	行解散（卷九“時氣病諸候”③）	僅有方名，無具體藥物
《外臺秘要》	崔文行解散治時氣不和，傷寒發熱方（《千金要方》同）④	橘梗、細辛各四兩，白术八兩，烏頭一斤
《肘後備急方》	度瘴散	麻黃、椒各五分，烏頭三分，細辛、术、防風、橘梗、桂、乾薑各一分⑤
《外臺秘要》	度瘴散	麻黃（十分，去節）、橘梗、蜀椒（汗）、細辛、白术、吳茱萸、防風各四分，烏頭（炮）、乾薑、桂心各五分⑥
《千金翼方》	度瘴散	麻黃（去節）、升麻、附子（炮，去皮）、白术（各壹兩）、細辛、乾薑、防己、防風、桂心、烏頭（炮，去皮）、蜀椒（汗）、橘梗（各貳分）⑦

　　如表二所示，《居延漢簡》“傷寒四物”與《外臺秘要》《備急千金要方》“崔文行解散”（以下簡稱“行解散”）在藥物組成上基本一致，且藥量比例亦基本一致，烏頭最多，次之术，次之細辛，僅“桂”替換爲“橘梗”。從“傷寒四物”的組成來看，烏喙散寒除風，細辛散寒止痛，桂枝發汗解肌，白术健脾益氣利水，爲解表發汗劑，使邪從汗、小便而去；行解散方亦在“取汗解”，只是其去桂加橘梗，概以肺系表現爲重，用“橘梗”以開宣肺氣。考《本草衍義補遺》對“桂枝”的藥效闡釋云：“衛有風邪，故病自汗，以桂枝發其邪。”《本經疏證》曰：“桂枝能利關節，溫經通脉，此其體也……故能調和腠理，下氣散逆，止痛除煩，此其用也。”《重慶堂隨筆》載橘梗“開肺氣之結，宣心氣之

————————————

①　白軍鵬：《“敦煌漢簡”整理與研究》，吉林大學博士學位論文，2014年，第602頁。
②　田河：《武威漢簡集釋》，蘭州：甘肅文化出版社，2020年，第573、587頁。
③　（晉）巢元方著，丁光迪主編：《諸病源候論校注》（上），北京：人民衛生出版社，1991年，第280頁。
④　（唐）孫思邈著，李景榮等校釋：《備急千金要方校釋》，北京：人民衛生出版社，1998年，第214頁。
⑤　（唐）葛洪原著，沈澍農校注：《肘後備急方校注》，北京：人民衛生出版社，2016年，第83頁。
⑥　（唐）王燾著，張登本主編：《王燾醫學全書》，北京：中國中醫藥出版社，2006年，第67頁。
⑦　（唐）孫思邈著，李景榮等校釋：《千金翼方校譯》，北京：人民衛生出版社，1998年，第167頁。

鬱，上焦藥也。肺氣開則府氣通，故亦治腹痛下利，昔人謂其升中有降者是矣”①，可見“傷寒四物”以感受風寒導致的頭痛、四肢酸痛、煩懣、食欲不振等症狀爲主（與重感冒、腸傷寒的前驅期症狀相符）；“行解散”主要針對“時氣不和傷寒發熱”之證，使寒邪從汗而解，兼除咳嗽咽痛等肺系表現（側重流感之症），二者皆爲發汗劑。

另外，《外臺秘要》“崔文行解散療傷寒發熱者方”後小注云“一名度瘴散”，如表二所示，“度瘴散”最早載於《肘後備急方》，《千金翼方》亦有記載②，在藥物組成上略有差別，除“傷寒四物”和橘梗外，多出了麻黃、附子、蜀椒、防風、乾薑、白术、升麻、吳茱萸等，主以汗法治療和預防疫病（天行病、疫癘之候），皆爲溫熱性質的藥物，也是《傷寒論》中的常用藥物，説明其時寒邪致病爲多，這亦與東漢魏晋時期我國氣候處於寒冷期的情況相符。《千金》《外臺》等收載藥方既有對前一歷史時期的傳承，亦有據當時醫療實踐的總結，從“傷寒四物—行解散—度瘴散”這一脉絡，及前文的分析可以推知，“傷寒”的概念内涵隨着歷史環境的改變在不斷發生變化，東漢以後，其逐漸與時行、疫癘等有了交叉。我國古人對疾病的認識是從外界誘因和人體自身的反應進行觀察和總結而來，關注疾病特定發展階段的特徵性表現（證候），因此設計的藥方適用範圍亦相對更爲廣泛，這也體現了“天人合一”思想和“三因制宜”原則的内在邏輯。

五、總結

本文從《居延漢簡》簡牘文書所載“傷汗”的考證切入，通過文理和醫理兩方面的分析，傾向於認爲“傷汗”爲“傷寒”通假之説可信；并采用語境證義的方法，對“傷寒”涵義的歷史演變進行了初步探析，就文獻記載來看，“傷寒”經歷了從狹義到廣義的演變過程，其變化節點主要在西漢末至東漢末年，隨着我國氣候逐漸進入寒冷期，因寒致病發生更加廣泛，地域亦從西北之地逐漸延展至全國，而各地水土、常居人群體質的不同又會表現爲不同的發病機制和症狀，古人遂將在病因和病機上與之相關的疾病亦納入“傷寒”的範疇中來，因此東漢以來“傷寒”不僅有“觸冒寒冷之氣”者，還包括“時行寒疫”“中風”“濕温”“熱病”“温病”乃至泄瀉、痢疾等腸道疾病。

傷寒概念内涵在兩漢時期的變化與其説是從狹義到廣義，不如説從簡單到具體的變化，出土文獻和《内經》所載文字簡約，常會帶來理解上的困難，而結合《傷寒論》《諸病源候論》等對應的闡述，即可將相關信息串聯起來，而對照西醫知識視角下的闡釋，更能幫助我們對其疾病性質更爲清晰的認識。“傷寒”概念内涵的變化，實際上反映的是中醫學經典的臨證思維方式，即注重從病因和證候的分析將有關聯的概念合并在一類之下，但由此易造成病名相類而病證非一的情況，古聖賢的解決方法即是“以脉別之”，《史記・扁鵲倉公列傳》曰“病名多相類，不可知，故古聖人爲之脉法，以起度量，立規

---

① 南京中醫藥大學編著：《中藥大辭典》第 2 版（上），上海：上海科學技術出版社，2014 年。

② 《千金要方》有“度瘴發汗青散治傷寒赤色惡寒發熱頭疼項强體疼方”，藥物組成與《外臺秘要》“度瘴散”一致，藥量略有區別。

矩，縣權衡，案繩墨，調陰陽，別人之脉各名之，與天地相應，參合於人，故乃別百病以异之，有數者能异之，無數者同之"①，病名相類，臨床表現又類似時，古聖人能從脉區別它們，此論或與經絡體系之構建有關，同時亦可以解釋《難經·五十八難》提出"傷寒有幾？其脉有變不"之問，而辨證之法則以各自脉象的不同來區分，提示了早期醫經之學中脉法的起源、作用及其精深原理。

王國維先生有言："古來新學問起，大都由於新發現。"20世紀以來，各地考古發現讓沉睡地下千年的簡帛文獻陸續面世，其中很多醫藥相關的内容爲勾勒古老的中醫學之起源及其演變的軌迹提供了真實可靠的文獻證據，然而對簡帛文獻的釋讀是開展進一步研究之門的鑰匙。孔子云"夏禮吾能言之，杞不足徵也；殷禮吾能言之，宋不足徵也。文獻不足故也，足則吾能徵之矣"，廣而論之，文本材料是研究歷史的關鍵載體，而歷史研究之目的"在將過去的真事實予以新意義或新價值，以供現代人活動之資鑒"，醫學的歷史研究同理，目的在於從源頭上厘清中醫學理論的"真事實"，用現代語言體系予以新解釋，期能爲其在當下的實踐應用乃至創新發展提供可資憑的依據。

備注：本文受到浙江中醫藥大學鄭洪教授、天津中醫藥大學張德杏副教授、廣東省中醫院周登威博士的賜教，在此謹致謝忱。

---

① （西漢）司馬遷著，林小安等注譯：《全注全譯史記》（中），天津：天津古籍出版社，1995年，第2762頁。

《金匱要略》陰陽毒病證源流探討 *

張　琳　盧宣君　郝　征

（天津中醫藥大學中醫學院，天津中醫藥大學醫史文獻中心，
天津　301617；天津市現代中醫理論創新轉化重點實驗室，天津　300499）

　　提　要：陰陽毒歷來爭議頗多，本文通過對《金匱要略》陰陽毒有關文獻的研究，從陰陽毒的病名源流探討、病因學挖掘、證候撮要、辨證治療四個方面闡述陰陽毒，總結其病名含義爲病情寒熱、體質寒熱、病位深淺等；病因爲外感毒邪、內生毒邪兩個方面；證候特點爲陽毒全身熱象顯著，伴出血現象，甚者發狂，陰毒全身寒象顯著，伴疼痛現象和嘔吐，甚者汗脫亡陽；中心治法爲清熱解毒、辛散透邪，即“火鬱發之”。本文系統總結、分析了陰陽毒的歷史源流脉絡，以期爲臨床研究與陰陽毒有關的疾病提供理論依據。

　　關鍵詞：陰陽毒；《金匱要略》；病因病機

　　陰陽毒首見於《金匱要略》，關於其具體是何疾病，歷代醫家從“陰陽”或“毒”的角度闡述頗多，看法不盡相同却各有道理，但對陰陽毒的歷史源流脉絡，則少見系統梳理的文獻闡述。本文從病名、病因、證候、辨治四個方面入手，對歷代醫籍中有關陰陽毒的病證論述進行整理研究，考鏡源流，尋找其學術起源和規律脉絡，以期爲臨床提供參考。

一、陰陽毒的病名源流探討

（一）病名詮釋

　　陰陽毒爲一種由毒邪引起的疾病，毒邪，簡稱“毒”，泛指一切强烈、嚴重損害機體結構和功能的致病因素①，主要包括外來之毒和内生之毒；名中陰陽二字有多種含義：

　　*　基金項目：國家中醫藥管理局 2020 年中醫藥古籍文獻和特色技術傳承專項（GZY-KJS-2020-037）。
　　①　鄭洪新：《中醫基礎理論》，北京：中國中醫藥出版社，2016 年，第 164 頁。

"陽"爲體質强壯、陽氣充足、病位表淺、病情呈陽熱之象、病勢趨向於外、預後良好之意；"陰"爲體質柔弱、陽氣衰弱、病位較深、病情呈陰寒之象、病勢趨向於裏、預後較差之意。

（二）歷代醫家病名内涵探討

張仲景將陰陽毒分爲陰毒、陽毒兩種，歷代醫家對於這種分類方法有着不同的看法，其主要區別就在於對"陰陽"二字的理解上。宋以前，多數醫家認爲陰陽即寒熱之謂，陽毒爲極熱，陰毒爲極寒，如宋代朱肱在《類證活人書》中認爲："若陰氣獨盛，陽氣暴絶，則爲陰毒。若陽氣獨盛，陰氣暴絶，則爲陽毒。"除此以外，宋代龐安時認爲陰陽還表示體質寒熱，在《傷寒總病論》中說："假令素有寒者，多變陽損陰盛之疾，或變陰毒也；素有熱者，多變陽盛陰虚之疾，或變陽毒也。"至元代，一些醫家對前人的看法提出了質疑，如王安道在《醫經溯洄集》中說："考之仲景書，雖有陰毒之名，然其所叙之徵，不過面青、身痛如被杖、咽喉痛而已，并不言陰寒極盛證，況其所治之方，亦不過升麻、甘草、當歸、鱉甲而已，并不用大温大熱之藥。是知仲景所謂陰毒者，非陰寒之病，乃是感天地惡毒异氣，入於陰經，故曰陰毒耳。"自此，一些醫家認爲陰陽的含義爲病在陰經、陽經，如明代趙以德在《金匱玉函經二注》中提出："陽毒治以寒涼，陰毒治以温熱，藥劑如冰炭之异，仲景以一方治之，何也？且非皆一熱毒傷於陰陽二經乎？在陽經絡，則面赤如錦紋，唾膿血；在陰經絡，則面青如被杖，此皆陰陽水火動静之本象也。"至清代，大多醫家認爲陰陽表示病位深淺，如魏荔彤在《金匱要略方論本義》中說："毒何以有陰陽之分？就其淺深而言之也。蓄熱之淺者爲陽，蓄熱之深者爲陰。"尤在涇在《金匱要略心典》中同樣認爲："邪在陽者爲陽毒。邪在陰者爲陰毒也。""其邪著而在表者謂之陽。""其邪隱而在表之裏者謂之陰耳。"此外，還有一些醫家提出了不同的觀點，如高學山認爲陰陽表示病在氣分、血分，在《高注金匱要略》提出："氣分屬陽而受毒，故曰陽毒，與俗稱陽火亢熱之毒不涉……營血屬陰而受毒，故曰陰毒，與傷寒陰邪中髒之毒不涉。"陳修園認爲陰陽表示邪中人身之陰氣、陽氣，在《金匱要略淺注》中言："人之血氣，晝行於陽，夜行於陰。癘氣之毒，值人身行陽之度而中人則爲陽毒……值人身行陰之度而中人則爲陰毒。"黄元御認爲陰陽表示病在少陽或厥陰，在《金匱懸解》中言："陽毒之病，少陽申木之邪也……陰毒之病，厥陰乙木之邪也。"

二、陰陽毒的病因學挖掘

從字面上來看，陰陽毒的病因即爲毒邪，"毒"最早見於《素問·刺法論》中："五疫之至，皆相染易，無問大小，病狀相似，不施救療，如何可得不相移易者？岐伯曰：'不相染者，正氣存内，邪不可干，避其毒氣。'"由此可見，毒氣即疫癘之邪，具有傳染性强、易於流行的特點，人體正氣充足纔能避免發病，反過來看，人體正氣不足則是發病的原因之一。晋代王叔和在《脉經》中提道："治傷寒一二日便成陽毒，或服藥吐下之後，變成陽毒。""治傷寒初病一二日便結成陰毒，或服藥六七日以上至十日，變成陰毒。"與《黃帝內經》對毒邪的認識相比，他認爲除了外感毒邪，還有內生毒邪。隋代巢元方在《諸病源候論》中將陰陽毒列於"傷寒陰陽毒候""時氣陰陽毒候""五臟橫病候"三候，同樣認爲毒邪可産生於疾病發展過程之中，即毒邪可內生，如其在"傷寒陰陽毒候"中說"陰陽毒病無常也，或初得病便有毒，或服湯藥。經五六日以上，或十餘日後不盛，變成毒者"，同時他也認爲正氣不足是外感毒邪發病的基礎，如其在"時氣陰陽毒候"中提出"此謂陰陽二氣偏虛，則受於毒"，在"五臟橫病候"中提出"若寒溫失節，將適乖理，血氣虛弱，爲風濕陰陽毒氣所乘，則非正經自生，是外邪所傷，故名橫病也"。至唐代，孫思邈在《備急千金要方》中完全認同王叔和的看法，同時，他還發展了外感毒邪的種類，不拘於一種癘氣，而是將其與四時聯繫起來，各臟腑"隨時受癘"，創立"四時五臟陰陽毒"學說①。到宋代，龐安時認爲服藥、體質和外感皆可以是陰陽毒的病因，如其在《傷寒總病論》中說："陰毒之爲病，因汗下藥性冷所變，多在四五日也；或素來陽氣虛冷，始得病便成陰毒；或始因傷風傷冷物，便成陰毒。"朱肱則認爲內外因相合産生毒，如其在《類證活人書》中說陰毒的病因爲"本因腎氣虛寒，或因冷物傷脾，外感風寒。內既伏陰，外又感寒，內外皆陰，則陽氣不守"。元代危亦林則更加重視內在因素致毒，如其在《世醫得效方》中認爲陽毒病因爲"多因妄服燥藥熱味"，即藥食不當，內有鬱熱可産生陽毒。明代以後的醫家對於毒的認識趨於一致，大都認爲毒是外感的疫毒，如明代趙獻可在《醫貫》中說："此陰陽二毒是感天地疫癘非常之氣，沿家傳染，所謂時疫證也。"清代陳修園說："陰陽毒是感非常灾癘之氣。"此外，也有醫家認爲毒可內生，即邪氣在體內蘊結日久，可以化爲毒邪②，如清代喻嘉言在《尚論篇》中說："太陽溫證，病久不解，結成陽毒；少陰溫證，病久不解，結成陰毒。"清代尤在涇說："毒，邪氣蘊結不解之謂。"

綜合各家之言，陰陽毒的病因"毒"分爲外感、內傷兩種，外感毒邪爲疫毒，又稱時氣、异氣、灾癘等，有强烈的傳染性和致病力，人體正氣不足是發病的重要因素；內生毒邪爲疾病失治、誤治或飲食失節、禀賦不足、體質偏頗等導致人體陰陽氣血失調，邪氣蘊結不解而釀生的一種致病物質，如熱毒、瘀毒、濕毒等。

三、陰陽毒的證候撮要

《金匱要略》中記載的陰陽毒的症狀較爲簡略，然歷代醫家在此基礎上多有完善，重點補充了頭面部症狀、消化道症狀、精神神經症狀和脉象，見表一。

---

① 白璐璐、閆曙光、周永學：《從"四時五臟陰陽毒"論疫病》，《中醫學報》2020 年第 10 期，第 2040—2043 頁。

② 李憲鳳：《仲景論治陰陽毒的文獻研究》，北京中醫藥大學碩士學位論文，2014 年，第 29 頁。

表一　歷代醫書有關陰陽毒症狀的記載

朝代	陽毒	陰毒	出處
東漢	面赤斑斑如錦紋，咽喉痛，唾膿血	面目青，身痛如被杖，咽喉痛	《金匱要略》
晋代	身重，腰背痛，煩悶不安，狂言，或走，或見鬼，或吐血下痢，其脉浮大數，面赤斑斑如錦文，喉咽痛，唾膿血	身重背强，腹中絞痛，咽喉不利，毒氣攻心，心下堅强，短氣不得息，嘔逆，唇青面黑，四肢厥冷，其脉沉細緊數，身如被打	《脉經》
隋代	初得病時手足指不冷；面赤，斑斑如錦紋，喉咽痛，清便膿血；身重腰脊痛，煩悶，面赤斑出，咽喉痛，或下利狂走	初得病時手足指冷；面目青而體冷；糜粥不下，毒氣攻心，心腹煩痛；身重背强，短氣嘔逆，唇青面黑，四肢逆冷	《諸病源候論》
唐代	澀澀前寒而後熱，頸外雙筋牽，不得屈伸，頸直背强，眼赤黄；肉熱，口開舌破，咽塞聲嘶；蘊而結核，起於喉頸之側，布毒熱於皮膚分肉之中，上散入髮際，下貫顀顙，隱隱而熱，不相斷離；體熱生斑，氣喘引飲；胸脇切痛，類如刀刺，不得動轉，熱彭彭	腰背强急，脚縮不伸，胕中欲折，目中生花；身戰脉掉，捉所不禁；頭重頸直，皮肉强痹，乍寒乍熱，損肺傷氣，暴嗽嘔逆；裏熱外寒，意欲守火而引飲，或腰中痛欲折	《備急千金要方》
宋代	發躁狂走，妄言面赤，咽痛，身斑斑若錦文，或下利赤黄，而脉洪實，或滑促，舌卷焦黑，鼻中如煙煤	頭疼腰重腹痛，眼睛疼，身體倦怠，四肢逆冷，額上手背冷汗不止，或多煩渴，精神恍惚，如有所失，三二日間，或可起行，不甚覺重，診之則六脉俱沉細而疾，尺部短小，寸口脉或大	《類證活人書》
明代	發斑，身如塗朱，眼珠如火，狂叫欲走，六脉洪數，燥渴欲死，鼻乾面赤，齒黄；狂妄亂言，登高而歌，棄衣而走，面赤，脉大有力，發斑黄，大渴，大便燥實，舌卷囊縮	身如被杖，腹中絞痛，嘔逆沉重，不知人事，四體堅冷如石，手指甲唇青，藥不得入口，六脉沉細，或無脉欲絕者；已後毒氣漸深，入腹攻心，咽喉不利，腹痛轉甚，心下脹滿，結硬如石，燥渴欲死，冷汗不止，或時鄭聲	《傷寒六書》

　　據表分析，陽毒的主要證候特點爲全身熱象顯著，伴出血現象，如斑疹、便血、吐血等，甚者發狂；陰毒的主要證候特點爲全身寒象顯著，伴疼痛現象，如身痛、腹痛、心痛等，常伴嘔吐，甚者冷汗不止，亡陽虛脱。陽毒呈現出一派實熱之象，爲陽氣奮起抗邪，正邪交爭劇烈所致，也與陽亢體質之人病從熱化有關；陰毒呈現出一派虛寒之象，爲陽氣無力與邪氣相爭，正不勝邪所致，也與陽虛體質之人病從寒化有關。

四、陰陽毒的辨證治療

（一）張仲景治療陰陽毒方藥分析

升麻鱉甲湯中升麻、甘草爲君藥，皆生用，乃針對此熱毒而設，取其清熱解毒之功；鱉甲鹹寒直入陰分，滋陰清熱，并能軟堅散結，與養血活血之當歸共同活血化瘀，消散結滯之瘀血。治療陽毒時用蜀椒、雄黄二物意在"以陽從陽，欲其速散也"，治療陰毒時則去之是因爲"恐陰邪不可劫，而陰氣反受損也"。另外，《神農本草經》中言雄黄"殺精物惡鬼邪氣百蟲毒"，蜀椒主"鬼疰蠱毒，殺蟲魚毒"，説明此二者均有解毒之功效。

（二）唐代以前——遵從原方，臟腑辨治

唐代以前，對陰陽毒的治療多宗張仲景在《金匱要略》中的原方升麻鱉甲湯，且方後多注"溫覆取汗"，意爲用汗法使"毒從汗出，汗出則愈"，但藥味加減却稍有不同。在東漢，仲景治療陽毒用升麻鱉甲湯，治療陰毒則用升麻鱉甲湯去蜀椒、雄黄；至西晉，王叔和在《脉經》中則改其方名，治療陽毒的方子叫升麻湯，治療陰毒的方子叫甘草湯，但未列具體方藥；到東晉，葛洪在《肘後備急方》中詳列方藥，但與前人稍有不同，其中升麻湯爲升麻鱉甲湯去鱉甲加桂枝，甘草湯爲升麻鱉甲湯去雄黄，較仲景原方多蜀椒一味；到唐代，甄立言在《古今録驗》中又改升麻湯爲陽毒湯，爲升麻鱉甲湯加桂心、栀子，治療陰毒的甘草湯則和《肘後備急方》中相同；孫思邈在《備急千金要方》中所載的陽毒湯、陰毒湯和《肘後備急方》中完全一致，但值得注意的是其采用臟腑辨證，另創了七首治療五臟腑溫病陰陽毒的方劑，其中肝、肺臟腑溫病陰陽毒各兩首，心、脾、腎臟腑溫病陰陽毒各一首。方中仍以清熱解毒爲主，辛散透邪爲輔，兼顧養陰生津，其所有方中皆含石膏，且用量多至八兩，不僅因其性寒能清熱，更因其味辛能透散邪氣，正如余師愚在《疫疹一得》中所説："因讀《本草》言石膏性寒，大清胃熱；味淡而薄，能表肌熱；體沉而降，能泄實熱。恍然大悟，非石膏不足以治熱疫，遇有其症輒投之，無不得心應手。"同時，他還根據所治臟腑的不同選用不同的藥物，如治療肝臟腑溫病陰陽毒選用柴胡、治療肺臟腑溫病陰陽毒選用杏仁等，充分體現了他重視臟腑辨治的特點。

（三）宋明時期——寒熱分治，辨證論治

自宋代開始，龐安時打破了前人的固有觀念，用寒熱分治陰陽毒。如其在《傷寒總病論》中提到陽毒的治療原則爲"宜用針泄熱，服以苦酢之藥，令陰氣復生，然汗出而解也"，陰毒的治療原則爲"須急灸臍下，服以辛熱之藥，令陽氣復生，然汗出而解"。他還創葛根龍膽湯治陽毒，根據病勢輕重用返陰丹、當歸四逆湯、硫磺丸、附子飲子，灸氣海、中極，炒鹽熨臍等治陰毒。

到朱肱，治療原則仍與龐安時相同，但他在《類證活人書》中進一步補充了陰陽毒的治法方藥，用葶藶苦酒湯、陽毒升麻湯、大黄散、栀子仁湯、黑奴丸治療陽毒，用陰

毒甘草湯、白术散、附子散、正陽散、肉桂散、回陽丹、返陰丹、天雄散、正元散、退陰散、葱熨法治療陰毒，并在每首方前列其主治的症狀，旨在能對患者辨證施治，臨證時"選而用之"。

到明代，陶節庵雖然依舊寒熱分治、辨證論治陰陽毒，但其治療原則發生了改變，不再概以汗法治療陰陽毒，而是"陽毒者，分輕重下之；陰毒者，分緩急溫之"。如其在《傷寒六書》中説："陽毒，斑如錦紋，面赤咽痛，脉洪大，不知人者，三黃石膏湯；便實燥渴者，調胃承氣下之。""陰毒病手足指甲皆青，脉沉細而急者，四逆湯；無脉者，通脉四逆湯、陰毒甘草湯，臍中葱熨，氣海、關元著艾，可灸二三百壯，仍用溫和補氣之藥通其内外，以復陽氣。"同時，他還創三黃石膏湯去麻黃、豆豉，加大黃、芒硝的三黃巨勝湯，用以治療陽毒"舌卷囊縮難治者"，這也是他重視下法的體現。武之望在《濟陽綱目》中繼承了其治法，如"狂言或見血者，陽毒升麻湯；渴者，化癍湯；便閉者，防風通聖散微利之；便不甚閉，去硝、黃"。

（四）清代以後——多治陽毒，治法多變

到清代，受溫病學派興起的影響，各醫家對陽毒的治法發揮較多，而對陰毒的治法多繼承前人。如王孟英在《溫熱經緯》中認爲陽毒即後世之爛喉痧，應用喉科法引吐，即以蓬砂二錢，火硝六分，米醋一盞，薑汁小半盞，用鵝翎探入喉中，令其吐痰；張錫純在《醫學衷中參西錄》中認爲陽毒是陽明毒熱傷血所致，用青盂湯清熱解毒、發表散邪，方中荷葉善發表，能"爲諸藥之舟楫，能載清火解毒之藥上至頭面"，與仲景用汗法有异曲同工之妙；何廉臣在《增訂通俗傷寒論》中用犀地清絡飲加三黃瀉心丸治陽毒發斑，開竅透斑以清神，用解毒承氣湯加紫雪丹治陽毒發狂，峻逐毒火以瀉陽，其峻下之法同陶節庵，開竅之法則受當時溫病學派的影響，用寒涼重鎮之品治療熱擾心神所致的發狂。

綜上所述，陰陽毒的治法雖然從東漢到清代發生了一些演變，從汗法變爲下法、溫法、喉科法、開竅法，從一方通治兩病、臟腑辨治變爲寒熱分治、辨證論治，但是其中心治法始終不變，那就是清熱解毒、辛散透邪，如張仲景之用蜀椒、雄黃，孫思邈之重用石膏，朱肱之用葶藶子、桂枝，陶節庵之用石膏、麻黃，張錫純之用荷葉、僵蠶，江氏將這種治法歸納爲"火鬱發之"，强調要在内清火毒的基礎上，采用因勢利導、外透火邪的方法使火邪速散[1]。

五、總結

綜上，陰陽毒的病名含義爲病情寒熱、體質寒熱、病位深淺等；病因有外感疫毒、内生毒邪兩個方面；證候特點爲陽毒全身熱象顯著，伴出血現象，甚者發狂，陰毒全身

---

[1] 鄧嘉帥、江泳：《基於升麻鱉甲湯組方原理探討"火鬱發之"的内涵與應用》，《中國中醫基礎醫學雜志》2021年第4期，第560—562頁。

寒象顯著，伴疼痛現象和嘔吐，甚者汗脱亡陽；中心治法爲清熱解毒、辛散透邪，即"火鬱發之"。

縱觀陰陽毒的歷史源流脉絡，其實就是傷寒與温病學派交替發展、争鳴、自成體系的歷史，而這種演變無不和不斷更替變遷的寒冷與温暖之歷史氣候有着密切的聯繫①。根據竺可楨先生對中國五千年來氣候的研究②，漢晉時期氣候寒冷，此時仲景作《傷寒論》，王叔和加以整理，陰陽毒的病因尚包括傷寒誤治，治法以汗法爲主；7世紀中期氣候變得和暖，温病學開始嶄露頭角，如孫思邈把陰陽毒稱爲"臟腑温病陰陽毒"，并大劑量使用寒涼藥；宋金元時期氣候又變得异常寒冷，此時温病始脱離傷寒，陰陽毒在此時也開始了寒温分治、辨證論治；明清時期的温暖期在1550—1600、1720—1830年間，此時葉天士、吳鞠通使温病學派體系更趨完整，故此後治療陰陽毒多重視陽毒，且多把其歸爲温疫、温病發斑一類。隨着時代的變遷，陰陽毒所代表的疾病也在不斷變化，因此我們不必糾結於其具體是何疾病，而應重點學習各代醫家的思維模式、用藥方法等，在治療現代疾病時因時而异、因人而异、靈活運用，纔能更好裨益於臨床。

---

① 吕建輝：《歷史上氣候變遷是傷寒與温病學派産生的真正原因》，《實用中醫内科雜志》1993年第2期，第42—43頁。

② 竺可楨：《中國近五千年來氣候變遷的初步研究》，《考古學報》1972年第1期，第15—38頁。

醫籍考釋

滇口在憂重膚振

并于肝則憂解曰
己亦生笑肝之
脾者土也四臟皆

於腎憂發於脾而
脾者土也四臟皆故

之腑俱發癥精故
藏臟俱傷

其節藏俱傷
故

天死天
萬咳產到鳥憂

傷神申
只恐慴

卷一

觖并干上是八吾或心
解曰心虛則悲悲則

之與肺脾之與心
而成於肺思發於
二臟俱傷此經互

二臟俱傷此經

《天回醫簡》的"泼沫"與相關問題

陳 劍

（成都中醫藥大學中國出土醫學文獻與文物研究院，四川　成都　610031）

提　要：《天回醫簡·脉書·下經》"泼沫不化"之"泼"字，與後世醫書"泄如蟹渤"等之"渤"係表同一詞。傳世古書此義之"渤"可追溯至北魏《齊民要術》等，其字或作"浡、餑、勃"，用指釀酒與煮茶、磨墨等過程中所生"（小而稠密的）氣泡"。"泼"字傳世醫書形誤作"沃"，跟魏晉南北朝時期"犮"旁與"夭"旁有些寫法相同有關。"泼"之語源，可聯繫"浡/沸""霽"等字理解。

關鍵詞：《天回醫簡》；泼；沃；蟹渤；茗餑

成都天回鎮老官山漢墓出土醫簡《脉書·下經》148：

> ·寒中。羣病之徒盡惡之，腹善張（脹），數後，善氣，其出麊（歷）適而<u>泼沫不化</u>，胠下堅業₌（業業）也，不耆（嗜）食。

整理者注云：

> 麊（歷）適，即"滴瀝"，水（引按：似不如謂"液體"或"流體"更爲準確）稀疏下滴狀。泼沫，秦漢以後醫書多誤作"沃沫"。《靈樞·邪氣藏府病形》："脾脉……微急爲膈中，食飲入而還出，後沃沫。""犮"旁俗寫易誤爲"夭"，與"夭"旁形近易互訛。[1]

本文對此作一些補充論述。

---

[1]　天回醫簡整理組編著：《天回醫簡》（下），北京：文物出版社，2022年，第36—37頁。

一、“泧”字之義

先看有關字形：

泧上引簡 148 “泧”字　　對比《脉書·下經》同篇簡 138 “沃”字沃

《天回醫簡》乃至更多秦漢文字中，“沃”及“夭”旁、“癶”旁多作如上之類形，其例甚多，不必贅舉。首先講此是想説明，當時兩字乃至所有“癶”旁與“夭”旁，其形尚相差較遠，不會發生糾葛。換言之，即簡文此字跟後世醫書中相同用法之“沃”字，二者關係只能係“泧”誤爲“沃”，而不會情況相反。

從前引簡文語境可以推知，“泧”字應與“沫”意義相近或至少相類。但“泧”之此義，直接翻檢字典韻書并不能得到支持。所以我們下面先從此點講起。

（一）

“泧”字《説文》未收，亦不見於除《天回醫簡》外的其他出土文獻。傳世中古字典韻書如《廣韻》《集韻》《類篇》《篆隸萬象名義》等皆未收録，唯《玉篇·水部》云：“泧，府伐切，寒也。又音弗。”後世字書或沿此。此義之“泧”應與“泧”爲一字异體，“氵”“冫”兩旁早在漢代文字已多相亂。敦煌本《切韻》：“泧，風寒也。出《詩》。”《敦煌經部文獻合集》校謂：

　　“泧”字《王一》《裴韻》《蔣藏》同，《廣韻》作“泧”形，與《説文》合，俗寫“氵”“冫”二旁多混而不分；又阮刻《十三經注疏》本《詩經》無“泧”或“泧”字，《説文·仌部》“泧，一之日滭泧”，則知此爲《詩經·豳風·七月》之文，今作“觱發”。[1]

按現在從“泧”字出現甚早此點來看，實際情況更可能應係由“泧”變爲“泧”而

---

　　① 張涌泉主編：《敦煌經部文獻合集·小學類韻書之屬（一）·切韻箋注（五）》卷三至五，北京：中華書局，2008 年，第 2589 頁。

非相反①。

《康熙字典·水部》"泼"字：

> 《玉篇》府伐切，音發。寒也。一曰渫也，通流也。木華《海賦》"鑣臨崖之阜陸，決陂潢而相泼"，注："泼，灌也。"一曰凡甕水處，決之使相泼蕩也。又敷勿切，音弗，義同。

按《文選》卷十二西晉木玄虛（華）《海賦》："於是乎禹也，乃鑣臨崖之阜陸，決陂潢而相泼。啟龍門之崒嶺，墾陵巒而斬鑿。"李善注："《説文》曰：'潢，積水池也。''泼，灌也。'"《故訓匯纂》"泼"字下引《玉篇》與《海賦》李善注兩條（《經籍纂詁》僅引《海賦》一條），《漢語大字典》和《漢語大詞典》則皆未收《海賦》例，殆因清人已多指出此"泼"實係"沃"之誤字。如胡紹煐《文選箋證》云：

> 注善曰："《説文》曰：泼，灌也。"《考異》（引按：謂胡克家《文選考異》）曰："泼當作沃，注同。'沃'與下句'鑿'協。"紹煐按：《唐風·揚之水》"鑿"與"沃"韻，古音同在宵部。此以沃、鑿爲韻。今《説文》："浂，灌漑也。"此引脱"漑"字。段氏謂"浂"即"沃"之隸體，是也。許書無"泼"字。《玉篇》："泼，寒也。"非此用。②

---

① 進而言之，一般對"瀟發"的理解恐亦有問題。《詩經·豳風·七月》："一之日觱發，二之日栗烈。無衣無褐，何以卒歲?"毛傳："觱發，風寒也。""栗烈，寒氣也。"按訓"疾"（或聯繫極爲密切之"盛"）之"發"可以單說亦可重言，説明"觱發"并非單純聯綿詞，而係兩音義皆近之詞連用。《詩經·檜風·匪風》"匪風發兮"，毛傳釋作"發發飄風"，孔穎達《正義》謂"發發兮大暴疾"。《詩經·小雅·四月》："冬日烈烈，飄風發發。"鄭箋："烈烈，猶栗烈也。發發，疾貌。"諸"發"實亦即與"泼"對應，本非以"夊"爲意符之字，亦本無"寒冷"義。"栗烈"（《説文·夊部》"㵚"字下引作"㵚洌"）與"烈烈"句始言寒冷，而"觱發"與"發發"句則皆僅係狀風之貌，猶言"大風呼呼地吹"；予人之"通感"，亦猶水之沸騰上涌（參看後文所舉"畢沸"等）。作"渾泼"者，應係本先有過作"渾泼"的階段（《篆隸萬象名義·水部》："渾，泉也。寒風。"），再或係因出於誤解（受下句影響）而"字隨義變"，或係先因單純的文字書寫之變（"氵""冫"兩旁交替）而再被"重新分析理解"。（《玉篇·冫部》："泼，寒冰皃。"《廣韻·月韻》："泼，寒冰。"）劉洪濤先生繫聯起"渾沸、渾泼、觱發（飈飀）、煇燹、祕辭、蔽荇"一組同源詞，指出"此六詞的詞義核心都是盛，只是有分別形容水、冰、風、火、香和草木等的不同"；謂"'發、發發'當訓盛貌。對於風而言，盛則疾，疾則寒，故訓謂風疾貌或風寒貌"，"'渾泼'應訓冰盛貌，冰盛則寒，非風寒也。按照毛傳的訓釋，今本作'觱發'應是本字，作'渾泼'反倒是假借字"云云。見劉洪濤《〈説文〉"㞷字"釋義》，《古漢語研究》2018 年第 2 期。其説多是而尚嫌未達一間。"觱發"之原義，就是"風疾""風盛"而無關於"寒"，所謂"寒"僅係其"語境義"。又所謂"冰盛貌"之"渾泼"，亦未必真正存在過。

② （清）胡紹煐撰，蔣立甫校點：《文選箋證》卷十四《海賦》，合肥：黃山書社，2007 年，第 359 頁。按上引文末尾處"《玉篇》'泼'"云云，此校點本"泼"字作"泼"，誤。

　　另如段玉裁《書干禄字書後》①、王念孫《讀書雜志·餘編下·文選》“決陂潢而相
溠”條②，其説皆略同，後者且亦舉《詩經·唐風·揚之水》韻例爲證。

　　前舉《康熙字典》“一曰凡壅水處決之，使相波蕩也”，“波蕩”亦係“沃蕩”之誤；
又“一曰渫也，通流也”之義，係承自明張自烈《正字通》“泧”字下所謂“渫也”“通
流也”，此兩義亦皆應由“沃”字之誤而生。聯繫古書多見的“沃流”“沃濯”“沃蕩”等
用例，即可體會“沃”之此類義。

　　中古寫本與後世版刻本中“沃”作“泧”形者多見，或二者構成异文。用各種電子
資料數據庫略檢索，即可知其中所謂“泧”多本係“沃”字，且大多已爲今點校本、注
釋本正確轉録或校正。亦或偶見有誤者，如《續高僧傳》中“山樹園池，泧蕩煩積”云
云，校者或謂：“泧：原作‘沃’，據高麗藏校改。”③ 按此應以作“沃”爲是，“泧”反
係誤字。

　　此外，後世“泧”字用例中，還有一些未被大型辭書收録之義。如其一係“潑/濺”
字（聲符不同之）异體。慧琳《一切經音義》卷三十七“潑之”條：“潘末反。《考聲》
云：‘以水散地也。’《韻詮》从友从水作‘泧’，《集訓》云‘棄水也’，經作‘沛’（引
按：此係由“沛”字而變），亦通。”④ 《水經注》卷六《涑水》論“河東鹽池”，引王冀
《洛都賦》：“東有鹽池，玉潔冰鮮，不勞煮泧，成之自然。”“泧”顯亦即“沃”字（謂煮
鹽過程中不斷向器中沃灌入鹵水云云），而“臺北本”“泧”作“潑”⑤，係又由誤字（即
上述“泧”爲“潑/濺”字异體者）而再變。其二則爲用於“淵泧”一詞之下字、作“淵
泧”者（典出《戰國策·楚策四》汗明見春申君所述伯樂與服鹽車之驥馬故事，亦作
“淵被”“翦拂”“淵拂”等），應係受上字影響而變作亦从“氵”旁。總之，上述兩類身
份之“泧”，皆顯然與簡文“泧”字更無關係。

（二）

　　除後所論傳世醫書“沃”字外，時代更晚的醫書中與簡文“泧”字意義和語境都極
爲接近，可以直接相聯繫認同者，是多見的“蟹渤”之“渤”字。

　　“蟹渤”即螃蟹所吐泡沫，其因蓋由螃蟹用鰓呼吸，鰓片中儲存有不少水分，離水之後
吸進的空氣與鰓中所含水分一并呼出，遂形成越來越多的連串小氣泡，在螃蟹嘴前堆成一
團白色泡沫。此係易於觀察理解的一般生活經驗，故醫書中以之作喻，來描述大便夾雜泡

　　① 段玉裁：《書干禄字書後》，收入段玉裁撰、鍾敬華校點《經韻樓集》卷七，上海：上海古籍出
版社，2008 年，第 154—155 頁。

　　② （清）王念孫撰，徐煒君、樊波成、張靖偉校點：《讀書雜志》第五册，上海：上海古籍出版
社，2014 年，第 2680—2681 頁。

　　③ （唐）道宣撰，郭紹林點校：《續高僧傳》卷一《譯經篇初·梁揚都莊嚴寺金陵沙門釋寶唱傳
二》，北京：中華書局，2014 年，第 11 頁。

　　④ 徐時儀校注：《一切經音義三種校本合刊》（修訂第二版），上海：上海古籍出版社，2023 年，
第 1154 頁。

　　⑤ （後魏）酈道元撰，（清）楊守敬纂疏，（清）熊會貞參疏，李南暉、徐桂秋點校，陳橋驛審定：
《京都大學藏鈔本水經注疏》卷六《湛水·校記》，瀋陽：遼海出版社，2012 年，第 350 頁。

沫之狀。現所見其例最早似見於南宋楊士瀛《仁齋直指方論》卷十四之《瀉痢方論》：

> 冷熱不調者，乍澀乍溏；飲食傷飽者，注下酸臭。諸有積，以肚熱纏痛推之；諸有氣，以狀如蟹渤驗之。①

其後文"瀉痢證治"中又有"牛乳湯，治氣痢泄如蟹渤"云云。上引文所謂"有氣"故造成大便中夾雜"氣泡"（前引《天回醫簡》文亦言"善氣"云云），陸淵雷先生解釋謂：

> 赤痢、直腸炎等病，腸中多炎性滲出物及膿汁，又以肛門括約肌攣縮，不能排泄通暢，久留腹中，發酵而成氣體，如廁則氣體與黏液雜下如泡沫，所謂泄如蟹渤者也。②

後世（元明以來）醫書中"利/痢如蟹渤"一類語多見，還有如"糞如蟹渤""（大便）狀/形如蟹渤"等；或徑謂"瀉渤"（明《幼科概論》等），"渤"字單用。明清醫書中又多言"如蟹沫"云云，則係將"渤"換作更爲習用淺近之"沫"字。前引《天回醫》簡文，"泧沫"之"泧"字理解爲"（小而稠密的）氣泡"，顯然甚爲密合。

（三）

上舉"蟹渤"用例已晚至南宋，較簡文時代懸隔頗遠。且爲何螃蟹所吐泡沫稱"渤"（顯與"渤海"字無關），舊亦似未見善解。故將"泧"字徑與之相聯繫認同，尚不能令人無疑。但其實，再往前追溯，"蟹渤"之"渤"又可聯繫上同類義之"浡""餑"和"勃"等字相認同，可見其詞是一直在使用的。

有關材料，繆啓愉先生曾有較爲集中的舉證，故今徑引其文。《齊民要術》卷七"白醪麴第六十五"：

> 釀白醪法：取糯米一石，冷水凈淘，漉出著甕中，作魚眼沸湯浸之。經一宿，米欲絕酢，炊作一餾飯，攤令絕冷。取魚眼湯沃浸米泔二斗，煎取六升，著甕中，以竹掃衝之，如茗渤。復取水六斗……

繆啓愉先生校釋謂：

> "渤"，通"浡"，指泡沫；"茗渤"即茗中泡沫。《神農本草經》"苦菜"陶弘景

---

① （南宋）楊士瀛著，盧祥之、余瀛鰲編：《仁齋直指方論比對與新用》，貴陽：貴州科技出版社，2016年，第407頁。下引文見第409頁。

② 陸淵雷著，王霞、高侃整理：《陸淵雷〈金匱要略今釋〉》"氣利，訶梨勒散主之"條，北京：中國中醫藥出版社，2018年，第307頁。

注："茗皆有浡，飲之宜人。"唐陸羽《茶經》"五之煮"："第一沸，出水一瓢。以竹
筴環激湯心，則量末當中心而下。有頃，勢若奔濤濺沫，以所出水止之，而育其華
也。凡酌，置諸盌，令沫餑均。（原注："本草并字書，餑，均茗沫也。"）沫餑，湯
之華也。華之薄者曰沫，厚者曰餑，細輕者曰花。"類似的記載，宋人筆記中還多。
這裏"茗浡"是用來形容用"竹掃"衝擊酸漿所產生的白色泡沫。《北山酒經》卷下
"湯米"："漿味自有死活，若漿面有花衣，浡白色明快，涎黏……乃是活漿。""竹
掃"即竹刷把，和卷九《煮糗》篇引《食次》的"糗帚"是同類用具。二斗酸漿經
過濃縮和撇除浮沫只剩下六升已很黏稠，所以能衝擊出很多泡沫①。

又陸羽《茶經·七之事》："《桐君錄》：西陽武昌廬江昔陵好茗，皆東人作清茗。茗
有餑，飲之宜人。"唐宋人詩中用例，如陸龜蒙《和訪寂上人不遇》（《全唐詩》第六百二
十六卷）："蒲團爲拂浮埃散，茶器空懷碧餑香。"皮日休《茶中雜咏·煮茶》（《全唐詩》
第六百一十一卷）："香泉一合乳，煎作連珠沸。時看蟹目濺，乍見魚鱗起，聲疑松帶雨，
餑恐生煙翠。尚把瀝中山，必無千日醉。"宋蘇頌《次韻李公擇送新賜龍團與黃學士三絕
句》："試酌靈泉看餑沫（自注："見《丁公茶錄》。"），猶疑盞底有風雷。"等。

上舉"沫餑""餑沫"，其字亦皆與"沫"義近連用。除所謂"茗浡"即茗茶煮沸後
所生之浮沫外，"浡/餑"亦可用指其他各種小的"泡沫"。同樣用法者《齊民要術》中其
字或作"勃"，如上舉繆啓愉先生已引及之卷九"煮糗第八十四"，又有"斷箕漉出滓，以
糗箒春取勃"云云。又如南宋張世南《游宦紀聞》卷一："如磨松墨時，以膠水兩蜆殼，研
至五色見浡作，再添膠水，俟墨濃可書則止。"此"浡"字，亦謂磨墨所生"小泡沫"。

（四）

"浚"跟上舉"浡"等諸字，古代讀音一直都很接近。從"犮"與"孛"得聲之
字，乃至"發"聲字（前所引"麝發"與"渾浚"）、"弗"聲字，其相通之例皆極多②，
殆不煩一一羅列。"犮"聲字與"孛"聲字相通者，如《清華大學藏戰國竹簡（壹）·金
縢》9 與今本"大木斯拔"之"拔"對應之字，其基本聲符即《說文·言部》"籀文誖"
"㦟"；又如，"絥"字既可通"綍"亦可通"綍"，且未必不可謂諸字在用法相同時就可
徑看作一字異體。中古俗字中，"犮"與"孛"作聲旁亦常可換用，如"胈－脖""鈸－
鋍""駁－騂"，均或係一字③，亦其例。

總結上文所論，簡文"浚"與後世醫書諸"沃〈浚〉"字（詳下文），與"浡"等應
係表同一詞，其義即"（小）氣泡""泡沫"。就"語文學"的研究而言，討論至此，相關
釋讀理解問題應可說已基本解決。但"浚"等字爲何有此義，即其"語源"爲何，此
"語言學"方面的問題，仍可進一步討論，放到第三小節再談。

---

① （北魏）賈思勰著，繆啓愉校釋：《齊民要術校釋》，北京：農業出版社，1982 年，第 386 頁。

② 參看張儒、劉毓慶《漢字通用聲素研究》，太原：山西古籍出版社，2002 年，第 597 頁"⺿通
犮"條，第 598 頁"⺿通弗"條，第 908 頁"弗通犮"條，第 908—909 頁"弗通八"條。

③ 參看張涌泉《漢語俗字研究》（增訂本），北京：商務印書館，2010 年，第 166—167 頁。

二、簡文“汥”字與傳世醫書“沃”字

(一)

前舉《天回醫簡》原注所引《靈樞·邪氣藏府病形》“後沃沫”語之解釋，歷來大有争論。主要分歧在於，“後”字是理解作“然後”義還是“大便”義；與此相緊密關聯的，即其上文“食飲入而還出”之“出”，其所指到底是謂“上出”(即口吐)還是“下出”(即大便)①。現在我們既據出土新資料知道“沃”本係誤字，且由簡文“數後”“其出”云云，可知“後沃沫”之“後”一定係謂“大便”，則於此就可不必再多作詳舉羅列分析了②。同時，舊有各家之解不管是持何説者，對所謂“沃”字之義，其實都不能説已經講“落實”。如或注釋語譯作“大便多泡沫”③，於諸説中是理解其義最爲準確的，但“沃”字本身，仍不知應作何理解。據《天回醫簡》文將“沃”校改爲“汥”字之後，有關問題就都不存在了。

此外，“沃沫”一語尚於《靈樞·癲狂病》有如下三見：

> 骨癲疾者，顑齒諸腧分肉皆滿，而骨居汗出，煩悗，嘔多沃沫，氣下泄，不治。
> 筋癲疾者，身倦攣急大，刺項大經之大杼脉，嘔多沃沫，氣下泄，不治。
> 脉癲疾者，暴仆，……嘔多沃沫，氣下泄，不治。

《針灸甲乙經》十一卷第二、《千金要方·風癲》皆作“嘔多涎沫”，《太素·癲疾》其字分别作“涎”“液”和“沃”。“涎”與“液”皆係將“沃”字换用爲另一常見淺近之詞。或謂《靈樞》數例“‘沃’爲‘涎’之音轉”云云，顯不可信。

上舉諸“沃”字，亦皆應係“汥”字之形誤。其義較爲準確的解釋，應爲“(小而稠密的)氣泡”。“嘔多沃〈汥〉沫”謂嘔吐物中多夾雜有泡沫，“沃〈汥〉沫”係普通之兩義近名詞連用關係；與此相對比，“後沃〈汥〉沫”與簡文“(其出)汥沫不化”之“汥沫”，則應係謂詞性成分，謂大便“其狀爲汥沫/多有汥沫者”。如此理解，諸語方皆可謂文從字順。

---

① 參看鄒淑凡、王秀華《〈靈樞經〉後沃沫釋》，《黑龍江中醫藥》1985年第4期，第13頁。李仁述《〈靈樞經〉“後沃沫”小考》，《西部中醫藥》1989年第2期，第10—11頁。李國清、王非、王敏主編《内經疑難解讀》，北京：人民衛生出版社，2000年，第542—543頁。

② 今研究者仍或謂：“我們贊同膈中病的‘沃沫’爲口中反出的涎沫，故認爲《天回醫簡》文中的‘汥沫不化’也是與之類似的口中多涎沫的症狀。”不確。見謝明宏《〈天回醫簡〉讀札(十八)》，武漢大學“簡帛”網，2023年4月17日，http://www.bsm.org.cn/?hanjian/8989.html。

③ 南京中醫藥大學編著，孟景春、王新華主編：《黄帝内經靈樞譯釋》，上海：上海科學技術出版社，2011年，第50頁。

（二）

"犮"旁與"夭"旁形近易混，前所述"沃"之作"波"即其例。中古俗字中此類現象可謂比比皆是，研究者的討論與認識也已很充分準確。但《靈樞》諸字之誤，還應追溯到更早時代。

從出土文字資料看，漢代"夭"旁與"犮"旁（包括其時已多與"犮"旁相混之"犬"旁），其寫法大多尚區分較嚴格清楚。"波"之與"沃"，産生誤認最可能發生在魏晋南北朝時期。

首先，東漢碑刻中已偶見有"拔"字作"抶"形者，見於《巴郡太守張納功德叙》（抶，宋婁機《漢隸字源》入聲黠韻）。清顧藹吉《隸辨》謂："抶即拔字，他碑變犮爲夋，與夭相混，故碑遂譌夭。"其説頗是①。"波"之"犮"旁如亦訛變作"夭"形，即成"沃"字。

但更可能符合事實的情況，應還是因"夭"與"犮"兩旁早就長期相混而致。從魏晋南北朝文字看，在中古俗書之前，兩旁相混之例即已甚多。略舉數例如下②：

沃：（圖）曹真殘碑陰（三國魏太和五年，231 年）　（圖）元賄墓志（北魏正光元年，520 年）

妖：（圖）長孫瑱墓志（北魏延昌三年，514 年）　（圖）元暐墓志（北魏武泰元年，528 年）

拔：（圖）沮渠安周造佛寺碑（北涼承平三年，445 年）　（圖）劉滋墓志（北魏正光元年，520 年）

跋：（圖）劉悦墓志（北齊武平元年，570 年）　（圖）元懟墓志（北魏孝昌元年，525 年）

以上特意分別選取兩類字形以示例，從中可以看出，當時作偏旁的"犮"與"夋"兩類形體，既可代表"夭"旁，又可代表"犮"旁；那麼在古書傳抄過程中出現"誤認"，也就是很自然之事了。這種"誤認"的基礎，或者説之所以會有兩旁一些寫法全同的現象存在，其間有重要一點因素在於，分別以"夭"或"犮"爲偏旁之字，其常見者在與不同意符的組合關係上是基本不存在交叉的，上述"混同"也就一般不會給文字使用帶來多大混亂，故就"文字系統"而言尚能"容忍"。但如果涉及一些稀見字，就會出問題了，即在書寫者的"意圖"與讀者的"認識"之間，會出現歧義，此即所謂"誤認"

---

① 參看張涌泉《漢語俗字研究》（增訂本），第 309—310 頁。

② 更多例子參看毛遠明《漢魏六朝碑刻異體字典》，北京：中華書局，2014 年，第 932 頁"沃"字、第 1048 頁"妖"字、第 10 頁"拔"字、第 11 頁"跋"字等。又，臧克和主編《漢魏六朝隋唐五代字形表》，廣州：南方日報出版社，2011 年，第 699 頁"沃"字、第 472 頁"妖"字、第 792—793 頁"拔"字、第 1469 頁"跋"字等。

之由來。"泼"字罕用，由上舉現象看，其字亦應曾多作 **沃**、**泼** 類形，故後來被誤認爲此類形所表示的更常見之"沃"，實屬正常。

（三）

《素問》中還另有兩處王冰注訓爲"沫"者，其一爲：

> 《素問·五常政大論》：静順之紀（引按：謂水之"平氣"），藏而勿害，治而善下，五化咸整，其氣明，其性下，其用沃衍（王冰注："用非净事，故沫生而流溢。沃，沫也。衍，溢也。"），其化凝堅，其類水，其政流演，其候凝肅，其令寒。

按此例顯係用"沃"之一般義。研究者或注謂："'沃衍'是説灌溉流溢。"① "沃衍，謂灌溉流溢。《漢書·地理志下》顏注：'沃，即溉也。'"② 此甚是。但同時其"語譯"又謂："其變動是沫生流溢。"③ 此則仍受王冰注誤説之影響。又：

> 《素問·五常政大論》：流衍之紀（引按：謂水之"太過"），是謂封藏……其令流注，其動漂泄沃涌（王冰注："沃，沫也。涌，溢也。"），其德凝慘寒雰，其變冰雪霜雹。

研究者或注謂："'漂泄'謂痛泄。《漢書·中山靖王勝傳》顏注：'漂，動也。'動，引申有'痛'義。'沃'，沫也，'涌'作吐解。'沃涌'謂吐涎沫。"④ 其"語譯"謂"其在人體變動上是痛泄、吐涎沫"云云。此顯不可信（先訓"漂"爲"動"，又謂"動，引申有'痛'義"云云，甚爲迂曲；後者之所謂"引申"亦無據），即係因王冰誤注而遷就"人體"爲説。

此例"沃"肯定不能訓爲"沫"。如就以一般之"沃"字作解，自然是最簡單的辦法。但考慮到"下注"或"澆灌"義之"沃"，仍嫌與"漂""泄""涌"諸字頗難搭配，則此"沃"字亦可能本係"泼"。"泼"猶多見之與"涌"關係密切的"涳"或"沸"（參看後文第三小節所論），揚雄《蜀都賦》（《全漢文》卷五十一）："漆水涳其匈（胸），都江漂其脛。"即"涳"與"漂"對文之例。"漂泄沃〈泼（涳、沸）〉涌"四個常用以描述水之奔騰激流之詞連用，讀來較順。但此疑把握不大，姑志此備考。

（四）

傳世醫書中"沃"字或作名詞，《素問》即已多見：

---

① 郭靄春編著：《黄帝内經素問校注語譯》，天津：天津科學技術出版社，1981年，第417頁。
② 郭靄春編著：《黄帝内經素問校注》，北京：人民衛生出版社，2013年，第636頁。
③ 郭靄春編著：《黄帝内經素問校注語譯》，第417頁。
④ 郭靄春編著：《黄帝内經素問校注》，第649頁。又，郭靄春編著：《黄帝内經素問校注語譯》，第424頁，下引"語譯"亦見此。

《素問·五常政大論》：厥陰司天，風氣下臨，脾氣上從……火縱其暴，地迺暑，大熱消爍，<u>赤沃</u>下，蟄蟲數見，流水不冰，其發機速。

《素問·至真要大論》：少陰之勝，……嘔逆躁煩，腹滿痛，溏泄，傳爲<u>赤沃</u>。王冰注：沃，沫也。同篇又：少陽之勝，熱客於胃，……少腹痛，<u>下沃赤白</u>。

　　以上皆就便溺而言。或指女子經帶，如《神農本草經》中謂"女子崩中漏下，赤白沃""女子赤沃漏下""女子赤沃"，等等。同類用法之"沃"，後世醫書中更爲多見。

　　沈澍農先生曾總結謂醫書中"沃"字"指各種穢惡黏稠之液體"[①]，此較舊説爲勝。但又與"惡"相聯繫爲説[②]，此則可不必。這類用法之"沃"字，亦應係"沷"之誤字。《素問》中又有：

　　　《素問·本病論》：少陽不退位，即熱生於春，暑乃後化，冬温不凍，流水不冰，蟄蟲出見，民病少氣，寒熱更作，便血上熱，小腹堅滿，<u>小便赤沃</u>，甚則血溢。

　　此"沃〈沷〉"字作形容詞而非一般名詞（同篇又有"小便赤澀"，可對比），"小便赤沃〈沷〉"即小便之色赤紅（因含血）且多泡沫，其結構與"後沷沫"及簡文"（其出）沷沫不化"皆甚爲相近，如前所述，"赤沃〈沷〉"亦係謂詞性者。"沷"由名詞"沷沫"，可引申指"具有沷沫特點之分泌物"；其字兼有名詞與形容詞兩類用法，一則爲"泡沫"或"泡沫狀之分泌物"，一則爲"泡沫狀"，亦甚爲自然。後世醫書中的此類"沃"字，則應看作係承用之前已被長期誤解之經典醫書語，與此所論"誤字"問題已關係不大。

　　在時代略晚的醫書中，又有或被與"沃"相聯繫爲説之"澳"字，如《諸病源候論·癰腫久愈汁不絕候》："膿潰之後，熱腫乃散，餘寒不盡，肌肉未生，故有惡液澳汁，清而色黃不絕也。"此"澳"字與形容詞"惡"對文（可對比醫書亦多見之"惡沫"語），研究者或以"'澳'亦有污濁的含義"云云爲説[③]，似較勝。總之其字應與上述諸"沃〈沷〉"字無關。

　　"沃"字後代又或再變爲動詞。元明以來醫書中，多有"口沃（白）沫""口中沃沫"一類語。此類以"沫"爲賓語的動詞"沃"，應該又是基於對"嘔多沃〈沷〉沫"一類所謂"沃"之誤解而來（其義亦與一般語言中使用的"沃"字義皆難合），而斷難以之爲據去理解早期醫書中本成問題的"沃"字。

三、"沷"義之語源

簡文"沷"及傳世醫書"沃〈沷〉"與後世"浡"等字的"（小）氣泡""泡沫"義之

①　沈澍農：《〈針灸甲乙經校釋〉注商》，《上海中醫藥雜志》1987年第8期，第46頁。
②　沈澍農：《古醫詞解詁之五》，《醫古文知識》1990年第3期，第16—17頁。
③　郭穎：《〈諸病源候論〉詞語研究》，浙江大學博士學位論文，2005年，第40—41頁。

由來，既從"浡"字本身即能得其解，亦可聯繫"沸"等字爲説。將有關問題進一步討論清楚，也可使得我們對其義之解建立在更爲可靠的基礎上，令人更加堅信。

"浡"之常用義爲"水涌"，"泡沫"義顯然與之緊密相關——"泉水"之"涌出"、河水等之"翻涌"，其顯著特徵就是會形成很多"氣泡"。《淮南子·原道》："原流泉浡，衝而徐盈；混混汩汩，濁而徐清。"高誘注："浡，涌也。"《史記·司馬相如列傳》"昔者鴻水浡出，泛濫衍溢"云云，"浡"亦"涌"義，《漢書·司馬相如傳下》、《文選》卷四十四（司馬相如《難蜀父老》）"浡"字皆作"沸"。"沸出"語又如《漢書·楚元王傳》："是以日月無光，雪霜夏隕，海水沸出，陵谷易處，列星失行，皆怨氣之所致也。"

"沸"字亦本謂"水涌"，如司馬相如《子虛賦》（《史記·司馬相如列傳》《漢書·司馬相如傳上》）"水蟲駭，波鴻沸；涌泉起，奔揚會"云云。所謂"沸騰"亦本謂"水波翻涌"，如《詩經·小雅·十月之交》："百川沸騰，山冢崒崩。"今語所謂水"燒開"、達到沸點而"沸騰"之"沸"（所謂"水開鍋"），與一般所謂水波之"翻涌"，顯然其狀甚爲相類，二者本即同一詞。《説文·鬲部》分別其字作"𩰾"（訓"涫也"，即今語"滾水"之"滾"），但後亦并未行用開。

"浡"與"沸"兩字常通用無別，上舉已見其例。又如，《詩經·小雅·采菽》："觱沸檻泉，言采其芹。"毛傳："觱沸，泉出貌。"又《大雅·瞻卬》："觱沸檻泉，維其深矣。"《説文·水部》"沸，畢沸、濫泉兒（從段注）"，段注謂"畢一本从水作潷，《上林賦》'潷弗'，蘇林曰'潷音畢'，則古非無潷字也"云云。"潷沸"亦作"潷浡"，如段注所引司馬相如《上林賦》"潷弗"，係見於《漢書·司馬相如傳上》者，《史記·司馬相如列傳》作"沸乎暴怒，洶涌滂湃，潷浡滵汩，湢測泌瀄"，《索隱》引司馬彪云："潷沸，盛貌。滵汩，去疾也。"亦即司馬彪所見本"潷浡"作"潷沸"。又揚雄《劇秦美新》（《文選》卷四十八）："潷浡沕潏，川流海淳。"同見之"潏"字，亦或與"浡"連用作"浡潏"，如木華《海賦》："天綱浡潏，爲洞爲瘵。"李善注："言水之廣大，爲天綱紀。浡潏，沸涌貌。桓子《新論》曰：'夏禹之時，鴻水浡潏。'《説文》曰：'潏，水涌出也。'"

前第二小節中所舉諸文，已見"浡"等字或作"餑"之例，由"餑"又可聯繫上"䭇"字爲説。敦煌本《切韻》："餑，麵餑。亦作䭇。"[①]《原本玉篇殘卷·食部》："餑，字書亦䭇〈䭇〉字也。䭇〈䭇〉，炊釜溢也，在䰞〈鬻〉部。"宋本《玉篇·鬻部》："䭇，釜湯溢。"《説文·𩰲部》："䰞，炊釜潷溢也。从弼，孛聲。"段注："'炊'各本作'吹'，今從《類篇》。'釜潷溢'各本作'釜溢'，宋本作'聲沸'，今參合定爲'釜潷溢'。今江蘇俗謂火盛水潷溢出爲鋪出，䰞之轉語也，正當作䰞字。"朱駿聲《説文通訓定聲》亦謂："今蘇人俗語曰鋪，音之轉也。"按兩人皆係據自己母語方言爲説（段、朱分別爲江

---

① 張涌泉主編：《敦煌經部文獻合集·小學類韻書之屬（二）·刊謬補缺切韻》卷一至五，北京：中華書局，2008 年，第 2847 頁。

蘇金壇、吳縣人），其實在今天多地方言甚至可以説絶大多數方言中，其詞都是還保存着的①。其字多寫作“潽”，《現代漢語詞典》已加收録（標記〈口〉即係“口語詞”），解釋謂“液體沸騰溢出”；閩南話中或正以“浡”字記録②。其義準確煩瑣一點描述可作，“湯液沸騰産生大量氣泡而使其體積增大到超出容器後溢出”。“浡、浡”等字之“氣泡、泡沫”義，顯亦與“鬻”義有密切聯繫。當然，“沸/鬻”與“鬻”本身，顯即亦應本具甚近之同源關係，此點自係不待贅言者。

總結有關諸字，泉水自地下涌出、河海奔騰激蕩翻涌之“浡、沸”，炊烹時滾水“沸溢而出”之“鬻”，螃蟹吐泡之“浡”，與煮茶産生的“浡沫”，病人之嘔吐物與便溺或其他分泌物中所夾雜的“泼沫”，其特徵皆甚爲相類而應聯繫理解，諸詞本即同一語之分化。細别言之，前數者尚皆具“泡沫不斷生生滅滅”之特徵，而“茗浡”與醫書之“泼（沫）”，則其泡僅不斷破滅而無新生者。但此細微差别，并不對詞義造成影響。至於《天回醫簡》之文，其“泼”字又僅重“（有）氣泡”而言，“泼沫不化”謂大便中夾雜的泡沫“不破滅”，其特徵似亦與上舉諸詞頗有差别；但此可謂僅係其“語境義”，已無關緊要。

距今兩千多年前的《天回醫簡》之“乍視難解”的“泼”字，經研究居然最終聯繫上了今天大家口語中尚甚爲活躍之“潽”，此真可謂既頗“出人意表”，亦令相關問題更覺“有意思”。

2023 年 4 月 24 日初稿

2023 年 5 月 8 日二稿

2023 年 12 月 16 日改定

---

① 參看許寶華、［日］宫田一郎主編《漢語方言大詞典》，北京：中華書局，1999 年，第 7520 頁“鬻”字。其動詞義“（水、粥、菜湯等）因燒沸而溢出”下，舉有江淮官話、西南官話、徽語、吳語、湘語、贛語和閩語。

② 參看陳亞川《“潽”字的方言本字考》，《方言》1997 年第 1 期，第 36—37 頁。

《天回醫簡》文中之訓詁研究*

賴雪瑜　柳長華

（成都中醫藥大學中國出土醫學文獻與文物研究院，四川　成都　610031）

提　要：中國的各類學問，從口耳相傳到著之簡帛，經歷了很長的時間。醫學的經典，靠了經師的説解得以傳承，這種説解存在於經文之中，稱爲文中之訓詁。本文對《天回醫簡》文中之訓詁材料進行了搜集、整理，對其訓詁的方式做出了細緻的分類和考察。本文通過對《天回醫簡》文中之訓詁的研究，在辨析句讀、補其闕文、詞義理解等方面，發現并解決了一些疑難問題。

關鍵詞：文中之訓詁；《天回醫簡》；釋詞；方式

文中之訓詁，即存在於文獻本文之中的訓詁材料①，其早在甲骨刻辭中就已經出現，在先秦文獻中更是普遍存在②。文中之訓詁乃古書形成過程中的自然現象，是正文的有機組成部分，然而却往往被人們所忽略。近年來，隨着出土文獻的不斷發現，龐樸③、陳來④、伏俊璉⑤、李學勤⑥、謝維揚⑦等先生逐漸關注到古書正文中的説解、增廣、附益等問題。

　　* 本文係 2023 年度四川省哲學社會科學基金一般項目：古《針經》源流研究——以天回醫簡《脉書》上下經與傳世醫經爲中心（項目批准號：SCJJ23ND470）、成都中醫藥大學學科創新圍隊專項：出土醫學文獻與文物研究（項目批准號：XKTD2022018）、2023 年四川省哲學社會科學基金特別委托重大專項：天回漢墓髹漆經脉人像研究（項目批准號：SCJJ23WT11）的階段性研究成果。

　　① 陸宗達：《訓詁簡論》，北京：北京出版社，2002 年，第 17 頁。
　　② 周大璞：《訓詁學初稿》，武漢：武漢大學出版社，2011 年，第 23 頁。
　　③ 龐樸：《龐樸文集》第二卷《古墓新知》，濟南：山東大學出版社，2005 年，第 111 頁。
　　④ 陳來：《竹簡〈五行〉章句簡注——竹簡〈五行〉分經解論》，《孔子研究》2007 年第 3 期，第 12—15 頁。
　　⑤ 伏俊璉、王曉鵑：《〈老子〉的作者及其成書時代》，《求是學刊》2008 年第 2 期，第 134—138 頁。
　　⑥ 李學勤：《當代學者自選文庫·李學勤卷》，合肥：安徽教育出版社，1999 年，第 17—19 頁。
　　⑦ 謝維揚：《古書成書和流傳情況研究的進展與古史史料學概念——爲紀念〈古史辨〉第一册出版八十周年而作》，《文史哲》2007 年第 2 期，第 47—54 頁。

　　《天回醫簡》是四川成都天回漢墓 M3 出土的醫簡①，包括了《脉書·上經》《脉書·下經》《逆順五色脉臟驗精神》（後簡稱《逆順》）、《友理》《刺數》《治六十病和齊湯法》（後簡稱《和齊湯法》）、《療馬書》《經脉》八種醫書②。本文對上述醫書文中之訓詁材料進行了初步的搜集和整理，對其中十餘條較爲明顯的訓詁資料的訓詁方式做出了細緻的梳理和考察，進一步揭示了其研究的意義和價值。

一、《天回醫簡》文中之訓詁的方式

（一）直訓式

　　直訓即以同義詞或近義詞直接訓釋另一個詞的釋詞方式，其基本形式爲“某者，某也”。

　　簡四八：“南風之風。不惡風，見風膿（體）恙（癢），色赤而孱（孱），煩心，不耆（嗜）食，□☑”

　　簡四九：“善信（伸）。孱（孱）者，幾也。”——《逆順》

　　按：《説文》：“孱，謹也。从三子。”徐灝注箋：“此當以弱小爲本義，謹爲引申義，三者皆孺子，是弱小矣。……孱、孱蓋古今字。”《説文·絲部》：“幾，微也。”“微”“弱小”同義，故而將“孱”訓作“幾”也。“孱”直接訓作“幾”義在字書中未見，此文中之訓詁可收錄於字書之中，以補其字義之缺。

（二）互訓

　　就是用意義相同或相近的詞直接進行訓釋。互訓即兩個同義詞互相訓釋。

　　簡九六：“炭燒柏鐵赤，直（置）葉肝亓（其）上，使肝乾，一合直（置）半杯酒[中]，畣（飲）之，節（即）已。·柏鐵，鏨也。”——《和齊湯法》

　　按：關於“柏”的解釋，《説文·木部》：“柏，耒耑也。”段玉裁注：“柏，今經典之耜。”《説文·耒部》：“耒，手耕曲木也。”耒耜是先秦時期的主要農耕工具③。“耒”爲木柄，“耜”是下端的起土部分。“耒”“耜”最初均爲木質，在牛耕的出現和冶鐵業的興起之後，木耒、木耜也開始套上鐵製的刃口，如湖北江陵曾出土有戰國時的耒，其形制是從柄到齒皆爲木製，齒端套有鐵製的刃口④。《和齊湯法》作“柏鐵”，又言“炭燒……赤”，無疑是鐵器。而關於“鏨”，《説文·金部》：“鏨，河內謂舌頭金也。”“舌”同“銛”，《集韻·葉韻》：“舌，舂穀去皮也。或从金。”“銛”又名“嫠”“桯”“鏨”，乃是方言之别。《集韻·洽韻》：“銛，鏨也。”《方言》卷五：“舌……東齊謂之桯。”晋郭璞

---

　　① 柳長華、顧漫、周琦等：《四川成都天回漢墓醫簡的命名與學術源流考》，《文物》2017 年第 12 期，第 1、58—69 頁。

　　② 柳長華：《天回醫簡整理研究引領中醫學術前沿》，《天府新論》2021 年第 3 期，第 2、161 頁。

　　③ 夏東宇：《淺談“耒耜”》，《農村·農業·農民》2013 年第 5 期，第 58—59 頁。

　　④ 龍吉澤：《農具史話：耒耜、耬車》，《時代農機》2015 年第 3 期，第 170—171 頁。

注：“江東又呼鐓刃爲鐅。”“鐅”是秦漢時代的一種鐵製翻土農具，後來被逐漸推廣的鐵犁牛耕所替代。據楊繼平先生統計，居延漢簡中經常出現“鍤”，凡 24 見，此外還有“銚”“鍤金”，或寫作“鐅”“鐅金”，簡文中提及“鍤金”或“鐅”的數目，多者可得一二百枚[①]，如《居延漢簡釋文合校》所錄的 498·9 號簡“今餘鐅二百。其百五十破傷不可用，五十五完”、515·44 號簡“入二月餘鍤金百六十一”。

（三）對舉式

對舉式即把一組意義相近或相關的詞并列一起訓釋，有時闡釋其概念，有時揭示其機理，以突出被釋詞之間的區別特徵。

簡九三：“狐之陽倀（脹）。弱（溺）浂（浸）降下，以晨入宮，弱（溺）通，偏臧（藏）少腹處，齊（臍）上倀（脹），欨，歐（嘔）沫。”

簡九四：“狐之陰倀（脹）。莫（暮）食=（食，食）在心下，未入於胃，即以□下氣，氣獨任，氣柏（迫）臧（藏）少腹處，腹盡倀（脹）。”

簡九五：“狐之陰倀（脹）。日入以至夜半，陰也；從齊（臍）以下，陰也。夜半至明（明），陽也；從齊（臍）以上，陽也。”——《脉書·下經》

按：此處即用對舉的方式對前文中出現的“狐之陽脹”“狐之陰脹”中的陰和陽的概念分別闡釋，體現其概念之區別和聯繫，并借此對前文中“狐之陽脹”“狐之陰脹”的症狀描述做出了總括性的闡釋。如前文在對“狐之陽脹”的症狀描述有“以晨入宮”“臍上脹”，對應了後文將“陽”概括爲“夜半至明，陽也；從臍以上，陽也”。又前文“暮食”對應了後文將“陰”概括爲“日入以至夜半，陰也”。通過對舉的訓詁方式對陰陽這組相對概念做出闡釋。

（四）指出別名

簡九二：“治女山=（疝，山）芥□分，魁合（蛤）三分，則（蓟）一，皆冶，合和。以方寸匕取藥，直（置）温酒一杯中，酓（飲）之，旦莫（暮）常先餔食。·山芥，荣也。”——《和齊湯法》

按：前文指出，治療女疝病要用到山芥、魁蛤之藥，在介紹完其製藥過程和飲食服法後，便對其中的山芥做出解說，指出其別名爲“荣”。“荣”同“术”，《玉篇·艸部》：“荣，山蓟。與术同。”《吳氏本草經》：“术，一名山芥。”可知“荣”又名“山芥”“山蓟”，是其別名。此外，《和齊湯法》還有兩條指出別名的文中之注，如簡 102 對前文“榮擂”這一蟲類藥的注釋：“榮擂，螢蚤也。”簡 112 對前文治下氣的藥物“白昌”的注釋：“白昌，一名曰三白。”前兩則和後一則分別用“……，……也”“……，一名曰……”的解說方式，指出其別名。此外，《和齊湯法》中還有用“……者，……者也”的方式對前文治煩心的藥物“管茭”的注釋：“管茭者，茅索好埴者也。”

（五）嵌入式義界

訓釋詞語負有對被訓釋詞解釋的任務，一般不應再含有被訓釋詞本身。但是在古代

---

① 楊際平：《秦漢農業：精耕細作抑或粗放耕作》，《歷史研究》2001 年第 4 期，第 22—32、188 頁。

訓釋材料裏，常有把被訓釋詞嵌入到訓釋詞語中的義界，用義值差來顯示詞義的特點。

簡二八："其戻筋，必當 肉 。其戻骨，必 當 輸 。是故"

簡二九：" 戻 骨欲□， 戻 筋欲出汗＿（汗，汗）不出則 風 。戻輸不至則膌（脊）痛。所胃（謂）輸者，膌（脊）"

簡三〇："之輸也。所胃（謂）肉者，六輸之肉也。此石戻冬氣者也。"——《戻理》

按：此處對於前文出現的"輸""肉"，其後用"所謂……者，……也"的方式對其解説爲："所謂輸者，脊之輸也。所謂肉者，六輸之肉也。"被訓釋的"輸""肉"均出現在了訓釋詞語"脊之輸""六輸之肉"中，"脊""六輸"爲其義值差，體現了此處語境中"輸""肉"的特殊含義。

（六）比況式

"比況"或稱"譬況"，即用打比方的形式來解説詞義。在古書注釋中，有些詞無論用直訓法還是義界法都不能有很好的表達效果，但抓住事物的典型特徵用另外相類似的事物來作比方却能讓人一目瞭然。

簡四〇："五色甬（通）天。脉之出入，與五色相應也，猷（猶）鄉（響）之應聲也，猶京（影）象 刑 （形） 也 ，□☒"

簡四一："☒聲也，氣之精也。京（影）之象刑（形），会（陰）易（陽）之☒"——《脉書·上經》

按：此處即用比況的訓詁方式，以訓詁術語"猶"將脉與五色相應的狀態，比喻爲"響之應聲""影之象形"。後爲又用"……者，……也"的訓詁體例進一步對"響之應聲""影之象形"作注，分別解釋爲"氣之精也""陰陽之……"。《廣韻》："猶，似也。"《詩·召南·小星》："肅肅宵征，抱衾與裯，寔命不猶。"毛傳："猶，若也。"高亨注："猶，似也，同也。"《三國志·蜀志·諸葛亮傳》："孤之有孔明，猶魚之有水也。""猶"表示比喻，用來指明所説事物與比擬事物的相似性或相關性。

余嘉錫先生《古書通例》："是故諸子之書，百家之説，因文見意，隨物賦形，或引古以證其言，或設喻以宣其奥。"[①] 這種比況式的訓詁方式在傳世本《黄帝内經》中大量出現[②]，其原因與中醫學天人相應、萬物有靈的信仰和比類取象、司外揣内的認識論密切相關[③]。

（七）描述式

描述即用語言對所釋事物的性狀（包括顏色、形狀、作用、功能等）加以描寫叙述，以此説解詞義的一種方法。事物的形狀特徵或特性功用，通過描述的手段表現出來，既形象又具體，能够給讀者帶去直觀的感受，方便讀者理解詞義。

簡五一："五死。病有 五 死 ， 一 曰刑（形）死，二曰氣死，三曰心死，四曰志

---

① 余嘉錫：《古書通例》，長沙：岳麓書社，2010 年，第 223 頁。

② 賴雪瑜：《〈黄帝内經〉正文訓詁研究》，北京中醫藥大學博士學位論文，2022 年，第 49 頁。

③ 柳長華解讀：《黄帝内經》（節選），北京：科學出版社，2019 年，第 1 頁。

死，五曰神死。☒"

簡五二："☒□□□所不足也。所胃（謂）氣 死 者， 癭 而徇（眴）目也。所胃（謂）心☒"

簡五三："☒所胃（謂）志死者，不敢明（明）用 耳 目，刑（形）區（軀）四支（肢）不能相使也。所胃（謂）"

簡五四："☒氣志悲恐∟。此五者備具，萬全必死。"

按：該部分首先交代了"五死"分別代表了"形死""氣死""心死""志死""神死"，後文便用"所謂……者，……也"的方式，分別對五種死的具體症狀做出描述，以釋該詞之義。

（八）推因

"推因"顧名思義就是推求一個詞語得以命名之原因，這與"語源"[①] 問題相關。

簡一："分剌（刺），□ 大 □， 閒 相 去少半寸。"

簡四："所胃（謂）分剌=（刺，刺）分肉閒也。"——《刺數》

按：此處前文對"分刺"的間隔距離"閒相去少半寸"等作出描述，後文便用"所謂……，……的"的訓詁方式，對"分刺"做出闡釋："分刺"即"刺分肉間也"，揭示了《刺數》中"分刺"的命名緣由。此解說之文，亦見於傳世本《靈樞》。《靈樞·官針》言："五曰分刺，分刺者，刺分肉之間也。"

二、研究《天回醫簡》文中之訓詁的意義

陸宗達先生在《訓詁簡論》中言："存在於周秦正文中的詮釋文字，實際就是訓詁方法的開端。""我們如果把這方面的資料收集起來，總結它的規則，闡明它的體例，以進一步理解訓詁的意義，探討解釋的奧妙，對於訓詁學的發展一定有較大的幫助。"通過對《天回醫簡》文中之訓詁的研究，可以幫助我們辨析其句讀、補充其闕文，對於我們正確理解其原文內涵，具有較爲重要的意義。

（一）辨析句讀

簡二："故曰：脉再至曰平， 參 至曰離 經 ，四☒"

簡三：" 欬 ，再員（損）離 亶 ， 參 員（損）曰争=（静，静）者奪血☒"

簡四：" 不 至，死。 一 乘 一曰少氣。"——《脉書·上經》

---

① 蔣紹愚《古漢語詞彙綱要》（北京：商務印書館，2005年，第52頁）："這裏所説的'追溯語源'還包括探求詞的'内部形式'。詞的内部形式，就是用作命名根據的事物的特徵在詞裏的表現，又叫詞的理據。簡單地説，探求詞的'内部形式'，就是要探求詞的'得名之由'。"

按：此句原釋作"一乘一曰少气"，現釋作"一乘，一曰少氣"，該句爲對"一乘"的注文混入正文。《素問·平人气象論》："人一呼脉一動，一吸脉一動，曰少气。"又《脉經·診損至脉》："一呼一至，一吸一至，名曰損。"可見"少气"與"損"同義。《説文·手部》："損，減也。"《玉篇·手部》："損，減少也。"又《脉經·診損至脉》："脉一損一乘者……气短不能周遍於身，苦少气，身体懈墮矣。脉再損者……脉三損者……脉四損者……"又可見"一損""一乘"同義，"一乘"恐爲"一損"注文混入正文。進而可證"一乘"與"少气"同義，"一乘，一曰少气"爲文中之注，混入正文。然因前文闕，"一乘"不知所出。"一曰"爲古書中常用的訓詁术語，"一"即"又、另"之義，"一曰"即"又曰、另曰"。在傳世醫經中亦見其例，如《靈樞·口問》："補足太陰陽明，一曰補眉本也。……眉本，一曰眉上也。"爲注文混入正文。

（二）校勘闕文

正如前文所言，有一些注文，其所注釋之文未見於前後文之中。如《夌理》簡四五："所胃（謂）骨肉相稱者，肥臞適也。所謂筋脉實者，詘（屈）信（伸）霖（無）……"該句所注釋的"骨肉相稱""筋脉實"未見於前後文中，恐爲原簡之缺，可据補。前句用"肥臞"釋"骨肉"，"适"釋"相稱"。《素問·湯液醪醴論》中有"故精自生，形自盛，骨肉相保"，"相保"即相稱、相應之義。《素問·湯液醪醴論》言："其魄獨居，孤精於内，气耗於外，形不可與衣相保。"《脉書》上經中有用"骨肉不相箸"[1]，形容脾病後，患者身體瘦削而骨肉不想附著之狀。《靈樞·經脉》中有"故骨不濡，則肉不能著也；骨肉不相親，則肉軟却""故精自生，形自盛，骨肉相保，巨氣乃平"等與之相似的論述。後者用"屈伸無……"描述其功能，以釋"筋脉實"的狀態。筋脉與屈伸功能密切相關，《靈樞·經筋》："引膝外轉筋，膝不可屈伸。"《素問·脉要精微論》："膝者筋之府，屈伸不能，行則僂附，筋將憊矣。"

三、總結

《天回醫簡》中蘊藏了較爲豐富的訓詁材料，除了上述較爲明顯的訓詁材料外，還有形式更多樣的訓詁材料值得我們進一步的去探尋和考察。如整理者在《逆順五色脉臧驗精神》的前言中言："本篇内容與《脉書·上經》有相承關係，包括五色脉診、表裏逆順、五藏虛實、脉藏配屬及石、灸法之運用等，而語言較爲通俗淺易，似爲《上經》之訓詁。"[2] 該部分内容亦屬於文中之訓詁的範疇，可作專篇梳理、考察。通過以上工作，對於其原文的校勘、整理工作，正確理解其原文内涵，具有重要的意義。

---

① 清朱駿聲《説文通訓定聲·豫部》："著，《一切經音義》引字書：'著，相附著也。'字俗作'着'。"

② 天回醫簡整理組編著：《天回醫簡》（下），北京：文物出版社，2022年，第54頁。

黑水城漢文醫藥文獻校考五則[*]

劉 賀 何 晴

（寧夏大學文學院，寧夏　銀川　750021）

　　提　要：黑水城漢文文獻保存有大量寫本醫藥文獻。文字書寫過程中因俗化及訛變産生了大量疑難俗字，增加了文獻釋讀、考校的工作難度。通過對疑難俗字校考，有助於分析俗字的形成過程，糾正誤識。

　　關鍵詞：黑水城；醫藥；俗字；校考

　　一、《醫方》：“治風凉鬲藁荷散，方：⊘防風、羌活各一兩半⊘①，⊘煎至□□止⊘。”（俄四 TK187：180：16－7）②

　　“藁”，孟列夫《黑城出土漢文遺書叙録》“治風凉：鬲藁荷散方”對應作“薹”③，張如青《俄藏黑水城佚名古方書輯校考釋》：“治風凉鬲藁荷散：‘治’字原缺，據孟列夫《黑城出土漢文遺書叙録》補。‘風’字殘存右半，漫漶難辨。‘藁’，孟列夫釋讀爲‘薹’，誤。細辨此字，當爲‘藁’，指藁本。”④ 孫繼民《俄藏黑水城漢文非佛教文獻整理與研究》亦作“藁荷”⑤。

　　“藁”當是“荸”字俗字。《漢語大字典·子部》：“孛，《廣韻》蒲昧切，去隊并。又

---

　　* 本文爲寧夏回族自治區教育廳高等學校科學研究專案“中國藏黑水城漢文獻草書研究”（NYG2024063）的階段性成果。

　　① 文中缺文字數不定者用符號“⊘”表示，文字不可辨識但可以確定字數的用“□”表示，文字殘缺、不清可辨識者在字外加方框。

　　② “俄四 TK187：180：16－7”：“俄四”爲《俄藏黑水城文獻》第四册簡稱，“TK187”爲文獻編號，“180”爲頁數，“16－7”爲文獻 16 頁中的第 7 頁。下同。

　　③ ［俄］孟列夫著，王克孝譯：《黑城出土漢文遺書叙録》，銀川：寧夏人民出版社，1994 年，第238 頁。

　　④ 張如青：《俄藏黑水城佚名古方書輯校考釋》，《上海中醫藥大學學報》2001 年第 4 期，第 18頁。

　　⑤ 孫繼民：《俄藏黑水城漢文非佛教文獻整理與研究》，北京：北京師範大學出版社，2012 年，第 393 頁。

蒲没切。微部。"①《漢字古音手册》："勃，（廣）蒲没切，并没合一入臻。"② 可知"又蒲没切"的"孛"亦有并母没韻，又"薄，（廣）傍各切，并鐸開一入宕"③，"薄"并母鐸韻。"孛""薄"皆屬并聲，但没韻、鐸韻并不相近。

《醫方》："每兩丸□并新翁盆放日中曬，每服一丸至兩丸，同嚼苧荷細☒。"（俄四TK187：184：16—11）"苧"作"**莈**"，楷正作"莈"，孫繼民《俄藏黑水城漢文非佛教文獻整理與研究》注："'莈荷'同'薄荷'。"④ 張如青《俄藏黑水城佚名古方書輯校考釋（續）》："莈荷，當作'薄荷'。"⑤《雜字·菓子部弟五》："荆芥、茵蔯、蓼子、**薩**荷、蘭香、苦苣、蔥蒜。"（俄六 Дx2822：139：19—5）《俄藏黑水城漢文非佛教文獻整理與研究》："**薩**，通薄。"⑥ 張涌泉《敦煌經部文獻合集》："蒳荷，'蒳'字字書不載，疑爲'茇'字俗訛，後者字書亦不載，蓋即'悖'涉下'荷'字類化增旁。宋施得操《北窗炙輠録》卷下'京師有賣薄荷者'原注：'京師呼薄荷爲勃荷也。''薄荷'本爲外來語詞，其初時記音字不甚確定，故'悖荷'當即'勃荷'，亦即'薄荷'；《初探》《芻議》皆徑録作'薄荷'，欠妥。"⑦ 故"苧"在"蒳""茇"形近，極可能是兩字的簡化俗字。

"苧"所從"孛"俗作"亳"，如《新集藏經音義隨函録》本《經律异相一部五十卷》第二十九卷："勃逆，上蒲没反。"⑧《大正藏》事匯部《經律异相一部五十卷》（T53n2121）："大聖不顧邊陲小國，今拄世尊遠來鄙土君臣勃逆，唯願天尊哀此無智。"⑨ "勃逆"對應作"勃逆"，又如《新集藏經音義隨函録》本《大唐西域記一部十二卷》第三卷："藍**勃**，蒲没反。"⑩《大正藏》史傳部《大唐西域記》（T51n2087）對應作："觀自在菩薩像西北百五十里，至藍勃盧山。山嶺有龍池，周三十餘里，渌波浩汗，清流皎鏡。"⑪ "藍**勃**"對應作"藍勃"，又如《廣碑别字·九畫·勃》："**勃**，唐孫幼墓志；**勃**，唐大理寺評事封無遺墓志。"《廣碑别字·十畫·悖》："悖，唐宣武軍節度押衙兼侍御史

① 漢語大字典編輯委員會：《漢語大字典》（第二版九卷本），成都：四川辭書出版社、武漢：崇文書局，2010 年，第 1084 頁。

② 郭錫良：《漢字古音手册》（增訂本），北京：商務印書館，2010 年，第 37 頁。

③ 同上，第 37 頁。

④ 孫繼民：《俄藏黑水城漢文非佛教文獻整理與研究》，第 395 頁。

⑤ 張如青：《俄藏黑水城佚名古方書輯校考釋（續）》，《上海中醫藥大學學報》2002 年第 1 期，第 11 頁。

⑥ 孫繼民：《俄藏黑水城漢文非佛教文獻整理與研究》，第 652 頁。

⑦ 張涌泉：《敦煌經部文獻合集》第 8 册，北京：中華書局，2008 年，第 4231 頁。史金波：《西夏漢文本〈雜字〉初探》，《中國民族史研究》（二），北京：中央民族學院出版社，1989 年。馬德：《敦煌新本 Дx2822〈雜集時要用字〉議》，《蘭州學刊》2006 年第 1 期。

⑧ （五代）可洪：《新集藏經音義隨函録》，《中華大藏經》第 60 册，北京：中華書局，1984—1996 年，第 273 頁。

⑨ ［日］大正一切經刊行會編：《大正新修大正藏》（第 53 册），臺北：新文豐出版股份有限公司，1994—1996 年（影印本），第 157 頁。

⑩ （五代）可洪：《新集藏經音義隨函録》，《中華大藏經》第 60 册，第 408 頁。

⑪ ［日］大正一切經刊行會編：《大正新修大正藏》（第 51 册），第 883 頁。

河東柳延宗墓志。"①

"風凉鬲"當指病症，即"肝鬲"受風凉而導致的疾病。《漢語大字典·鬲部》："鬲，通'膈'。人和哺乳動物胸腔與腹腔之間的膜狀肌肉。《洪武正韻·陌韻》：'膈，胸膈心脾之間。通作鬲。'《素問·五藏生成論》：'心煩頭痛，病在鬲中，過在手巨陽、少陰。'《聊齋志異·楊大洪》：'咽食八鬲，遂成病塊，噎阻甚苦。'"②"膈，《玉篇·肉部》：'膈，胸膈。'《集韻·麥韻》：'膈，肓也。'《靈樞經·經脉》：'其支者復從肝，別貫膈，上注肺。'宋黄叔暘《賀新郎·題雙溪馮熙之交游風月之樓》：'夜深時，寒光爽氣，洗清肝膈。'"③

"薄荷散"，《證治準繩》《普濟方》所載相似，如明王肯堂《證治準繩》卷五十一："湯治夾驚傷寒熱極生風薄荷散：薄荷葉半兩，羌活、全蝎、麻黄（去根節）、甘草各一錢二分半，天竺黄、僵蠶、白附子（炮）各二錢半。爲細末，每服一錢，水半盞，煎至三分，加竹瀝少許妙。"④ 明朱橚《普濟方》卷三百六十八（《四庫》本）："薄荷散：治夾食傷寒熱極生風頭疼，壯熱嗽涎鼻塞及時行瘡豆已發、未發皆可服。薄荷葉半兩，羌活、全蝎、麻黄（去節）、甘草各半錢，殭蠶、天竺黄、白附子（炮）各一分。右爲細末，每服一錢，水半小盞，煎至三分，加竹瀝少許，妙一方爲末，薄荷茶清調下，孩兒一字，二三歲半錢。"⑤ 故"薄荷散"是用於治療"傷寒熱極生風"病症。又如明朱橚《普濟方》卷三百六十四《嬰孩頭眼耳鼻門》（《四庫》本）："忽然鼻塞，吻乳不能開口呼吸者，多是乳母安睡之時，不知持上，兒子鼻中出息吹著兒囟，或以水浴洗，用水溫冷，不避風邪，所以致兒鼻塞。宜與通關膏敷之，消風散服之。或有驚悸作熱，以薄荷散與服。""此肝受驚風，宜服：牛黄一錢，犀角二錢，金銀箔各五片，甘草一分。右爲末，煉蜜丸，菉豆子大。每服七丸，用薄荷湯吞下，食後服。"⑥ 黑水城中亦有"薄荷作爲"中藥的用例，如《辰龍麝保命丹》："細嚼温酒下，薄荷、人參湯、茶清亦得。小兒每服☒至一皂子大，煎人參、薄荷湯，□下更早☒。"（俄四 TK173：119）故"䒷"作"荂"，符合文意。

二、《孫真人千金方》："髮鬢秃落生髮膏方：莽草壹兩，防風、升麻、白芷、蘼蕪各二兩，蜣蜋肆枚，馬鬐膏，豹骨，熊膏，驢鬐膏，右十一味，諸膏成煎各半升，合煎諸藥。"（俄四 TK166：53：6-2）

"莄"楷正作"蕪"，當是"蕪"字俗字。《俄藏黑水城漢文非佛教文獻整理與研究》録作"蘼莖"⑦。清張璐《孫真人千金方衍義》卷十三："又方，治髮鬢秃落方：莽草一

①　秦公、劉大新：《廣碑別字》，香港：國際文化出版社，1995 年，第 125、193 頁。

②　漢語大字典編輯委員會：《漢語大字典》（第二版九卷本），成都：四川辭書出版社、武漢：崇文書局，2010 年，第 4884 頁。

③　同上，第 2254 頁。

④　（明）王肯堂：《證治準繩》，《文淵閣四庫全書》第 769 册，臺北：商務印書館影印，1982—1986 年，第 388 頁。

⑤　（明）朱橚：《普濟方》，《文淵閣四庫全書》第 759 册，臺北：商務印書館影印，1982—1986 年，第 348 頁。

⑥　同上，第 214 頁。

⑦　孫繼民：《俄藏黑水城漢文非佛教文獻整理與研究》，第 334 頁。

兩，防風、升麻、白芷、薺苨各二兩。"①《漢語大字典·艸部》："薺苨，藥草名。又名甜橘梗、杏葉沙參。橘梗科。多年生草本。根入藥。《爾雅·釋草》：'苨，薺苨。'郭璞注：'薺苨。'清吳其濬《植物名實圖考·山草類·薺苨》：'《別錄》中品。《本草綱目》謂杏葉沙參即此，根肥而無心，山中多有之。'"②《漢語大詞典》："薺苨，藥草名。又名地參。根味甜，可入藥。明李時珍《本草綱目·草一·薺苨》（集解）引陶弘景曰：'薺苨根莖都似人參，而葉小异，根味甜絕，能殺毒，以其與毒藥共處，毒皆自然歇，不正入方家用也。'"③

《字海·乙部》："尸，同尸。《中國俗文學史》第六章引《太子成道經》：'尸毗王時，割股救其鳩鴿。'按《敦煌變文集》作'尸'。"又"尸""尸"形近易混，如《碑別字新編·五畫·尼》："**尼**，魏孔羡碑。"④"尼"字"尸"作"尸"形。又如《密教儀軌》："喉中蓮花頂尊，額上寶珠頂尊，眉間種種頂尊，額近上及鼻尖上儀威頂尊。"（俄四 TK259：326：5-1）"眉"作"**眉**"，《刻本佛經》："菩薩放眉間白毫☒。"（俄敦十三 Дx6306、 Дx6307、 Дx6308、 Дx6309、 Дx6310、 Дx6311、 Дx6313、 Дx6314、 Дx6318、Дx6319：81：11-8）⑤"眉"作"**眉**"。故"**苊**"當是"苨"字俗字。

三、《醫方》："☒耳**莆**青☒。"（俄四 TK187：176：16-3）

"**莆**"當是"上用"二字。《俄藏黑水城佚名古方書輯校考釋》："莆（yòng 用）：《集韻·用韻》：'莆'，艸名。"⑥《俄藏黑水城漢文非佛教文獻整理與研究》錄作"耳莆青"⑦。

同篇文獻中"上"字手書形似"屮"形，如《醫方》："已上一十味各一分，并生用。"（俄四 TK187：174：16-1）"上"作"**屮**"，《醫方》："☒箪上攤開，曬☒☒日，令乾。"（俄四 TK187：176：16-3）"上"作"**屮**"，《醫方》："没藥，乳香，木香，輕粉，四字古老錢末，已上各一字。"（俄四 TK187：182：16-9）"上"作"**屮**"，故"**莆**"當表示是耳上用某種藥物。

四、《醫方》："雄黃丸：治諸般瘡腫、一切暗風☒雄黃、欎金二味各一分，朱砂少許。芭（巴）豆二七粒，略出油。右件醋糊為丸，如**菉**豆大小，一等如☒。"（俄四 TK187：183：16-10）

"**菉**"楷正作"菉"，"**菉**豆"即"綠豆"。"菉"下部所從"水"旁常俗作"小"旁，

---

① （清）張璐：《孫真人千金方衍義》，《四庫未收輯刊》第 9 輯 11 册，北京：北京出版社，2000年，第 549 頁。

② 漢語大字典編輯委員會：《漢語大字典》（第二版九卷本），成都：四川辭書出版社、武漢：崇文書局，2010 年，第 3407 頁。

③ 羅竹風：《漢語大詞典》第九卷，上海：上海辭書出版社，1986—1993 年，第 598 頁。

④ 秦公：《碑別字新編》，北京：文物出版社，1985 年，第 13 頁。

⑤ "俄敦十三"表示《俄藏敦煌文獻》第十三册。

⑥ 張如青：《俄藏黑水城佚名古方書輯校考釋》，第 16 頁。

⑦ 孫繼民：《俄藏黑水城漢文非佛教文獻整理與研究》，第 391 頁。

"小"旁與"小"旁形近易混。"氺"旁作"小"旁，如《大集輪□□□聲頌一本》："奉此微妙洗足水，願令清净卒暴垢。自性清净本智内，無垢功德願成就。唵不囉幹。"（俄二 TK74：118：79-22）"暴"作"**暴**"，《佛説阿彌陀經》："四邊階道，金、銀、琉璃、玻璨合成。上有樓閣，亦以金、銀、琉璃、頗璨、車磲、赤珠、馬瑙而嚴飾之。"（俄三 TK109：19：3-1）"璨"作"**璨**"，所從"氺"旁皆作"小"旁。"氺"旁作"小"旁，如《碑别字新編·十畫·泰》："**泰**，魏山徽墓志。"① 《敦煌俗字典》S.318《洞淵神咒經·斬鬼品》："田蠶不收，子孫暴死。"② "暴"作"**暴**"，所從"氺"旁作"小"旁。

"小"旁作"小"旁，如《御制後序》："奉天顯道耀武宣文神睿智制義去邪惇睦懿恭。"（俄三 TK128.3：77：9-9）"恭"作"**恭**"，《請支祭祀費用》："□主，實爲不恭，百姓不和，神必不享，以致□衍期，或霖不止，禱祈弗應，水旱薦至。"（中七 M1·1123 [F116：W35a]：1390）③ "恭"作"**恭**"，《演朝禮一本》："一切恭信自歸依法，當願衆生深入經藏，智惠如海。"（俄五 A32.1：320：41-7）"恭"作"**恭**"，所從"小"旁皆作"小"旁。

醫藥文獻中常出現藥丸"如菉豆大"，如《普濟方》卷二百零六："右除研藥外爲末，再入研藥，匀煉蜜丸，如菉豆大，瓷盒貯封，每服二丸。"④ "右爲細末，麵糊丸，如菉豆大，每粒以針刺一竅子，每粒以針穿，定燈上度過卧，以熱熟水吞之。"⑤ 故"**菉豆**"當是"菉豆"。

五、《醫方》："蠣榔、黄蓮，右二（味等分）爲細末，先將瘡用熱**齏**□，棉子揩□乾，用少許藥末，帖紙花子□。"（俄四 TK187：179：16-6）

"**齏**"楷正作"齏"，張如青《俄藏黑水城佚名古方書輯校考釋》："齏：此字古今字書皆未載，疑是'齏'之形訛（現簡化作"齑"）。齏是用醯醬拌和細切的菜或肉，亦泛指醬菜、菜。齏水（即醃菜水）洗濯創面有斂瘡愈瘍之功。"⑥

原文或當作"先將瘡用齏水洗，棉子揩擦乾"。在傳世文獻中，常作用薑汁或薑水洗傷患處，明朱橚《普濟方》卷二百九十六："枸杞散，出《聖濟總録》。枸杞根、地龍。右枸杞根旋取新者，刮去外赤皮，只取第二重薄白皮，暴乾搗羅爲末，每稱一兩别入地龍末一錢，和匀，先以熱薑汁洗渫患處，摻藥，日三次。"⑦ 卷二百九十九："螺青散，治口瘡。五倍子，去蛀末，揀净，不拘多少；螺兒青，十分五，倍子一分。右爲細末，拌匀，白口瘡，先以**薑**汁漱了，敷藥；赤口瘡，先以淡醋湯漱了，敷藥。"⑧ 卷三："薑

---

① 秦公：《碑别字新編》，第 127 頁。
② 黄征：《敦煌俗字典》，上海：上海教育出版社，2005 年，13b。
③ "中七"表示《中國藏黑水城漢文文獻》第七册。
④ （明）朱橚：《普濟方》，《文淵閣四庫全書》第 779 册，第 792 頁。
⑤ 同上，第 749 頁。
⑥ 張如青：《俄藏黑水城佚名古方書輯校考釋》，第 17 頁。
⑦ （明）朱橚：《普濟方》，《文淵閣四庫全書》第 756 册，第 749 頁。
⑧ （明）朱橚：《普濟方》，《文淵閣四庫全書》第 759 册，第 867 頁。

水駐車丸：治嵌甲膿出，痛不可忍。右薑水口噙净洗却，用《局方》駐車丸研細敷之。"①

　　"齏"作"薺"，當是受形音相近"齊"字影響，《漢字古音手册》"齏""齊"皆屬精聲齊韻，讀音相同②。又"齏""齊"皆從"齊"，下部有别，當是書寫之誤。故可知"薺"當是"齏"之訛，本當作"齏"。"熱![字]"即"熱齏水"，當爲用來洗漱傷處之水。

---

① （明）朱橚：《普濟方》，《文淵閣四庫全書》第 756 册，第 910 頁。
② 郭錫良：《漢字古音手册》（增訂本），第 107 頁。

《素問·厥論》巨陽厥"腫首"應作"踵首"辨*

劉　陽

（中國中醫科學院中國醫史文獻研究所，北京　100700）

　　提　要：《素問·厥論》"巨陽之厥"的病候有"腫首"一項，王冰注："'腫'或作'踵'，非。"考察出土醫學文獻及《素問》《靈樞》其他篇目關於足太陽經"頭"病位的病候表現，僅有"頭痛"或"衝頭（痛）"。《天回醫簡·脉書·下經》作"蹱頭"，與"踵首"同，"蹱""踵""衝"等字互爲异體字。"踵首"即"衝頭痛"，描述的是一種頭内似有撞突而痛的症狀。《素問·厥論》篇中巨陽厥的"腫首"病候詞，係王冰校勘判斷失誤而選定的錯誤文本，正確的文本應該是"踵首"。

　　關鍵詞：巨陽之厥；腫首；踵首；衝頭痛

　　《素問·厥論》："巨陽之厥，則腫首頭重，足不能行，發爲眴仆。"王冰注："巨陽，太陽也。足太陽脉起於目内眦……由是厥逆外形斯證也。'腫'或作'踵'，非。"[1] 對於太陽厥病經文、注文涉及的訓詁、文理、醫理，古今注家一般作隨文闡釋，未有質疑。本文擬結合出土文獻材料，對注文中王冰校勘記所反映"腫首""踵首"病候的异文問題進行探討。

一、"腫首""踵首"字面詞義之疑

　　"腫"與"踵"字聲符相同，而形符分別从月（肉）、从足，差异較大。《説文·肉部》："腫，癰也。"段玉裁注："按凡膨脹粗大者謂之癰腫。"[2]《説文·足部》："踵，追也。"[3]《説文·止部》："歱，跟也。"段玉裁注："《足部》曰：'跟，足歱也。'跟、歱雙

---

　　* 基金項目：2019 年國家社會科學基金冷門"絕學"與國別史專項：《黃帝内經》古音研究（項目批准號：19VJX163）。

　　① 郭靄春：《黃帝内經素問校注》，北京：人民衛生出版社，1992 年，第 584 頁。
　　② （清）段玉裁：《説文解字注》，北京：中華書局，2013 年，第 174 頁。
　　③ 同上，第 83 頁。

聲。《釋名》曰：‘足後曰跟，或曰踵。踵，鍾也，上體之所鍾聚也。’按劉熙作‘踵’。許喠、踵義別。”① 二字字義完全不同，“腫”一般義爲“脹”，“踵”一般義爲“足跟”（本字作“喠”）“追”“繼承”。兩字各與“首”字構詞，詞義也完全不同。“腫首”，字面義即“頭部脹大”，是比較容易理解的疾病症狀；“踵首”，字面義爲“以足跟踩踏頭部”，無法作爲疾病症狀。故王冰基於文意理解，取“腫”而捨“踵”，文理、醫理上沒有問題。

“踵首”并不是一個習用醫學詞彙，查詢傳世醫籍，并沒有發現相關文例。那麼“踵”字是如何在傳抄版本中出現的？王冰以此出校，顯然不是罕見的情況。可以對比的是，《素問》本篇後文陽明之厥有“癲疾”一症，王冰亦出校云：“‘癲’一爲‘巔’，非。”《素問》別篇中多有“巔疾”，王冰一概解釋爲“巔頂之疾”，但這些“巔疾”在中古醫籍《諸病源候論》《外臺秘要》《千金方》《醫心方》的對應文字內，全部都作“癲疾”，中古以下醫籍中也沒有“巔疾”這個疾病存在。返察《素問》，作“巔疾”者 15 處，作“癲疾”者僅 3 處。這一詞彙現象表明，“癲疾”之“癲”作“巔”，不是王冰所認爲的訛字，而是上古文獻中表示該疾病的通行字，在傳抄過程中逐漸規範爲“癲”字。王冰在校勘時，缺乏語言、文字古今演變的眼光，往往望文生義，容易出現誤訓、誤校。從這一認識出發，推測王冰所見某些《素問》抄本作“踵首”，空穴來風，必有其因，“踵”應是上古文獻中習用字的遺留，“踵首”的詞義宜作重新考量。

二、文獻“踵頭”相關材料

長期以來，無論是傳世醫籍還是出土醫籍，都沒有出現直接書證材料，故關於王冰所見“踵首”的來源問題一直無從進展。幸運的是，新近出版的《天回醫簡·脉書·下經》簡 203 出現了“踵頭”病候，恰與“踵首”可以完全對應。而此病候出現於足太陽經病症中，又與“巨陽之厥”吻合。以“踵頭”爲中介，可關聯到其他文獻材料，馬王堆、張家山出土的《脉書》類文獻中對應的病候是“衝（衝）頭”，或“潼（衝）頭”，或“頭痛”，在《靈樞·經脉》對應的病候是“衝頭痛”。所有的對文，從文字、詞彙及醫理上顯然具有高度的一致性，表示發生於太陽經的一種特殊頭痛。以此進一步調查典籍中所有足太陽經病“頭”病位的相關病候，發現這種一致性仍然適用。見下表：

---

① （清）段玉裁：《說文解字注》，第 68 頁。

表一　典籍足太陽經"頭"病位相關病候一覽表

序號	典籍出處	脉/病名	"頭"病候
1	張家山《脉書》17＋18	巨陽之脉	是勤則病：衝頭⋯⋯其所之病：頭痛。①
2	《陰陽十一脉灸經甲本》2	巨陽脉	【是勤則病：衝頭】⋯⋯【其所產病：頭痛。】②
3	《陰陽十一脉灸經乙本》1	巨陽脉	是僅則病：潼頭⋯⋯其所產病：頭痛。③
4	《足臂十一脉灸經》3	足泰陽脉	其病：【頭】痛。④
5	《天回醫簡·脉書·下經》203	足大陽脉	其病：頭痛⋯⋯踵頭。⑤
6	《靈樞·經脉》	足太陽脉	是動則病：衝頭痛⋯⋯是主筋所生病者：頭囟項痛。⑥
7	《素問·熱病》	傷寒巨陽病	傷寒一日，巨陽受之，故頭項痛，腰脊强。⑦
8	《靈樞·厥病》	太陽厥頭痛	厥頭痛，項先痛，腰脊爲應，先取天柱，後取足太陽。⑧
9	《素問·厥論》	巨陽之厥	巨陽之厥，則腫首頭重，足不能行，發爲眴仆。（王冰注："'腫'或作'踵'，非。"）

　　由上表可見，幾乎所有太陽經的"頭"相關病候均爲頭痛，唯有巨陽之厥的"腫首頭重"例外。而巨陽厥的"腫首"，如果按王冰校記提到的另一版本作"踵首"，則恰可與《天回醫簡·脉書·下經》的"踵頭"契合，并與其他文獻一致。從臨床所見來看，引起頭腫的疾病主要有頭部外傷、毛囊感染、血管性水腫、腦積水等，均與中醫所説的"太陽經病"没有多大關係。而頭痛則是太陽經疾病的典型症狀，這一點也没有异議。因此，完全有理由認爲，《素問·厥論》篇中巨陽厥的"腫首"，係王冰在比對諸本异文之後，產生誤判而選擇的錯誤結果。由於没有足夠的語言文字學底藴，王冰望文生義，把文本事實搞反了，此處正確的文字應該是"踵首"。

三、"踵首"即"衝頭痛"

　　"踵首"在脉書類文獻中的對文有"踵頭""衝頭""潼頭""頭痛""衝頭痛"，其中

---

① 張家山二四七號墓竹簡整理小組：《張家山漢墓竹簡（二四七號墓）》（釋文修訂本），北京：文物出版社，2006年，第118—119頁。

② 裘錫圭：《長沙馬王堆漢墓簡帛集成》（伍），北京：中華書局，2014年，第195頁。

③ 裘錫圭：《長沙馬王堆漢墓簡帛集成》（陸），北京：中華書局，2014年，第9頁。

④ 裘錫圭：《長沙馬王堆漢墓簡帛集成》（伍），第187頁。

⑤ 天回醫簡整理組編著：《天回醫簡》（下），北京：文物出版社，2022年，第41頁。

⑥ 劉衡如校勘：《靈樞經》，北京：人民衛生出版社，1965年，第57頁。

⑦ 郭靄春：《黄帝内經素問校注》，第417頁。

⑧ 劉衡如校勘：《靈樞經》，第112頁。

"踵"字的對文爲"踵""衛""潼""衝"。

《陰陽十一脉灸經乙本》作"潼頭"，"潼"爲水名，按本義，"潼頭"不辭。此處"潼"當爲"徸"之訛，因"彳""氵"隸形相似，將"彳"誤作"氵"的現象，出土文獻和傳世文獻内均常見。《陰陽十一脉灸經乙本》"【鷇（繋）于】潼外踝婁中"，此處"潼"本字爲"足跟"義的"踵"字，張家山《脉書》《陰陽十一脉灸經甲本》《天回醫簡·脉書·下經》皆作异體字"踵"，是其證，其字形變化路徑爲：踵→徸（同義形符替換）→潼（形符訛變）。又《字彙補·水部》："潼，又與衝同。楊慎曰：'《通典》：潼關本作衝關，言河流所衝也。今字作潼，而音仍當呼衝。'"[1]《水經注·河水四》："河在關内南流，潼激關山，因謂之潼關。"[2] 傳世文獻中"潼關"之"潼"與"潼水"無涉，反同"衝"字，亦其證。

"徸""徸""踵""踵""衛""衝"互爲异體。馬叙倫云："彳爲行之省。本部字皆與从行者義無歧别。金甲文从行者或从彳。"[3] "古从行之字，或省其右作彳，或省其左作亍。"[4] 故"衛"字省"亍"可作"徸"。《集韻·鍾韻》："踵，《埤倉》躘踵，行不進貌。一曰小兒行。或从彳。"[5] "踵"或从彳，爲常見的同義形符替換。戴家祥釋"徸"字云："🅇（《叔家父簠》），劉心源曰：'徸，舊釋速，非。从東即重字所从以爲聲者。又从辵爲遱，即踵（《奇觚室吉金文述》卷十七第三十四葉叔家父匡）。'按劉説是也。《玉篇》一二七遱'徒董切'，定母東部，形聲變換則爲徸字。《玉篇》十一九徸音'德紅切'，不但同部而且同母。徸訓行貌，即徸之或作。《説文》：'徸，相迹也。从彳，重聲。一曰往來貌。'行貌、往來貌，其義一也。重聲近童（《玉篇》一二〇衛同衝），故徸徸亦或作徸。《玉篇》'徸，行貌'，表義更旁。徸亦作踵，止象脚趾形，與足義相貫也。故字从止表義者，亦或更旁从足（《説文》跟或作㞕）。《一切經音義》十二：'古文踵今文踵同。'《説文》：'踵，追也。从足，重聲。一曰往來貌。'毛公鼎'金踵金豙'作金踵金豙。《唐韻》踵、徸皆讀'之隴切'，照母東部。同聲必然同義，《廣雅·釋詁三》：'踵，迹也。'是徸、徸、徟、速、遱、踵、潼、踵，本一字之演變也。《離騷》'及前王之踵武'王逸注：'踵，繼也。'《孟子·滕文公上》'踵門而告文公曰'趙岐注：'踵，至也。'與器銘義相適應。"[6]

故《素問·厥論》巨陽厥的"踵"，《陰陽乙》的"潼〈徸〉"，《脉書·下經》的"踵"，《靈樞·經脉》的"衝"，本字均是張家山《脉書》所用的"衛"字，諸字互爲异體，而通行字作"衝"。故"踵首"即是"衝頭"，爲"衝頭痛"之省，表示足太陽經的一種特殊頭痛病候。"衝"亦同"撞"（具體論證見拙文《足太陽經病"衝頭""衝頭痛"辨義》，刊於《中華醫史雜志》2018 年第 4 期），"衝頭痛"描述的是一種頭内似有撞突

① （清）吳任臣：《字彙補》，上海：上海辭書出版社，1991 年，第 117 頁。
② （北魏）酈道元著，陳橋驛校證：《水經注校證》，北京：中華書局，2007 年，第 108 頁。
③ 馬叙倫：《説文解字六書疏證》卷四，上海：上海書店，1985 年，第 53 頁。
④ 同上，第 71 頁。
⑤ 趙振鐸：《集韻校本》，上海：上海辭書出版社，2013 年，第 32 頁。
⑥ 李圃：《古文字詁林》，上海：上海教育出版社，2004 年，第 505 頁。

而痛的症狀，類似於今常見的"血管性頭痛"，其症以一側或雙側陣發性搏動性跳痛、脹痛或鑽痛爲特點①。

四、"腫首"之"腫"宜視爲"踵"之訛文而非通假

"腫"與"踵"同聲符，通假無礙。但"腫"爲常見醫用字，如以其爲通假字，在構詞文意通順的前提下，讀者很難意識到存在通假現象，無法產生進一步追尋"本字"的動機。緣於此，醫籍作者在寫作時肯定會有意避免拿"腫"字去作另一個醫用字的通假字。遍查醫籍，確實也找不到這樣的例子（馬王堆《周易經傳·衷》有一例："大牀（壯），小膧（動）而大從。"② 非醫籍）。故《素問·厥論》篇中巨陽厥的"腫首"的"腫"字，不宜視爲"踵"的通假字，而以判斷爲傳抄時產生的訛字爲妥。

五、總結

經文字學、訓詁學、詞彙學的綜合考察，結合文理、醫理分析認爲，《素問·厥論》篇中巨陽厥的"腫首"病候詞，係王冰校勘判斷失誤而選定的錯誤文本，正確的文本應該是"踵首"。該處經文應作："巨陽之厥，則踵首頭重，足不能行，發爲眴仆。"

① 劉陽、顧漫：《足太陽經病"衝頭""衝頭痛"辨義》，《中華醫史雜志》2018 年第 4 期，第 228—231 頁。
② 裘錫圭：《長沙馬王堆漢墓簡帛集成》（叁），北京：中華書局，2014 年，第 90 頁。

馬王堆帛書《五十二病方》新釋三則 *

孫　濤

（中國石油大學（華東）文法學院，山東　青島　266580）

　　提　要：馬王堆帛書《五十二病方·腸癪》"東陳垣"之"陳"是"陳列"義，"東陳垣"指"（自西）向東陳列的墙"，即"順東西向的墙"；《癃》"刀而割若，葦而刜若"之"而"同"以"，"葦而刜若"讀爲"錐而劇若"，指"以錐刺你"，這跟"刀而割若"嚴格對文；《癃》《朐傷》"苦湩（唾）"之"苦"是"急"義，"苦湩（唾）"即《千金翼方》中的"急唾"，指急速地吐唾沫，常用來驅鬼邪。

　　關鍵詞：馬王堆帛書；《五十二病方》；東陳垣；葦而刜若；苦湩（唾）

一、東陳垣

馬王堆帛書《五十二病方》見"東陳垣"：

> 　　（1）一，穿小瓠壺，令其空（孔）盡容積（癪）者腎與撮（朘），即令積（癪）者煩夸（瓠），東鄉（嚮）坐於<u>東陳垣</u>下，即内（納）腎、丨膓（朘）於壺空（孔）中。（馬王堆帛書《五十二病方·腸癪》230/217—231/218）①

　　馬繼興認爲："《説文·土部》：'垣，墙也。'陳垣，舊的墙壁。"② 諸家多從此説③。

---

　　* 基金項目：中央高校基本科研業務費專項資金資助（23CX06050A）、山東省高等學校青年創新團隊發展計劃（2023RW018）。

① 裘錫圭主編：《長沙馬王堆漢墓簡帛集成》（伍），北京：中華書局，2014 年，第 256 頁。

② 馬繼興：《馬王堆古醫書考釋》，長沙：湖南科學技術出版社，1992 年，第 490 頁。

③ 見嚴健民《五十二病方注補譯》，北京：中醫古籍出版社，2005 年，第 114 頁；周祖亮、方懿林《簡帛醫藥文獻校釋》，北京：學苑出版社，2014 年，第 122 頁；張雷編著《馬王堆漢墓帛書〈五十二病方〉集注》，北京：中醫古籍出版社，2017 年，第 283 頁。

又見於周家臺秦簡醫方：

（2）·巳（已）齲方：見東陳垣，禹步三步，曰："皋（皋）！敢告東陳垣君子，某病齲齒，笱（苟）令某齲巳（已），請｜獻驪牛子母。"前見地瓦，操。見垣有瓦，乃禹步，巳（已），即取垣瓦貍（埋）東陳垣｜止（址）下。置垣瓦下，置牛上，乃以所操瓦蓋之，堅貍（埋）之。所謂"牛"者，頭虫（蟲）也。（周家臺秦簡《病方及其他·已齲方（一）》326—328）①

整理者注："陳垣，舊墙。"② 王貴元補充道："東陳垣，東邊的舊墙。齲齒而求助東陳垣，可能是因爲牙齒排列，其形如墙。"③ 諸家多從此説④。

睡虎地秦簡數術文獻見"北南陳垣"：

（3）月中旬，毋起北南陳垣及｜贈（增）之，大凶。（睡虎地秦簡《日書甲種·土忌（二）》138背/29反—139背/28反）⑤

整理者注："北南陳垣，順南北向的墙。"⑥ 劉樂賢同此説："每月中旬不可起南北向的墙，其來歷待考。"⑦ 值得注意的是劉國勝、彭錦華已將例3"南北陳垣"跟例1、2"東陳垣"聯繫起來，但是限於體例，未展開論述，僅言"可參看"⑧。

按："東陳垣""北南陳垣"之"陳"皆是"陳列"義，而非"陳舊"義。《廣雅·釋詁》："陳，列也。""列，陳也。"《玉篇·阜部》："陳，布也。""列""陳"同義，古訓多見⑨，不贅舉。此"陳"常用來修飾或説明可呈行列狀之物。先來看"南北/東西—陳"，《論衡·難歲》："若煙雲虹蜺，直經天地，極子午南北陳乎。"黃暉校釋引《關尹内傳》："天地南午北子。"⑩ "子午南北陳"即"子午南北陳列"，指（煙雲虹蜺）南北向陳列。"陳"又作"列"，馬王堆帛書《五十二病方·尤（疣）》105/105："以月晦日日下餔時，

① 劉國勝、彭錦華撰著：《周家臺秦墓簡牘》，陳偉主編《秦簡牘合集·釋文注釋修訂本》（叁），武漢：武漢大學出版社，2016年，第232頁。
② 湖北省荆州市周梁玉橋遺址博物館編：《關沮秦漢墓簡牘》，北京：中華書局，2001年，第129頁。
③ 王貴元：《周家臺秦墓簡牘釋讀補正》，《考古》2009年第2期，第71頁。
④ 見周祖亮、方懿林著《簡帛醫藥文獻校釋》，第33頁；張雷編著《秦漢簡牘醫方集注》，北京：中華書局，2018年，第72、73頁。
⑤ 彭浩等撰著：《睡虎地秦墓簡牘》，陳偉主編《秦簡牘合集·釋文注釋修訂本》（貳），武漢：武漢大學出版社，2016年，第465頁。
⑥ 睡虎地秦墓竹簡整理小組編：《睡虎地秦墓竹簡·釋文注釋》，北京：文物出版社，1990年，第226頁。
⑦ 劉樂賢：《睡虎地秦簡日書研究》，臺北：文津出版社，1994年，第296頁。
⑧ 劉國勝、彭錦華撰著：《周家臺秦墓簡牘》，陳偉主編《秦簡牘合集·釋文注釋修訂本》（叁），第61、232頁。
⑨ 宗福邦等主編：《故訓匯纂》，北京：商務印書館，2007年，第222、2425頁。
⑩ 黃暉：《論衡校釋》，北京：中華書局，2018年，第887頁。

取由（塊）大如鷄卵者，男子七，女子二七∟。先［以］由（塊）置室後，令南北列
□。"① "南北列"即"（由（塊））南北走向陳列"。《史記·天官書》"廷藩西有隋星五"，
張守節《正義》："少微四星，在太微西，南北列。"《晉書·天文志上》："旗端四星南北
列。"此其同例。關於"方位詞—陳"，《儀禮》中相當多見，如"東陳"，《儀禮·大射
儀》："又設洗於獲者之尊西北，水在洗北，篚在南，東陳。"《聘禮》："六壺西上，二以
并，東陳。""門外：米三十車，車，秉有五籔，設於門東，爲三列，東陳。""堂上籩、
豆六，設於户東，西上，二以并，東陳。""西陳"，《聘禮》："堂上八豆，設於户西，西
陳。""壺東上，西陳。""禾三十車，車，三秅，設於門西，西陳。""南陳"，《儀禮·大
射儀》："樂人宿縣於阼階東，笙磬西面，其南笙鐘，其南鑮，皆南陳。""西階之西，頌
磬東面，其南鐘，其南鑮，皆南陳。""罍水在東，篚在洗西，南陳。"《公食大夫禮》：
"其西稷，錯以終，南陳。""簋實，實於筐，陳於楹内、兩楹間，二以并，南陳。""北
陳"，《公食大夫禮》："豆實，實於甕，陳於楹外，二以并，北陳。"等。彭林、楊天宇、
許嘉璐等學者對此的解釋一致，認爲"東陳"指"（自西）向東陳列"，其他同理②，即
方位詞作副詞，修飾動詞"陳"，説明其方向。《儀禮》中又見"方位詞—順"，《士喪
禮》："素俎在鼎西，西順，覆匕，東柄。"《既夕禮》："掘坎，南順。""設杆於東堂下，
南順，齊於坫。""篚在東，南順。""方位詞—順/陳"同義，"順"有"陳"義，《爾雅·
釋詁上》："順，陳也。"王引之《經義述聞》辨之甚詳，可參看③。《銀雀山漢墓竹簡》
〔壹〕《孫臏兵法·地葆》345："南陳之山，生山也。東陳之山，死山也。東注之水，生
水也；北注之水，死水。不留死水。"整理者注："南陳，當指東西走向。東陳，當指南
北走向。"④ 張震澤校理道："陳，列也。"認爲該句是"舉一反三之例"，"假如南列之山
是生山，則東列西列北列之山皆爲死山。假如東注之水是生水，則北注南注西注之水皆
爲死水"⑤。按：文獻中"方位詞—注"的結構相當多見，如上博簡（二）《容城氏》25—
27："坴（禹）迵（通）淮與忻（沂），東鼓（注）之湔（海），於是虖（乎）競州、簹
（莒）州旬（始）可尻（處）也。坴（禹）乃迵（通）蔞與湯（易），東鼓（注）之丨湔
（海），於是虖（乎）藕（并）州旬（始）可尻（處）也。坴（禹）乃迵（通）三江五沽
（湖），東鼓（注）之湔（海），於是虖（乎）暜（荆）州、鄥（揚）州旬（始）可尻
（處）也。坴（禹）乃迵（通）泲（伊）、洛，并里〈廛（瀍）〉、干（澗），東丨鼓（注）
之河，於是於（乎）敊（豫）州（始）可尻（處）也。坴（禹）乃迵（通）經（涇）與

　　① 裘錫圭主編：《長沙馬王堆漢墓簡帛集成》（伍），第 235 頁。

　　② 見彭林譯注《儀禮》，北京：中華書局，2012 年，第 218 頁；楊天宇《儀禮譯注》，上海：上
海古籍出版社，2004 年，第 240 頁；許嘉璐注譯《儀禮》，許嘉璐主編、梅季副主編《文白對照十三
經》，廣州：廣東教育出版社，2005 年，第 84 頁。

　　③ （清）王引之撰，虞思徵等校點：《經義述聞》，上海：上海古籍出版社，2018 年，第 1571—
1572 頁。

　　④ 銀雀山漢墓竹簡整理小組編：《銀雀山漢墓竹簡》（叁），北京：文物出版社，1985 年，第 61、
62 頁；山東博物館、中國文化遺產研究院編：《銀雀山漢墓簡牘集成》（貳），北京：文物出版社，2021
年，第 26 頁。

　　⑤ 張震澤：《孫臏兵法校理》上編，北京：中華書局，2014 年，第 72—73 頁。

渭，北鼓（注）之河，於是虖（乎）虞州奇（始）可尻（處）也。"① 上文記載大禹疏通江河，將洪水"東注於海"或"北注於河"。《詩經·大雅·文王有聲》："豐水東注。"鄭箋："昔堯時洪水，而豐水亦泛濫爲害。禹治之，使入渭，東注於河，禹之功也。"《楚辭·九懷·尊嘉》："榜舫兮下流，東注兮磕磕。"《山海經·海內東經》："渭水出鳥鼠同穴山，東注河，入華陰北。""沅水出象郡鐔城西，東注江，入下雋西，合洞庭中。贛水出聶都東山，東北注江，入彭澤西。泗水出魯東北而南，而南，西南過湖陵西，而東南注東海，入淮陰北。"《史記·河渠書》："令鑿涇水自中山西邸瓠口爲渠，并北山東注洛三百餘里。"又《司馬相如列傳》引《上林賦》："東注大湖。"《淮南子·泰族訓》："禹鑿龍門，闢伊闕，決江濬河，東注之海，因水之流也。"從詞語結構看，以上"方位詞—注"之"方位詞"皆是副詞，修飾動詞"注"，説明其方向，銀雀山漢簡《孫臏兵法·地葆》"東/北注之水"明顯同屬於此結構，同理，與之嚴格對文的"南/東陳之山"應即"（自北）向南/（自西）向東之山"。"墻"也呈行列狀，因此也可以用"陳"來修飾。"東陳垣"應即"（自西）向東陳列的墻"，具體所指即"順東西向的墻"。值得注意的是周家臺秦簡有以下藥方：

（4）·巳（已）齲方：以叔（菽）七，税（脱）去黑者，操兩瓦，之東西垣日出所燭，先貍（埋）一瓦垣止（址）下，復環（還），禹步三｜步，祝曰："嘑（呼）！垣止（址），笱（苟）令某齲巳（已），予若叔（菽）子。"而數之七，齲巳（已），即以所操瓦而蓋□。　［周家臺秦簡《病方及其他·已齲方（二）》329—330］②

按：《爾雅·釋宮》："東西墻謂之序。"邢昺疏："此謂室前堂上東厢、西厢之墻也。"此"東西墻"應即"東［墻］、西墻"兩處位置。從語境看，例4"東西垣"應該是一處位置，因此不大可能是"東［垣］、西垣"；又考慮到例2、例4同屬於周家臺秦簡中的"已齲方"，其中的"東列垣""東西垣"很可能是一回事，因此"東西垣"更可能即"東西列垣"，即"順東西向的垣"，這就跟"東陳垣"所指相同了。

二、葦而刖若

（5）一，身有癃者，曰："睪（皋），敢【告】大山陵：某【不】幸病癃，我直（值）百疾之□，我以明（明）月炻（炙）若，寒且□若，/以柞椴柱若，以虎蚤（爪）抉取若，刀而割若，葦而刖若，今□若不去，苦湮（唾）□若。"

① 俞紹宏、張青松編著：《上海博物館藏戰國楚簡集釋》第2冊，北京：社會科學文獻出版社，2019年，第179—180頁。

② 劉國勝、彭錦華撰著：《周家臺秦墓簡牘》，陳偉主編《秦簡牘合集·釋文注釋修訂本》（叁），第233頁。

即以│朝日未食，東鄉（嚮）湮（唾）之。（馬王堆帛書《五十二病方・癃》
379/369—381/371）①

　　例 5 劃綫句，整理者釋作“我以明月炤若，寒□□□以柞檖，梪若以虎蚤，抉取
若刀，而割若葦，而刖若肉”②，諸家多從此句讀③。其中的“葦”，或讀爲“尾”，如周
一謀、蕭佐桃認爲：“葦當爲尾之同音假借，意即割了你的尾巴。與下文‘而刖若肉’恰
好語意通貫。”④ 馬繼興認爲：“尾，原作葦，尾與葦上古音均微部韻。尾爲明母，葦爲
匣母紐。故葦假爲尾。”“刖，古代砍斷雙足的刑罰。《爾雅・釋言》：‘跀，刖也。’李注：
‘斷足曰刖。’《周禮・司刑》：‘刖罪五百。’鄭注：‘刖，斷足也。’刖字又有斷、絶之義。
如《尚書・周書・呂刑》：‘刖辟之屬五百。’《經典釋文》卷四：‘刖，絶也。’《廣雅・釋
詁一》：‘刖，斷也。’”⑤ 或讀爲“韋”，如魏啓鵬、胡翔驊認爲：“割若葦：割你的皮。
葦讀爲韋。”⑥ 張顯成認爲：“葦，當釋‘韋’……渾言之則‘韋’‘皮’無別。‘而割若
韋’一句意即：剥你的皮。”⑦ 張雷從此說⑧。裘錫圭改“梪”作“柱”⑨。范常喜改釋作
“我以明月炤（炙）若，寒□□□若，以柞檖（實）柱（投）若，以虎蚤（爪）抉取若，
刀而割若，葦而刖若”，認爲“刀而割若”：“只是由於此處爲祝由之語，爲了講求句式整
齊，便於祝説，省略了‘刀’前的動詞而變爲了‘刀而割若’。”“葦而刖若”：“‘葦’即
葦索，古人認爲有辟邪的作用。……‘刖’，馬繼興先生已指出‘刖字又有斷、絶之義’，
所以‘葦而刖若’大意爲‘用葦來繫縛且砍你。’”而後改譯作“用葦來砍你”⑩，周祖亮
和方懿林從此語譯⑪。廣瀬薫雄⑫、《馬王堆集成》皆從此句讀⑬。劉欣改句讀作：“刀而

　　① 裘錫圭主編：《長沙馬王堆漢墓簡帛集成》（伍），第 283 頁。
　　② 馬王堆漢墓帛書整理小組編：《五十二病方》，北京：文物出版社，1979 年，第 113 頁。
　　③ 見馬繼興《馬王堆古醫書考釋》，第 595 頁；周一謀、蕭佐桃主編《馬王堆醫書考注》，天津：
天津科學技術出版社，1989 年，第 200 頁；魏啓鵬、胡翔驊《馬王堆漢墓醫書校釋》（壹），成都：成
都出版社，1992 年，第 141 頁；張雷編著《馬王堆漢墓帛書〈五十二病方〉集注》，第 447 頁。
　　④ 周一謀、蕭佐桃主編：《馬王堆醫書考注》，第 201 頁。
　　⑤ 馬繼興：《馬王堆古醫書考釋》，第 595 頁。
　　⑥ 魏啓鵬、胡翔驊：《馬王堆漢墓醫書校釋》（壹），第 142 頁。
　　⑦ 張顯成：《馬王堆醫書釋讀札記》，《簡帛研究》第 2 輯，北京：法律出版社，1996 年，第 167 頁。
　　⑧ 張雷編著：《馬王堆漢墓帛書〈五十二病方〉集注》，第 450 頁。
　　⑨ 裘錫圭：《馬王堆醫書釋讀瑣議》，《裘錫圭學術文集・簡牘帛書卷》，上海：復旦大學出版社，
2015 年，第 187 頁。
　　⑩ 范常喜：《〈五十二病方〉札記一則》，簡帛網（http://www.bsm.org.cn/?boshu/4628.html），
2006 年 9 月 6 日；范常喜：《〈五十二病方〉“身有癃者”祝由語補疏》，《簡帛探微——簡帛字詞考釋與
文獻新證》，上海：中西書局，2016 年，第 138 頁。
　　⑪ 周祖亮、方懿林：《簡帛醫藥文獻校釋》，第 154 頁。
　　⑫ ［日］廣瀬薫雄：《〈五十二病方〉的重新整理與研究》，《文史》2012 年第 2 輯，第 57 頁。
　　⑬ 裘錫圭主編：《長沙馬王堆漢墓簡帛集成》（伍），第 283 頁。

割若葦（韋），而刵若肉。"① 蕭旭認爲"葦"讀爲"鏵"，指鍬子②。

按：據范常喜的句讀，除了"寒且□若"的意義不明，暫不討論外，"以明（明）月炻（炙）若""以柞槍（實）柱（投）若""以虎蚤（爪）抉取若"的句式一致，皆是"以某物某方式懲罰你"。據此，我們認爲"刀而割若""葦而刵若"之"而"應同"以"，"而，猶'以'也"，王引之論之甚詳，可參看③；如此在意義上，"刀而（以）割若""葦而（以）刵若"同"以刀割若""以葦刵若"，這就跟前文的諸句一致了，其句式語序變化應該主要是修辭手法。按照我們的補充意見，范常喜的句讀確實整齊一致，因此其説甚是，前人據原句讀釋"葦"作"尾""韋"以及劉欣的句讀，恐皆不可信。不過，諸家對"葦而刵若"的具體解釋似不妥當：首先，將"葦而刵若"譯作"用葦來繫縛且砍你"明顯有增字解經之嫌，"繫縛"屬於隨文釋義；其次，從語境看，"明月—炙""柞實—投""虎爪—抉取""刀—割"中的前一名詞都是後一動作的施動者，因此"葦而刵若"確應譯作"用葦砍你"，但是以"葦"實施"打""擊""抽"等行爲皆較爲合理，而"砍"一類的動詞，一般是利器所爲，以"葦"來實施似乎有違常理；最後，"鏵"跟文義關係較遠，也不可信。

秦漢簡帛中"刵"的用字習慣值得注意，我們根據"秦漢簡語料庫"統計，其中的"刵"凡四見，除上引例5外，其他三例無一例外皆記〔劌〕：

（6）廉而毋刵（劌）。（睡虎地秦簡《爲吏之道》9壹）

（7）斷割不刵（劌）。（睡虎地秦簡《爲吏之道》29壹）④

（8）·方而不割，廉而不刵（劌）。（北大漢簡《老子上經·第二十二章》60）⑤

例6"刵"，整理者注："廉本義爲棱角，刵本義爲割斷。廉而毋刵，行事正直而不傷人，與《老子》等古書常見的'廉而不劌'同義。下面'斷割不刵'一句，意與此句相近。"⑥ 白於藍指出："廉字之棱角之義應當是堂之邊側的引申義，非其本義。""刵"之本義是斷足，"刵字之訓爲割斷，應是斷足之義的引申義，而非其本義"，又考證道：

---

① 劉欣：《馬王堆漢墓帛書〈五十二病方〉校讀與集釋》，復旦大學碩士學位論文，2010年，第111頁。

② 蕭旭：《馬王堆古醫書校補》，《中醫典籍與文化》第1輯，北京：社會科學文獻出版社，2022年，第62頁。

③ （清）王引之撰，李花蕾校點：《經傳釋詞》，上海：上海古籍出版社，2016年，第141—142頁。

④ 彭浩等撰著：《睡虎地秦墓簡牘》，陳偉主編《秦簡牘合集·釋文注釋修訂本》（壹），武漢：武漢大學出版社，2016年，第300頁。

⑤ 北京大學出土文獻研究所編：《北京大學藏西漢竹書》（貳），上海：上海古籍出版社，2012年，第133頁。

⑥ 睡虎地秦墓竹簡整理小組編：《睡虎地秦墓竹簡·釋文注釋》，北京：文物出版社，1990年，第226頁。

　　刖字古未見有傷人之義，故簡文此處之"刖"應從《老子》等古書直接讀爲"劌"。上古音刖爲疑母月部字，劌爲見母月部字。兩字聲母同爲喉音，韻則又疊韻，古音很近，例可相通。刖從月聲，劌從歲聲。楚簡中歲作戉，所從月旁即兼具表音和表義兩方面的功能。……可證刖可直接讀作劌。《說文》："劌，利傷也。"《老子》："廉而不劌。"王弼《注》："劌，傷也。"①

秦簡牘研究者多從此說②，例 8 整理者同此說：

　　"刖"，帛乙作"剌"，王本等作"劌"，河本作"害"。"刖"（疑母月部）、"劌"（見母月部）、"害"（匣母月部）音義皆近，《說文·刀部》："刖，絕也"，"劌，利傷也"，"剌，直傷也"，《宀部》："害，傷也"，故諸字可互用。睡虎地秦簡《爲吏之道》："廉而毋刖"，襲用《老子》語，"劌"亦作"刖"。此處"刖"仍應讀爲"劌"。③

　　據此，我們認爲"葦而刖若"之"刖"也應讀爲"劌"，這與其在秦漢簡帛中的常見用字習慣一致，而且值得注意的是例 5"刀而割若，葦而刖（劌）若"是"割""刖（劌）"嚴格對文，這跟《老子》"割""刖（劌）"對文一致。"劌"指利器割傷，《說文·刀部》："劌，利傷也。"段注："利傷者，以芒刃傷物。"④《玉篇·刀部》："劌，利傷也。"《廣韻·祭韻》："劌，傷也，割也。"《禮記·聘義》："君子比德於玉焉：……廉而不劌，義也。"鄭玄注："劌，傷也。"孔穎達疏："劌，傷。言玉體雖有廉棱，而不傷割於物，人有義者亦能決斷而不傷於物。"《孔子家語·問玉》："廉而不劌，義也。"王肅注："劌，割而有廉隅而不割傷也。"此以"割"訓"劌"。《戰國策·齊五》"蘇秦說齊閔王曰"："今雖干將、莫邪，非得人力，則不能割劌矣。"鮑彪注："劌，利傷也。"此"割劌"同義連文。又可專指刺傷，《方言》卷三："凡草木刺人，北燕朝鮮之間謂之茦，或謂之壯。自關而東或謂之梗，或謂之劌。自關而西謂之刺。江湘之間謂之棘。"郭璞注："劌者，傷割人名。"《廣雅·釋詁二》："梗、劌、棘、傷、茦、刺，箴也。"此"箴"即"刺"義。《廣雅·釋詁一》："鍼，刺也。"《集韻·沁韻》："針，刺也。"是其證。根據"劌"的語義範圍，可以推測，"葦"是一種有利刃可以割傷或有銳角可以刺傷的利器。據此，我們認爲"葦"可讀爲"錐"。上古音"葦"是匣母微部，"錐"是章母微部，兩字韻部相同，聲母似乎較遠，但是"隹"聲旁字跟"匣"母關係密切，如"隹"是章母微部，而"帷"是匣母微部，因此兩字音近可通；而且文獻中"韋""隹"兩聲旁字通假

　　①　白於藍：《睡虎地秦簡〈爲吏之道〉校讀札記》，《江漢考古》2010 年第 3 期，第 125 頁。
　　②　彭浩等撰著：《睡虎地 11 號秦墓竹簡》，陳偉主編《秦簡牘合集》（壹），武漢：武漢大學出版社，2014 年，第 323 頁；彭浩等撰著：《睡虎地秦墓簡牘》，陳偉主編《秦簡牘合集·釋文注釋修訂本》（壹），第 301 頁。
　　③　北京大學出土文獻研究所編：《北京大學藏西漢竹書》（貳），第 133 頁。
　　④　丁福保編撰：《說文解字詁林》，北京：中華書局，1988 年，第 4645 頁。

例較多，如古書中"帷"可通"匯""幃""闈"①，最新公布的北大秦簡《算書》甲種"方田術"見"韋"通"維"，04—229～04—100："有（又）耤（藉）卅一分十五，令韋（維）乘｜上十五，有（又）令十五自乘殹（也）。十五成一，從韋（維）乘者而卅一成一，乃得從上即成，爲田一畝。"韓巍引鄒大海的意見："本題中的'韋'字可能通'維'。在中國古代算書的盈不足問題中，常有'維乘'的説法，以前大家都理解爲交叉相乘的意思。聯繫北大簡的情形，如果'韋乘'與'維乘'是同一術語之不同寫法的話，以前的理解可能有些片面了。這裏的'韋乘'有交織地、交互地乘的意思，在不同的具體問題有不同的表現形式。"又引郭書春的意見："'韋乘'即《九章算術》'盈不足'章的'維乘'。"韓巍補充道："'韋'可能通'緯'，'緯乘'是取經緯交織的形象來形容交互相乘的算法，'維'反而是後起的同音假借字。"② 因此，"韋"可通"錐"。"錐"指有銳尖可以刺傷的利器，《急就篇》卷三"錐"顏師古注："錐，所以刺入也。"文獻中又常訓作"鍼"，《戰國策·秦一》："引錐自刺其股。"鮑彪注："錐，銳也，鍼之類。"《玉篇·金部》："錐，鍼也。"《慧琳音義》卷一百"錐頭"注："針之大者曰錐。"又引申爲"尖銳"義，《説文·金部》："錐，銳也。"《釋名·釋用器》："錐，利也。"秦漢簡帛見此"錐"，如睡虎地秦簡《法律問答》86："鬬以箴（鍼）、釱、錐，若箴（鍼）、釱、錐傷人，各可（何）論?"整理者注："箴，即針，釱，《管子·輕重乙》注：'長鍼也。'"③ 岳麓秦簡（肆）第三組361正："鐵椎（錐）鐵鋒（鋒）不可久（記）刼（刻）。"整理者注："鐵，見《廣雅·釋詁》：'鐵，銳也。'"④ 值得注意的是文獻中"刀""錐"多連文，如《左傳·昭公六年》："錐刀之末，將盡爭之。"杜預注："錐刀末，喻小事。"《荀子·議兵》："以詐遇齊，辟之猶以錐刀墮太山也，非天下之愚人莫敢試。"《吕氏春秋·下賢》："錐刀之遺於道者莫之舉也。"《韓非子·外儲説左上》："錐刀遺道三日可反。"《淮南子·覽冥訓》："乃背道德之本，而爭於錐刀之末。"又《説山訓》："折鏌邪而爭錐刀。"《漢書·西域傳下》："其旁國少錐刀，貴黄金采繒，可以易穀食，宜給足不乏。"又對文，《墨子·親士》："今有五錐，此其銛，銛者必先挫；有五刀，此其錯，錯者必先靡。"又共見，《管子·輕重乙》："一女必有一刀、一錐、一箴、一釱，然後成爲女。"岳麓秦簡（肆）第二組109正："郵具二席及斧、斤、鑿、錐、刀、甀（瓮）、緜絮（絮）。"⑤ 居延新簡EPT68.62："又各持錐、小尺白刀、箴（箴—鍼）各一。"⑥ 如此則例5"刀而割若，

———————————

　① 高亨纂著，董治安整理：《古字通假會典》，濟南：齊魯書社，1989年，第497頁。

　② 韓巍：《北大秦簡〈算書〉土地面積類算題初識》，《簡帛》第8輯，上海：上海古籍出版社，2013年，第40頁。

　③ 睡虎地秦墓竹簡整理小組編：《睡虎地秦墓竹簡·釋文·注釋》，北京：文物出版社，1990年，第113頁。

　④ 陳松長主編：《岳麓書院藏秦簡》（肆），上海：上海辭書出版社，2015年，第214、229頁。

　⑤ 同上，第104頁。

　⑥ 張德芳主編，張德芳、韓華著：《居延新簡集釋（六）》，蘭州：甘肅文化出版社，2016年，第360頁。秦漢簡帛又見"椎（錘）"，睡虎地秦簡《日書甲種·詰》40背貳："以鐵椎椯（段）之。"馬王堆帛書《五十二病方·癩》213/200："即以鐵椎改段之二七。"此"椎"實際是無刃之"錘"，因此纔可以"段"（錘擊），跟我們討論的有銳角的"錐"不相關。

葦（錐）而刵（劇）若”之“刀”“錐”共見也跟文獻常例相合。

綜上，例5“刀而割若，葦（錐）而刵（劇）若”指“以刀割你，以錐刺你”，如此文義比較協調。

三、苦唾

上引例5“今□若不去，苦潳（唾）□若”之“苦唾”又見於下文：

（9）脪傷：取久溺中泥，善擇去其蔡、沙石。置泥器中，旦以苦潳（唾）□端。以器【中】泥傅（敷）傷，□□∣之，傷巳（已）。巳（已）用。（馬王堆帛書《五十二病方·脪傷》340/330—341/331）①

例5整理者釋作“‘今□若不去，苦。’潳□□□□□”②，諸家多從此説③，馬繼興認爲：“苦，困苦，苦難。”“潳”通“唾”，語譯作“你如果還不肯離開，就讓你倍受困苦（此處‘唾’字後缺五字。文義不詳）”④。張雷同此説⑤。周一謀、蕭佐桃認爲：“以上皆祝由之詞，意在詛咒和威脅致病的魔鬼。缺字擬補爲‘如’字。‘如若不去，苦’，意思是説如果你這降病的魔鬼還不趕快離去的話，就將讓你吃盡苦頭。”⑥ 廣瀬薫雄重新拼合帛書後，改釋作“‘今□若不去，苦潳（唾）□若。’即以”，指出：

　　按照原釋文，此咒語以“而刵若肉，□若不去，苦”結束。現在看來，此咒語當以“今【□】若不去，苦潳（唾）□若”結束，“苦”“潳”不能斷開。苦唾就是苦的唾沫，與下“東嚮唾之”對應。苦唾亦見本篇330行“旦以苦潳（唾）□端”。⑦

《馬王堆集成》同此説⑧，周祖亮、方懿林語譯作“將狠狠吐唾你”⑨。

---

① 裘錫圭主編：《長沙馬王堆漢墓簡帛集成》（伍），第275頁。
② 馬王堆漢墓帛書整理小組編：《五十二病方》，第113頁。
③ 馬繼興：《馬王堆古醫書考釋》，第594頁；周一謀、蕭佐桃主編：《馬王堆醫書考注》，第201頁；魏啓鵬、胡翔驊：《馬王堆漢墓醫書校釋》（壹），第141頁；張雷編著：《馬王堆漢墓帛書〈五十二病方〉集注》，第447頁。
④ 馬繼興：《馬王堆古醫書考釋》，第594、595頁。
⑤ 張雷編著：《馬王堆漢墓帛書〈五十二病方〉集注》，第447頁。
⑥ 周一謀、蕭佐桃主編：《馬王堆醫書考注》，第201頁。
⑦ ［日］廣瀬薫雄：《〈五十二病方〉的重新整理與研究》，第57頁。
⑧ 裘錫圭主編：《長沙馬王堆漢墓簡帛集成》（伍），第283頁。
⑨ 周祖亮、方懿林：《簡帛醫藥文獻校釋》，第154頁。

例9"且以苦湩（唾）□端"，整理者釋作"且以苦酒□□"，"苦酒，醋的古稱"①，諸家多從此説②，廣瀨薰雄新釋出"端"字，并據陳劍的意見改"酒"爲"湩（唾）"③，《馬王堆集成》④、張雷并從此説⑤。

按：廣瀨薰雄的改字和句讀皆可信，唯將"苦唾"釋作"苦的唾沫"似不妥當。一般來説，唾沫并無味道，"苦的唾沫"恐怕不合常理，而將"苦"釋作"狠狠"則缺少文獻例證。"苦"有"急"義，《廣雅·釋詁一》："苦，急也。"王念孫疏證：

苦者，《文選·廣絶交論》注引《説文》云："苦，急也。"《莊子·天道篇》云："斲輪徐則甘而不固，疾則苦而不入。"《淮南子·道應訓》與《莊子》同，高誘注云："苦，急意也；甘，緩意也。"《方言》："苦，快也。""快"與"急"亦同義，今俗語猶謂急爲"快"矣。⑥

上引《莊子》"疾則苦而不入"，陸德明《釋文》引司馬云："苦者，急也。"《淮南子·精神訓》："苦洿之家，決洿而注之江。"高誘注："苦，猶疾也。"《春秋繁露·玉杯》："造而勿趨，稽而勿苦。"凌曙注："趨，促也。"引《淮南子》注："苦，急意也。"此"趨""苦"同義對文，并是"急"義。《文選》劉峻《廣絶交論》"論嚴苦則春叢零落"，李善注引《説文》曰："苦，急也。"胡紹煐《箋證》認爲"《説文》"二字有誤，并引《廣雅·釋詁》"苦，急也"、《文選·文賦》注引《莊子》司馬彪注"苦，急也"爲證⑦。按：《説文古本考》指出："（一曰急也）唐本尚有之，今皆爲二徐妄删去矣。《集韻》《類篇》《韻會》皆引'一曰急也'，是小徐本，尚有此四字。"⑧ 又鮑照《代北風涼行》："問君得行何當歸，苦使妾坐自傷悲。"叢玲玲、丁福林校注引《莊子·天道》成玄英疏"苦，急也"、《文選》魏文帝《善哉行》"上山采薇，薄暮苦饑"爲證⑨。《韓詩外傳》卷四："問楛者不告，告楛者勿問，有諍氣者勿與論。"許維遹據《荀子·勸學》補"楛"字，楊倞注："楛與苦同，惡也。問楛，謂所問非禮義也。"⑩ 屈守元認爲："（楛）皆指問者、告者、説者之詞氣，非謂其所問、所告、所説之事，楊注諸説皆不可通。竊疑楛者，迫急不從容之意，即所謂'有争氣者'也。"并引成玄英疏"苦，急也"爲證，

① 馬王堆漢墓帛書整理小組編：《五十二病方》，第105頁。
② 馬繼興：《馬王堆古醫書考釋》，第566頁；周一謀、蕭佐桃主編：《馬王堆醫書考注》，第186頁；魏啓鵬、胡翔驊：《馬王堆漢墓醫書校釋》（壹），第128頁；周祖亮、方懿林：《簡帛醫藥文獻校釋》，第145頁。
③ ［日］廣瀨薰雄：《〈五十二病方〉的重新整理與研究》，第57頁。
④ 裘錫圭主編：《長沙馬王堆漢墓簡帛集成》（伍），第275頁。
⑤ 張雷編著：《馬王堆漢墓帛書〈五十二病方〉集注》，第401頁。
⑥ （清）王念孫撰，張靖偉等校點：《廣雅疏證》，上海：上海古籍出版社，2016年，第176、178頁。
⑦ 胡紹煐撰，蔣立甫校點：《文選箋證》，合肥：黃山書社，2004年，第870頁。
⑧ 丁福保編撰：《説文解字詁林》，第1530頁。
⑨ （南朝宋）鮑照著，叢玲玲、丁福林校注：《鮑照集校注》，北京：中華書局，2012年，第217頁。
⑩ 許維遹：《韓詩外傳集釋》，北京：中華書局，1980年，第147頁。

"是苦有急迫之意，梏即苦字也"①。漢簡醫藥文獻見"苦衰"，武威醫簡84正："白水侯所奏治男子有七疾方：何謂七疾？一曰陰寒，二曰陰㿗（瘻），三曰苦衰，四曰精失，五曰精少，六曰囊下養（瘍）濕，劇不卒，名曰七疾。"田河認爲："'苦衰'與85牘'三曰陰衰'之'陰衰'相同。疑爲早衰。'苦'古有急、快之意。……'苦衰'就是急衰，疑是早瀉。"② 按："早瀉"是常見的男性生殖系統疾病，此説可信。傳世古書見"急唾"，可用來驅鬼，《釋氏要覽·雜紀》"唾空"："（宋定）伯問鬼曰：'我新死，不知畏何物。'鬼曰：'唯畏人唾。'將近市，伯乃緊持急唾之，鬼遂化爲羊。"③ 這是急唾驅鬼的記載。醫藥文獻的繼承性較强，西漢早期馬王堆醫書的內容又多見《千金翼方》《黃帝内經》等後代醫書，值得注意的是《千金翼方》見"急唾"，如《禁瘡腫》："禁癰腫法：正面向東，以手把刀，按其邊令匝，以墨點頭，重重圍訖，然後急唾之，即愈。"④ 此醫方跟例5的醫治對象相同，皆是癰病。又《禁蠱毒》："禁漆著人法三七遍：一云燒故漆器當著漆急唾之，赤非非漆，賢丈夫著車移丙丁，使者收攝之，不得著人體，不得著人皮，急急如律令。"⑤ 該"急唾"跟例5的語境近似，皆是祝由或詛咒法。

綜上，"苦唾"即"急唾"，例5"今□若不去，苦湶（唾）□若"指"今天如果你不離去，以急唾吐（？）你"，例9"且以苦湶（唾）□端"指"早晨以急唾吐□端"。

---

① 屈守元：《韓詩外傳箋疏》，成都：巴蜀書社，1996年，第396頁。

② 田河：《武威漢簡集釋》，蘭州：甘肅文化出版社，2020年，第604頁。

③ 釋道誠：《釋氏要覽校注》，北京：中華書局，2014年，第538頁。

④ （唐）孫思邈原著，王勤儉、周艷艷主校：《千金翼方》，上海：第二軍醫大學出版社，2008年，第647頁。

⑤ 同上，第654—655頁。

華佗醫學文獻詞語校釋五例[*]

張　雷

（安徽中醫藥大學針灸推拿學院，安徽　合肥　230012）

提　要：結合出土和傳世文獻校釋了華佗醫學文獻中的個別詞語，指出隋代薛道衡詩歌《和許給事善心戲場轉韻詩》中的"盤跚五禽戲"不是描寫五禽戲的詩句，而是描寫洛陽新年街頭戲場的情景，"五"字應是"六"字之誤；《後漢書·方術列傳》的"怡而汗出"的"怡"是"洽"字之誤，是浸潤的意思，和《三國志·方技傳》"沾濡"同義；用戰國秦漢簡牘醫經文獻校釋了《華佗枕中灸刺經》中"凡人月一日神在足"的"人"字，指出該字是"入"字之誤，義爲"每"；認爲《華佗遺書》中"宮仄"當爲"宮泰"，爲晋代醫家名字；認爲《華佗遺書》中"蜜"字是"密"字之誤，是"密封"之義。

關鍵詞：華佗；五禽戲；洽；入月；宮泰；密

華佗醫學文獻是我國中醫藥的重要資源之一，本文在對華佗醫學文獻的深入研究中，發現文獻中還有一些文字錯誤，特選出部分進行校釋，請方家指正。

一、"五禽戲"校釋

隋代薛道衡的詩歌《和許給事善心戲場轉韻詩》有句"盤跚五禽戲"，學界便認爲這是描寫五禽戲的古詩①，其實這是誤讀。爲便於説明問題，今將該詩全文展示如下："京洛重新年，復屬月輪圓。雲間璧獨轉，空裏鏡孤懸。萬方皆集會，百戲盡來前。臨衢車不絶，夾道閣相連。驚鴻出洛水，翔鶴下伊信。艷質回風雪，笙歌韻管弦。佳麗儼成行，相携入戲場。衣類何平叔，人同張子房。高高城裏髻，峨峨樓上妝。羅裙飛孔雀，綺帶

---

　*　本文係安徽省哲學社會科學規劃項目一般項目"出土簡帛醫經類文獻整理與研究"（AHSKF2021D32）和亳州職業技術學院中醫藥專項課題"華佗醫學文獻整理及數據庫建設專項"（ZXky2204）的階段性成果。

　①　沈静：《中國古典詩歌中的五禽戲用典研究》，安徽中醫藥大學碩士學位論文，2016年，第17—18頁。

垂鴛鴦。月映班姬扇，風飄韓壽香。竟夕魚負燈，徹夜龍銜燭。歡笑無窮已，歌咏還相
續。羌笛隴頭吟，胡舞龜茲曲。假面飾金銀，盛服搖珠玉。宵深戲未闌，競爲人所難。
卧驅飛玉勒，立騎轉銀鞍。縱橫既躍劍，揮霍復跳丸。抑揚百獸舞，盤跚五禽戲。狻猊
弄斑足，巨象垂長鼻。青羊跪復跳，白馬迴旋騎。忽覩羅浮起，俄看鬱昌至。峰嶺既崔
嵬，林叢亦青翠。麋鹿下騰倚，猴猿或蹲跂。金徒列舊刻，玉律動新灰。甲煎垂陌柳，
殘花散苑梅。繁星漸寥落，斜月尚徘徊。王孫猶勞戲，公子未歸來。共酌瓊酥酒，同傾
鸚鵡杯。普天逢聖日，兆庶喜康哉！"① 詩中"抑揚百獸舞，盤跚五禽戲"中的"五"應
是"六"字之誤，其"六禽"分別是："狻猊弄斑足"的"狻猊"，"巨象垂長鼻"的"巨
象"，"青羊跪復跳"的"青羊"，"白馬迴旋騎"的"白馬"，"麋鹿下騰倚"的"麋鹿"，
"猴猿或蹲跂"的"猴猿"。可見該詩并非描寫五禽戲，從全詩可以看出這是描寫新年洛
陽夜晚街頭熱鬧景象，其中包括戲場的各種動物表演。這種數字錯誤恐怕是傳抄時造成
的，類似錯誤還有，比如《唐六典·太常寺》"故華佗有五禽之戲"，陳仲夫指出："'五'
字原本作'六'，正德以下諸本皆然，據《後漢書·華佗傳》改。"② 可以作爲旁證。

　　另外，據逯欽立所輯版本來看，這首《和許給事善心戲場轉韻詩》傳抄過程中許多
文字就有不同寫法，如"月映班姬扇"的"月"字，在《文苑英華》中作"日"；"竟夕
魚負燈"中的"負"在《文苑英華》中作"父"；"歡笑無窮已"中的"歡"在《初學記》
中作"戲"；"歌咏還相續"中的"咏"在《文苑英華》中作"吹"；"競爲人所難"中的
"難"在《文苑英華》中作"讙"；"立騎轉銀鞍"中的"轉"在《文苑英華》中作"前"；
"白馬迴旋騎"中的"騎"在《文苑英華》中作"駛"；"俄看鬱昌至"的"昌"在《文苑
英華》中作"島"；"麋鹿下騰倚"中的"鹿"在《文苑英華》中作"廳"；"共酌瓊酥酒"
中的"酥"在《文苑英華》中作"蘇"③，説明該詩在傳抄過程中確實有文字錯訛之處，
所以"六"錯成"五"也就不足爲怪了。

二、"洽"字校釋

　　《後漢書·方術列傳》記載了華佗闡述練習五禽戲功效的一段文字："體有不快，起
作一禽之戲，怡而汗出，因以著粉，身體輕便而欲食。"④ 該段文字又見於《三國志》卷
二十九《方技傳》："體中不快，起作一禽之戲，沾濡汗出，因上著粉，身體輕便，腹中
欲食。"⑤ 對比兩文，文字不一致處雖多，但多處都容易理解，但"怡而"對"沾濡"就
不好理解了，本文認爲《後漢書》文中的"怡"當是"洽"字之訛。兩字因爲形體相近

　　① 逯欽立：《先秦漢魏晋南北朝詩》，北京：中華書局，1983 年，第 2684—2685 頁。
　　② （唐）李林甫等撰，陳仲夫點校：《唐六典》，北京：中華書局，1992 年，第 411—438 頁。
　　③ 逯欽立：《先秦漢魏晋南北朝詩》，第 2684—2685 頁。
　　④ （南朝）范曄：《後漢書》，北京：中華書局，1965 年，第 2739 頁。
　　⑤ （晋）陳壽：《三國志》，北京：中華書局，1964 年，第 804 頁。

而致誤，戰國秦漢時代"水"旁既有"水"形，也有"氵"旁，同時存在，如下圖①。"水"形很容易和"忄"旁混淆，"台"和"合"又近似，所以二者容易相混。

楷書	塗	深	治
隸書			

當然，這方面一個最典型的例子就是湖北戰國秦墓出土"冷賢"印文，"冷"字既有"水"形，也有"氵"旁②，更能説明問題，如下圖。

治，有浸潤、潤澤義。《尚書・大禹謨》："好生之德，洽於民心。"孔穎達疏："洽謂沾漬優渥。洽於民心，言潤澤多也。"③ 《淮南子・要略》："内洽五藏。"王逸注："洽，潤。"④《説文解字・水部》："洽，霑也。"⑤ 霑，是沾的異體字。《集韻・鹽韻》："霑，知廉切。《説文》：'雨霑也。'通作沾。"⑥ 霑有浸濕、沾濡義。慧琳《一切經音義》卷十七："霑，《考聲》云：'小濕也。'《廣雅》云：'霑，漬也。'顧野王云：'霑猶濡也。'《説文》：'從雨，沾聲。'經作沾，俗字也。"⑦

而"沾濡"和"浸潤"同義，司馬相如《封禪文》："懷生之類，霑濡浸潤。"《司馬相如集校注》曰："浸潤，被德澤浸濕。并見《難蜀父老文》注〔三五〕。霑濡，猶澍濡，見《難蜀父老文》注〔四〕。"⑧ 今核檢《難蜀父老文》原文作："懷生之物有不浸潤於澤者。"⑨ 注〔三五〕曰："浸潤於澤，謂被德如受雨水之潤澤。"《難蜀父老文》原文又有："群生澍濡。"注〔四〕曰："澍，雨水沾潤萬物。《説文》：'澍，時雨也，所以樹生萬物也。'《論衡・雷虚》：'雨潤萬物名曰澍。'濡，亦浸潤也。澍濡，猶霑濡，謂雨

① 張雷：《秦漢簡帛醫書文字編》，合肥：中國科學技術大學出版社，2020 年，第 306—325 頁。
② 周曉陸：《二十世紀出土璽印集成》，北京：中華書局，2010 年，第 59 頁。
③ 十三經注疏整理委員會：《尚書正義》，北京：北京大學出版社，2000 年，第 110 頁。
④ 何寧：《淮南子集釋》，北京：中華書局，1998 年，第 1440 頁。
⑤ （漢）許慎：《説文解字》，北京：中華書局，1963 年，第 234 頁。
⑥ （宋）丁度等：《集韵》（附索引），上海：上海古籍出版社，1985 年，第 290 頁。
⑦ 徐時儀：《一切經音義》（三種校本合刊），上海：上海古籍出版社，2012 年，第 792 頁。
⑧ （漢）司馬相如著，金國永校注：《司馬相如集校注》，上海：上海古籍出版社，1993 年，第 184 頁。
⑨ 同上，第 160 頁。

水滋潤，以喻朝廷恩澤。"①

　　華佗用"沾濡"二字強調出汗的程度，上文《後漢書·方術列傳》同傳引《華佗別傳》有文字可佐證："滿百灌，佗乃然火溫床，厚覆良久，汗洽出，著粉，汗燥便愈。"②"汗洽出"正是"洽而汗出"的另外一種表達。《華佗別傳》同樣是用汗法治療疾病，與五禽戲功效有異曲同工之處。

三、"入"字校釋

　　《醫心方》卷二《人神所在法第八》引《華佗法》云："凡人月一日神在足（《蝦蟆經》云：在兩足下）二日神在踝（《蝦蟆經》云：在外踝後）。三日神在股（《蝦蟆經》云：在腹裏）。四日神在腰中（《蝦蟆經》云：同之）。五日神在口、齒、膚、舌本（《蝦蟆經》云：同之）。六日神在兩足小指少陽（《蝦蟆經》云：同之）。七日神在踝上（《蝦蟆經》云：在足內踝）。八日神在手腕中（《蝦蟆經》云：同之）。九日神在尻尾（《蝦蟆經》云：同之）。十日神在腰目（《蝦蟆經》云：同之）。十一日神在鼻柱（《蝦蟆經》云：同之）。十二日神在髮際（《蝦蟆經》同之）。十三日神在齒（《蝦蟆經》云：同之）。十四日神在胃管（《蝦蟆經》云：在手陽明）。十五日神在舉身周匝（《蝦蟆經》云：在遍身）。十六日神在肚胃（《蝦蟆經》云：在胸）。十七日神在氣街（《蝦蟆經》云：同之）。十八日神在腹裏（《蝦蟆經》云：在股裏）。十九日神在足跗（《蝦蟆經》云：同之）。廿日神在內踝（《蝦蟆經》云：在外踝）。廿一日神在腳小指（《蝦蟆經》云：在兩足小指）。廿二日神在足外踝及目下（《蝦蟆經》云：有足）。廿三日神在足及肝（《蝦蟆經》云：在肝）。廿四日神在腹（《蝦蟆經》云：在兩腳）。廿五日神在手足陽明（《蝦蟆經》云：同之）。廿六日神在胸中（《蝦蟆經》云：同之）。廿七日神在陰中（《蝦蟆經》云：在內踝）。廿八日神在陰中（《蝦蟆經》云：同之）。廿九日神在膝脛（《蝦蟆經》云：同之）。卅日神在足上（《蝦蟆經》云：在兩足）。右卅日神所在，不可灸刺。"③ 這是沈澍農主編的《醫心方校釋》的點校情況，高文柱校注的《醫心方》除了標點和前書處理不一樣外，如高注將《蝦蟆經》文字做仿宋小文書處理，正文文字基本一樣④，該段文字還收錄進《華佗遺書》，成為《華佗枕中灸刺經》的一部分，只是將《蝦蟆經》的內容刪去了⑤。即便如此，本文認為所引《華佗法》第一句就有問題，此處"凡人月"的"人"當是"入"字之誤，"入"當"每"講。

　　這類針刺禁忌文獻在秦漢簡牘文獻裏也有記載，筆者曾撰文指出了睡虎地秦簡、放

　　①　（漢）司馬相如著，金國永校注：《司馬相如集校注》，第 169 頁。
　　②　（南朝）范曄：《後漢書》，第 2740 頁。
　　③　［日］丹波康賴編撰，沈澍農等校注：《醫心方校釋》，北京：學苑出版社，2001 年，第 254—255 頁。
　　④　［日］丹波康賴：《醫心方》，北京：華夏出版社，2011 年，第 76—77 頁。
　　⑤　高文柱：《華佗遺書》，北京：華夏出版社，2011 年，第 200—201 頁。

馬灘秦簡、孔家坡漢簡、武威漢代醫簡的針刺禁忌文獻，并進行了校釋①。這類文獻可以歸入《漢書·藝文志》的"醫經"類文獻②。"入月"見於出土文獻，如睡虎地秦墓竹簡《日書（甲）·鼠襄戶》有"鼠襄戶，見之。入月一日二日吉，三日不吉"③。《秦簡牘合集釋文注釋修訂本》（貳）引劉樂賢："《日書》中的入月某日或入某月某日，都是以序數記日，當理解爲每月第某日或某月第某日。這種記日法在史書中比較少見，但在數術、方技書籍中却很普遍。從目前掌握的資料看，最早使用'入月'一詞的是長沙子彈庫楚帛書。睡虎地秦簡《日書》除本篇外，用入月某日或入某月某日記日的簡文還有不少。可見，這是古代一種常見的記日法。"④ 劉先生對"入月"的解釋可謂確詁，該詞又見於睡虎地秦簡《日書（甲）·刺毀》："入月六日刺，七日刺，八日刺，二旬二日刺，旬六日毀。"岳山秦牘牘壹Ⅵ有類似文字，作："入月六日市日刺，七日市日刺，望、後三日市日刺，四日市日有（又）刺。刺已，有五刺一番。"⑤ 孔家坡漢簡也有類似文字，如《日書·天刺》簡236壹："天刺：凡朔日、入月六日、七日、望、十八日、廿二日，此天刺，不可祠及殺。"⑥

"入月"可與傳世文獻中的"每月"對讀，如《備急千金要方》卷第二十九《大醫針灸宜忌第七》："又每月六日、十五日、十八日、二十二日、二十四日、小盡日療病，令人長病。"⑦ 又如《外臺秘要方》卷第三十九《年神旁通并雜忌旁通法》："每月六日、十五日、十八日、二十二日、二十四日、小盡日、甲辰、庚寅、乙卯、丙辰、辛巳、五辰、五酉、五未、八節日前後各一日。若遇以上日并凶，不宜灸之。"⑧

四、"宮泰"校釋

《華佗遺書》上編《〈華佗方〉輯存》載《論傷寒傳變及治法》言："諸虛煩，但當行行竹葉湯。若嘔者，與橘皮湯。一劑不愈者，可重與也。此法宮仄數用甚效。"⑨ 其中有"宮仄"一詞，在同書"竹葉湯"還有"宮泰"⑩，由於這兩個詞語中都有"宮"字，懷疑兩者是同義的，應該是同一個人名，但是到底哪個是正確的，今核檢該段文字所引

---

① 張雷：《武威漢代醫簡針刺禁忌及相關文獻研究》，《出土文獻研究》2021年第20輯，第381—392頁。

② 張雷：《簡帛醫經文獻分類再討論》，《中華醫史雜志》2022年第3期，第177—181頁。

③ 睡虎地秦墓竹簡整理小組：《睡虎地秦墓竹簡》，北京：文物出版社，1990年，第1—255頁。

④ 陳偉：《秦簡牘合集釋文修訂本》（貳），武漢：武漢大學出版社，2016年，第353頁。

⑤ 王崇禮：《江陵岳山秦漢墓》，《考古學報》2000年第4期，第537—563、573—584頁。

⑥ 湖北省文物考古研究所、隨州市考古工作隊：《隨州孔家坡漢墓簡牘》，北京：文物出版社，2006年，第161頁。

⑦ （唐）孫思邈著，李景榮等校釋：《備急千金要方校釋》，北京：人民衛生出版社，1998年，第1025頁。

⑧ （唐）王燾撰，高文柱校注：《〈外臺秘要方〉校注》，北京：學苑出版社，2011年，第1420頁。

⑨ 高文柱：《華佗遺書》，第183頁。

⑩ 同上，第186頁。

《外臺秘要方》卷一作"宫泰"①，《外臺秘要方》卷三《天行虚煩方二首》亦作"宫泰"②。宫泰，晋代醫家，《太平御覽》卷七百二十二《方術部三·醫二》有傳："又曰宫泰，幼好墳典，雅尚方術。有一藝長於己者，必千里尋之。以此精心善拯諸疾於氣，尤精製三物散方。治喘嗽止氣甚有异效，世所貴焉。"③ 類似文字又見於《醫説》卷一："宫泰，不知何郡人。幼而岐嶷，長而聰敏，静好墳典，雅尚方術，有一藝長於己者，必千里尋之。善診諸疾，療上氣尤异，製三物散方，治喘嗽上氣，甚有异效，世所貴焉。"④《古今醫統大全》卷一《歷代聖賢名醫姓氏》將其歸入晋代，并曰："宫泰：不知何郡人。好醫術，有一藝長於己者，必千里尋之。善診諸病，療上氣尤异奇，製三物散方，治喘咳氣逆最效，世所貴云。"⑤

五、"蜜"字校釋

《華佗遺書》上編《〈華佗方〉輯存》載"治百病膏方"言"乃内雄黄，攪使稠和，蜜器貯之，百病皆摩傅上，唯不得入眼"⑥，對其中"蜜"字有疑問，難道膏方是用蜜作賦形劑？檢索本書該方所輯材料來自《肘後備急方》，今檢沈澍農《肘後備急方》校注本，該書作"密"⑦，又檢明萬曆刻本《肘後備急方》亦作"密"⑧，可知《華佗遺書》有誤。用密封器物貯存藥物，是防止藥物變質蟲咬的方法之一。

綜上可見，雖然前賢時哲對華佗醫學文獻進行了整理，但許多文字依然需要深入校對和認真考證，而考證需要涉及出土戰國秦漢簡牘資料，這對追溯華佗醫學思想的源頭有重要借鑒意義。

附記：本文"洽"字校釋受到顧漫研究員 2023 年 9 月亳州講座啓發，謹致謝忱。

---

① （唐）王燾撰，高文柱校注：《〈外臺秘要方〉校注》，第 4 頁。
② 同上，第 92 頁。
③ （宋）李昉等：《太平御覽》，北京：中華書局，1960 年，第 3200 頁。
④ （宋）張杲：《醫説》，北京：中國中醫藥出版社，2009 年，第 20—21 頁。
⑤ （明）徐春甫：《古今醫統大全》，北京：人民衛生出版社，1991 年，第 14 頁。
⑥ 高文柱：《華佗遺書》，第 191 頁。
⑦ （晋）葛洪撰，沈澍農校注：《〈肘後備急方〉校注》，北京：人民衛生出版社，2016 年，第 294 頁。
⑧ （晋）葛洪：《肘後備急方》，北京：北京科學技術出版社，2016 年，第 221 頁。

試談《天回醫簡》幾組專名异文的語音問題[*]

鄭　梁

（南京大學文學院，江蘇　南京　210000）

提　要：《天回醫簡》記錄了數量頗豐的專名，同時也出現了與已出簡帛醫學文獻不同的异文形式。本文就《天回醫簡》中"邛龍""白徙""瞻諸""白蘁""李石"五組專名异文及相關的語音問題展開論述。本文認爲，這些專名异文所反映的語音現象主要有兩種：一是共時層面産生的語流音變，二是歷時層面中的擴散音變。

關鍵詞：《天回醫簡》；專名；异文；語流音變；擴散音變

　　2012年7月，成都地鐵3號綫建設中搶救性發掘了一處西漢墓葬，其中M3號墓出土大量醫學竹簡，經中國中醫科學院中國醫史文獻研究所、成都中醫藥大學、成都文物考古研究院、荆州文物保護中心合作研究，於2022年11月正式出版《天回醫簡》一書。天回醫簡整理小組研究推斷，《天回醫簡》的主體部分抄録於西漢吕后至文帝時期，墓主人下葬年代在景、武時期①。

　　《天回醫簡》在藥物及人體名稱、藥物加工以及炮製工序等領域皆有特定術語，這些字詞在傳世醫書或以往的出土醫學典籍中或有出現，可與其互相對照。整理者對於醫書中專名的考察成果頗豐，提供了諸多傳世文獻中罕見或未見之材料，基礎研究也多聚焦《天回醫簡》的疑難字詞，在藥物名稱、製藥方法以及經脉循行方面皆做出了精彩的考釋。但對於《天回醫簡》專名的音韻價值暫未有深入的研究。本文在已有的研究成果之上，選取《天回醫簡》中較爲特殊的專名异文現象，并比照其他出土醫學典籍和傳世文獻，擬對這些專名异文所反映的語音現象作進一步的探討，以就教於方家。

---

　　* 本文是國家社科基金冷門絶學項目"簡帛數術文獻圖文轉換及相關問題研究"（編號：20VJXG043）、國家社科基金重大項目"簡帛陰陽五行類文獻集成及綜合研究"（編號：20&ZD272）和古文字與中華文明傳承工程規劃項目"阜陽漢簡整理與研究"（編號：G2407）的階段性成果。

　　① 詳參《天回醫簡》前言及凡例。天回醫簡整理組編著：《天回醫簡》，北京：文物出版社，2022年。

一、邔龍、䑒龍

《脉書·下經·十二經脉》：·心主之脉。繫掌中，上出臂中，出肘中，走腋下，□入胸，循胸裏，上加大陰，上循 䑒 （喉）龍（嚨），下繫心。(232)①

《療馬書·馬約瘦不嗜食》：☑癰□☑☑以塞邔（喉）龍（嚨）及舌橫、頷下，妨食飲，攝飢。(18)

《療馬書·馬痬》：☑瘦痛者，腎〈賢〉肌生邔（喉）龍（嚨）旁，大 即 ☑ /☑□□□ 肉 ，兩然者，皆吹其兩鼻。(53)

《脉書·下經》中"䑒"字迹殘泐，僅存左半部分" "，據殘筆及上下文可將其讀爲"䑒"，可與下文連讀，釋爲"喉嚨"；《療馬書》中"邔"字形爲" "，實爲"邔"無誤，與"龍"連讀，亦釋作"喉嚨"。整理者對該詞并未加注，本文對此作一些補充論述。

以往的出土簡帛文獻中，并未出現"喉嚨"一詞，而是用"侯""䑒""矦"等字記錄"喉"，如張家山漢簡《引書》："引䑒（喉）痺，撫乳，上舉頤，令下齒包上齒，力仰，三而已。(83)"《天回醫簡》也常見這類用法，如《脉書·下經·十二經脉》："夾矦（喉）以上，回口，屬鼻。(208)。"《脉書·下經》："喉痺（211）。"這類對喉部的記録方式大都是單音詞形式，而複音詞"喉嚨"首次出現在《天回醫簡》的文本中，有兩種形式，分別是"䑒龍"和"邔龍"。

"邔龍"的用法很特殊，此例異文應當與語音的變化有關，首先是"邔"與"䑒"的聲母問題，"邔"是群母三等字，"䑒（喉）"是匣母一等字，群匣交替很可能是歷時音變造成的，反映了上古匣母字一分爲二的格局。其次是"邔"的韻部問題，我們認爲，"邔龍"很可能是"䑒龍"一詞由於語流音變產生的特殊讀音，其音變的過程如下：

go：b·roŋ（䑒龍）→go：ŋg·roŋ（邔龍）

這一音變是由於前字的韻尾被後字的韻尾-ŋ同化造成的，這一音變又可稱之爲逆同化。

"喉嚨"這一雙音節詞彙的出現，在《天回醫簡》中乃首見，《療馬書》的異文寫作"邔龍"和"䑒龍"，揭示了這個誕生較爲晚近的詞彙其書寫形式尚未完全穩定。

"喉嚨"這一雙音節詞在傳世文獻中出現的時間也較晚，唐代元稹《酬周從事望海亭見寄》："衣袖長堪舞，喉嚨轉解歌。"《敦煌變文選》中《茶酒論》有："米麴乾吃，損人腸；茶片乾吃，只糲破喉嚨。"這些都是唐中晚期的作品。據龍丹先生《魏晋南北朝核心

---

① 本文引文内容僅在所討論的專名異文處采用嚴式隸定。本文上古音擬音采用鄭張尚芳先生《上古音系》（2014），若有調整之處，則另説明。

詞研究》：

表一　先秦兩漢魏晋“喉”及相關詞語的使用情况①

	喉（1）	喉（2）	口喉	嚨喉	胸喉	喉唇	喉轉	喉舌（1）	喉舌（2）	喉襟	咽喉（1）	咽喉（2）	喉咽
先秦	3												
西漢	10												
東漢	7		4						1	2			1
魏晋	27	1		4	1	1	1	5		2	8	3	6

　　“喉嚨”這一詞的記録方式是“咽喉”，與“喉嚨”形式相近的是“嚨喉”，該書還指出，“嚨喉”在古漢語中極其少見，《先秦漢魏南北朝詩·晋詩卷十八·雜歌謡辭》之《京口謡》中出現了3例：

　　　　昔年食麥屑。今年食瑩豆。瑩豆不可食。使我枯嚨喉。
　　　　昔年食白飯，今年食麥麩。天公誅謫汝，教汝捻嚨喉。
　　　　嚨喉喝復喝，京口敗復敗。②

　　“嚨”除了與“喉”搭配，《後漢書·五行志》之《桓帝初天下童謡》還出現了“嚨胡”的形式：“吏買馬，君買車，請爲諸君鼓嚨胡。”鼓嚨胡者，不敢公言，私咽語，形容話哽在喉嚨裏的樣子。黄金貴先生認爲，嚨與胡、喉連用，有口語色彩③；龍丹先生書中也指出，歌謡是口語化的材料，因此具有很高的語料價值，從分布和使用頻率上來看，應該不是通語而是古方言詞，且“嚨喉”一詞被保存在閩粤方言中。

　　龍丹先生的研究爲我們看待《天回醫簡》中“喉嚨”一詞提供了新的視角，“喉嚨”一詞應是“喉”口語化的表達方式，并不是書面形式，因此它没有固定的形式，會受到語流的影響而有多種形式。值得注意的是，閩南方言中“嚨喉”的記音有兩種形式，一種是可以與本字對應的讀音，記爲［ləŋ au］，而另一種則記爲［lau au］，顯然第二種讀法也是受逆同化的影響而產生的异讀，可爲“邛龍”是語流音變産生的臨時性异寫提供間接證據。

　　《説文》：“喉，咽也。从口，侯聲。”《廣韻》：“喉，咽喉也。”因此可認爲“喉”的位置是從人呼吸道的前（上）端部分，上通咽，下接氣管。“喉”是包括“咽”和“喉”兩部分的。《靈樞·憂恚無言》：“咽喉者，水穀之道路者。喉嚨者，氣之所以上下者也。”宋代沈括《夢溪筆談》中明確提出人有咽喉兩竅。《夢溪筆談·藥議》：“有咽、有喉二者

---

　　①　該表節選自龍丹《魏晋核心詞研究》，成都：巴蜀書社，2015年，第128頁，備注如下：喉（1）：咽喉或頸部；喉（2）：要害之處；喉唇：喻指宫廷中與帝王親近的重要職位；喉轉（囀）：古代一種特殊的發聲技藝；喉襟：指綱領、要領；咽喉（1）：喉嚨或頸部；喉舌（2）、咽喉（2）：均指要害之地（人或事），爲比喻義。

　　②　逯欽立輯校：《先秦漢魏晋南北朝詩》，北京：中華書局，1988年，第1025頁。

　　③　黄金貴：《古代文化詞義集類辨考》，上海：上海教育出版社，1995年，第537—540頁。

而已。咽則納飲食，喉則通氣。咽則咽入胃脘，次入於胃……喉則下通五臟，爲出入息。”“咽喉”是食物和氣流的共同通道，“喉嚨”指氣之通路，因此，在傳世醫學典籍中，“咽喉”和“喉嚨”所對應的功能是不一樣的，但《天回醫簡》的抄寫者是否已經將二者進行區分了呢？且看用例：

《天回醫簡·脉書》“上循脄（喉）龓（嚨），下擊心”，其主語應當是“經脉”。《療馬書·馬約瘦不嗜食》中的“邛龓”和“舌橫”“頷下”連用，這裏應當指馬的咽喉發炎膿腫，妨礙了馬的飲食，這裏的“邛龓”應是納飲食的通道。《療馬書·馬痈》篇中“賢〈賢〉肌生邛（喉）龓（嚨）”，整理者指出：賢，《廣雅·釋詁一》：“益也。”賢肌，當指息肉。應當是指馬喉嚨組織表面長出的多餘腫物，現代醫學通常把生長在人體黏膜表面上的贅生物統稱爲息肉。喉嚨息肉別稱聲帶息肉，其阻礙的應當是氣之通道。《天回醫簡》所提供的材料并不能證明“咽喉”和“喉嚨”所指的部位不同。

本文認爲，《天回醫簡》的“喉、脄龓、邛龓”皆爲泛稱，泛稱整個咽部與喉部，其不同形式并不起到區分功能的作用。“脄龓、邛龓”是“喉嚨”不同的記錄形式，所產生的異文是由語流音變“goo rooŋ（脄龓）→goong rooŋ（邛龓）”造成的。其次，秦漢簡帛醫藥文獻中通常用“喉”作爲整個咽部和喉部的泛稱，“喉”應當是通行用法，也是書面用語，而“邛龓”“脄龓”這樣的雙音節詞則帶有一定的口語性質，若以傳世文獻歌謠中出現的“嚨喉、嚨胡”爲證，我們進一步推斷，《天回醫簡》的“脄龓、邛龓”很可能是方言詞而非通語。

二、白徙、白癬

天回醫簡《治六十病和齊湯法》和馬王堆帛書《五十二病方》中有一種釋爲“白癬”的病名，在這兩種醫藥文獻中有不同的异文形式：

《天回醫簡·治六十病和齊湯法》：治白徙廿六。(11)
《天回醫簡·治六十病和齊湯法》：【廿六治白徙】。(107)
馬王堆帛書《五十二病方》：一，白瘬：白瘬者，白無膡，取丹沙與鱣魚血，若以鷄血，皆可。鷄涅居二【□】煮之，□ (130C)

整理者注：白徙，即白癬。《釋名·釋疾病》：“癬，徙也，浸淫移徙處日廣也，故青徐謂癬爲徙也。”《釋名·釋疾病》中的“青、徐”是青州和徐州的并稱，青在今山東北部、山東半島，徐在山東南部、江蘇的長江以北地區。這片區域與齊語區基本重合①。

---

① 白一平、沙加爾在《上古漢語新構擬》一書中，將“癬”的上古音構擬成＊[s]arʔ，“徙”的上古音構擬爲＊sajʔ，以此説明在一些方言中＊-r 没有變成中古音的＊-n，而是變成＊-j。《釋名》中的“癬，徙也”，即爲不規則音變的例子。

同樣爲"白癬"之症的還有馬王堆帛書《五十二病方》："白瘢者，白毋（無）奏（腠）。"
似今之白癜風。那麽《天回醫簡》中的"白徙"是不是青徐地區的獨有用字，它所表的
音是否能稱爲齊方言呢？本文認爲應持懷疑態度。

羅常培、周祖謨先生在《漢魏晉南北朝韻部演變研究》七：個別方言材料的考察中
指出："'徙'爲支部字，青徐謂癬爲徙，可能是青徐方言陽聲韻韻尾-n已消失。'癬'音
近'徙'（或是"癬"的韻母是鼻化韻）。"①羅、周二位先生認爲，"徙、癬"的聲訓可
以説明真部字和元部字相訓釋，是因爲《釋名》中真元兩部的元音比較接近。此例説明
存在兩個問題，其一，"徙"是支部字還是歌部字？楚文字中"徙"的早期寫法是从"沙
聲"而非"止聲"，因而"徙"上古當歸歌部。其二，是歌部和元部的通轉問題，程少軒
先生曾指出楚地文獻中多例通轉現象，程文還引用黃德寬先生《古文字譜系疏證》
（2007：2342）的釋讀，指出春秋時期的青銅器中，有"屢"及从"屢"聲的"𢾄""𢾮"
等讀爲"選"的例子，如章子戈"𢾄（選）其元金"（楚器，《集成》17.11295）、叔弓鐘
"𢾮（選）擇吉金"（齊器，《集成》1.285），此皆爲歌部與元部相通之例②。

其次，是馬王堆帛書中的异文"白瘢"，"瘢"或作"施"，"施"是歌部字。"虒"
《上古音手册》《漢字古音手册》《古韻通曉》《上古音系》均歸支部，似無异議，但出土
文獻却有證據表明"虒"也曾經有過讀歌部音，如睡虎地秦簡《日書》甲種《吏》篇中
時稱名詞"日虒"，饒宗頤先生指出就是"日施"③。蔡一峰先生也指出"虒聲"與歌部
通假的若干用例證明"虒"曾有過歌部的讀音④。趙彤先生認爲歌支合韻實質是詞彙擴
散式的音變，以异讀形式存在，這是正確的⑤。若從音變方向觀察，歌部到支部的音變
其實是元音高化（a>e）的結果。至於《天回醫簡》中的"徙"音變爲支部字了嗎？筆
者認爲，《天回醫簡》中的"徙"仍讀爲歌部字，與元部"癬"字通轉更爲合理。

三、瞻諸

"蟾蜍"在傳世醫學典籍和出土文獻中都是一味常見的藥材，寫法有所區別。"蟾蜍"
在古書中有多種記録形式，《説文》作"詹諸"、《釋名》音"𪕮秋"、《爾雅》作"鼀𪓵"，
郭璞注："似蝦蟆，居陸地，淮南謂之去蚑。"《名醫別録》"蝦蟇"條："一名蟾蜍，一名
去𪓵，一名去甫，一名苦蠪。"《名醫別録》指出了"蟾蜍"的四種名稱。"蟾蜍"一詞在
出土數術和方技類文獻中也較爲常見，如《天回醫簡》中作"𧌨蠅""瞻諸"、馬王堆帛
書《五十二病方》中作"夸就""夸𧌨"，《日月風雨雲氣占·月日》作"去𣲘"，存在多

①　羅常培、周祖謨：《漢魏晉南北朝韻部演變研究》，北京：中華書局，2007年，第104頁。
②　程少軒：《試説戰國楚地出土文獻中歌月元部的一些音韻現象》，《簡帛》（第五輯），上海：上海古籍
出版社，2010年，第141—160頁。
③　饒宗頤、曾憲通：《雲夢秦簡日書研究》，香港：香港中文大學出版社，1982年，第32頁。
④　蔡一峰：《出土文獻與上古音若干問題探研》，中山大學博士學位論文，2018年，第53—54頁。
⑤　趙彤：《戰國楚方言音系》，北京：中國戲劇出版社，2006年，第89頁。

種異文和異名。本文試結合古文字形體和語音材料試着對上述異文作進一步討論和研究。

首先，將出土方技類文獻"蟾蜍"的寫法較之如下：

表二　先秦兩漢方技類文獻"蟾蜍"用字情況

文獻	《天回醫簡·治六十病和齊湯法》	馬王堆《五十二病方》		《天回醫簡·脉書·下經·病之變化》	胡家草場"辟兵方"	《天回醫簡·治六十病和齊湯法》、馬王堆《天下至道談》《合陰陽》	馬王堆《養生方》	馬王堆《日月風雨雲氣占·月日》
字形	蚐竈	夸就	夸竈	奄	去就	瞻諸	蟾者	去誧
圖版								
异名		竈竈、竈䵹异文				蟾蜍异文		去甫异文
對症	治心腹病	體癰腫	久疕不已	肌瘕、水瘕	避兵	□汗寒熱		

"去誧"一詞出現在馬王堆帛書《日月風雨雲氣占》中，其文曰："去誧（蛟）在月中，其國后死；在前，變人死。"劉樂賢先生指出，"去誧"，讀爲"去蛟"或"去甫"①。據古書記載，月望之時，月中應有蟾蜍，否則不吉。據《名醫別錄》的記載，"去誧"當爲"蟾蜍"之異名，《天回醫簡》中未涉此類形式，暫不贅述。異名"去䵹"的寫法在出土文獻中的記錄形式較爲複雜，《天回醫簡》中所涉寫法有"蚐竈"和"奄"，其用字與楚地出土的漢代方技文獻相似。本文在此處僅討論"瞻諸"的音變問題。

《天回醫簡》中以"瞻諸"記錄"蟾蜍"僅有1例，出現在《治六十病和齊湯法》中，現將簡文抄錄如下：

> •□[汗]寒熱。取瞻諸一，桂二尺，薑五顆，漆一[合]，[肉]醬[一][升]，牛脊肉
> 三升，麻麲三升，藥麲三升，鹽一升；穀〈穀〉乚、達漆乚、柳，剉之各二斗；
> 精刊其肉，漆而炙之令黄；取廥、藥汙，得汁六升，合而膾之熟。(76-77)

"蟾蜍"用於治寒熱之症，與"桂、薑"等藥材搭配，并未見於其他藥方。《本草綱目》："蟾蜍入陽明經，退虛熱，行濕氣，殺蟲，爲疳病、癰疽、諸瘡要藥也。"清代汪昂《本草備要》認爲"蟾蜍"有"發汗退熱，除濕殺蟲"的功效。我們認爲《天回醫簡》此劑當類似於"發汗方"。"瞻諸"是"蟾蜍"的異文，《說文》作"詹諸"，馬王堆帛書中亦有

---

① 劉樂賢：《馬王堆天文書考釋》，廣州：中山大學出版社，2004年，第166頁。

將“蟾蜍”記錄爲“蟾者”“瞻諸”之例。此類形式所反映的語音現象皆爲“者”聲和“余”聲的通假現象，上博六《平王與王子木》：“過申，睹（舍）食於齷宿（1）”“睹”當讀爲“舍”。“舍”“余”同源，其上古韻部皆在魚部，聲母應當來自清流音聲母，而後發生了流音塞化，即 *l-> *T-的音變，“余”聲字一部分讀爲舌齒音。“者”聲則來源於 *Kl-，我們傾向將“諸”的聲母擬爲 *klj-，其後發生 *Kl-> *T-的音變，這類音變是很常見的。張富海先生指出，發生此音變的時間在上古音階段，不晚於戰國時期①。若這類聲母發生舌齒音音變的時間不晚於戰國時期，那麼《天回醫簡》、馬王堆帛書及至《説文》若仍可用“諸”對讀“蜍”，可以説明“諸”“蜍”都已完成音變，“者”“諸”的聲母變爲 *t-，“蜍”的聲母爲 *d-，如此纔能音近可通。

《天回醫簡》中表示“蟾蜍”的異文“瞻諸”，與馬王堆帛書《養生方》《合陰陽》《天下至道談》及其《説文》的形式相近，反映了歷時層面上的塞化音變現象。

四、白蘞、白薟、白斂

“白薟”全株可入藥，具清熱解毒、消腫止痛之功效，在出土醫學典籍中是一味較爲常見的植物類藥物，《天回醫簡·治六十病和齊湯法》中出現了 5 次，馬王堆帛書《五十二病方》中出現了 4 次，武威醫簡中出現了 1 次，以下比較“白薟”的異文及其對應的病症：

表三　先秦兩漢方技類文獻“白薟”用字情況

文獻	《天回醫簡·治六十和齊湯法》	《天回醫簡·治六十和齊湯法》	武威	馬王堆《五十二病方》	《天回醫簡·治六十和齊湯法》	馬王堆《五十二病方》	馬王堆《五十二病方》	馬王堆《五十二病方》
字形	白蘞	白斂		白薟		白薟	白薊	白薟
次數	3	1	1	2	1	1	1	1
藥方	治心瘕治筋瘕治常寒	益氣	□出漬	疽病；骨疽	治血瘕	嗑疽	血疽	疽病

《天回醫簡·治六十病和齊湯法》出現“白蘞”三次，整理者將“蘞”括注爲“薟”，對此并沒有展開解釋，本文試將《天回醫簡》與秦漢出土文獻醫方文獻中所用“白薟”做一梳理。

首先，比較“白薟”的異文以及所對應的病症，可以將其與對應之症分爲兩類：1. 馬王堆帛書中的“白薟”主要用來治療“疽病”，武威醫簡所對應的病症很可能是“癰疽”之症，可見早在秦漢之際，白薟已經運用到外科的化膿性疾病，此藥清熱解毒、涼血散結，

---

① 張富海：《上古漢語 *kl-、*kr-類聲母的舌齒音演變》，《“古文字與漢語歷史音韻研究”高端論壇論文集》（本論壇在浙江財經大學舉行，論文集未刊），2018 年，第 4—9 頁。

有治療肉腐之用。焦一鳴、王放指出，白薇，辛苦微寒，辛能散結排膿，寒可清熱解毒；歸心經，心主血脉，脾主肌肉，邪熱之毒，犯及肌腠，熱盛至肉腐，肉腐則爲膿。"疽病"中"白薇"的使用通常和"黄芪"配合，"黄芪"的運用還體現了中醫外科治療癰瘍内治三大法中托法、補法的雛形階段①；2.《天回醫簡》中的"白薇"多寫作"白蘫"，可以用於治療"痹病"，"治心痹""治筋痹""治血痹"方中均用到"白蘫"，《素問·痹病》："風寒濕三氣雜至，合而爲痹也。"以血痹者的症狀爲例，則是血痹多驚，筋脉攣急。《本草綱目》第十八卷"白薇"詞條下曾引《千金方》："風痹筋急腫痛，屈轉易常處：白薇二分，熟附子一分，爲末，每酒服半刀圭，日二。以身中熱行爲候，十日便覺。"清人楊時泰的《本草述鈎元》也引述此方。由此，"痹病"之方中用到"白薇"似有傳承之據。通檢《天回醫簡·治六十病和齊湯法》，其中并没有專門治療"疽病"的方子，這似乎也是"白薇"没有用來治療"疽病"的主要原因。《天回醫簡·脉書·下經》"病之變化"中曾指出"凡病久則變化，化則通，通則難辨"，又説"凡久風産痹，痹之卒發者，不必産於風。淫氣著痹産疽，疽之卒發者，不必産於痹"。這與《靈樞·刺節真邪》所述久風成痹，著痹成疽的病變過程相似，這一病變過程是否與"白薇"治療"痹病"有關呢？本文闕疑，以俟後來。

白蘫、白薇、白斂，在《天回醫簡》中同時出現且用來治療一類病症，因此可推斷這些形式所對應之藥物皆爲"白薇"。從語音關係看，"蘫"和"薇""斂"屬於侵部和談部字通轉，兩字互用。蘫聲與斂聲通轉僅在《天回醫簡》中出現，傳世文獻中可見一佐證，《史記·齊太公世家》："辛巳夜，斂殯。"《集解》引徐廣曰："斂一作蘫也。"但是侵談的主要元音并不相同，斂與蘫在詞源上也并無相關，因此仍有解釋空間。筆者認爲"蘫"是"斂"和"薇"由於語流音變産生的臨時性異寫，試將《天回醫簡》中的幾組異文的關係分析如下：

bra：g g·ram（白薇、白薇）—bra：g g·ramʔ（白斂）

bra：g g·ram（白薇、白薇）→bra：ggram→bra：g ram→bra：g rum（白蘫）

這個音變首先是後字的韻首 g 與前字的韻尾 g 單音化了，這種音變非常常見，趙彤先生（2021）曾舉例説明相同音素的單音化現象。而後是非臨近（非毗鄰）同化，後一音節的韻首被前一音節同化，非臨近同化并不像臨近同化那麼常見，如原始印歐語 *penkwe>早期日耳曼語 *penpe，原始印歐語 *penkwe>拉丁語 kwinkwe，後一音節的輔音被同化爲相同的讀音，而後元音 o 高化轉入侵部，因此寫作"白蘫"。

故而本文認爲，《天回醫簡·治六十病和齊湯法》的"白蘫、白薇、白斂"與馬王堆《五十二病方》"白薇、白薊、白薇、白薇"皆爲"白薇"的異文，所産生的異文是由語流音變"bʳaag g·erom（白薇、白薇）→bʳaaggrom→bʳaag rom→bʳaag b·rum（白蘫）"造成的。其次，這兩類醫藥文獻中使用"白薇"的病症有別，《五十二病方》中的"白薇"主要用來治療"疽病"，《治六十病和齊湯法》中的"白薇"則用於治療"痹病"，這大抵不是因爲兩類文獻中"白薇"的藥性迥別，而是與"痹病"和"疽病"兩類病症的"病之變化"有關。

---

① 焦一鳴、王放：《試述〈五十二病方〉中黄芪、白薇的作用》，《江西中醫藥雜志》2005 年第 3 期，第 58—59 頁。

五、李石、理石

《本草綱目·石部》金石之三"理石"條例下，李時珍曰："理石即石膏之順理而微硬有肌者，故曰理石、肌石。""理石"在出土秦漢簡中也是一味常見的藥物。《阜陽漢簡》寫作"理石"，《敦煌漢簡》作"李石"，《天回醫簡》有"李石"和"理石"兩種寫法，且都對應"治消渴"之症。

　　《天回醫簡·治六十病和齊湯法》：其一曰，礐石、長石、理石＝（石、石）杣、莫石、凝水石、白英、曾青、脂石＝（石、石）膏、慈【石】 皆 冶 各一斤，置器中；青粟米六斗，炊之，清加石上，沃以糜汁，令其上三寸，蓋涂。七日之後，取漿一斗，反水□□□ 汁 一 斗 。（156－158）

　　《天回醫簡·治六十病和齊湯法》：治 消 ， 止 溺。取栝蔞六分，長石四分，凝水石、李（理）石各二分，思石一分，皆冶，合和。以方寸簡取藥，置酒中，糜 亦 可；爲懷，以水 華 飲之，日三。（159－160）

　　《天回醫簡·治六十病和齊湯法》：·其一曰，消渴，溺多不止，苦蔞六分，長石四分，凝水石、理石各二分，惡石一分，合和。以方寸簡匕取藥，置温酒中，飲之。（160－161）

　　"李石"和"理石"出現在《天回醫簡》三個藥方之中，事實上這三個方子都是"卅六治消渴"條目下的，"卅六"包含了 9 個消渴方，用藥方法有"涂""飲""吞"的方式。從《天回醫簡》所記錄的形式來看，"李"和"理"的語音關係應當是極爲密切的，除語音相近，二字在詞義上是否也密切相關呢？我們先觀察秦漢數術簡中"李"和"理"的通假情況：

　　（1）睡虎地秦簡《日書》甲種：天李（理）正月居子。（145 背）

　　"天李"即"天理"，指天理星。《史記·天官書》："在斗魁中，貴人之牢。"《集解》引孟康曰："傳曰'天理四星在斗魁中。貴人牢名曰天理'。"可見其主理之事或與牢獄相關。

　　（2）北大漢簡《堪輿》：·子、丑，慶（卿）李（理）也。寅、卯，司馬也。辰、巳，司寇也。午、未，司城也。申、酉，贅尹也。戌、亥，土尹也。（42）

　　整理者注："慶李"，即"卿理"，楚官名。包山楚簡有"陰侯之慶李"。王挺斌先生認爲，“慶李”當讀爲“卿士”或“卿事”①。楚簡中的“卿士”也作“卿李”（清華簡《繫年》2），可見“李（李）”所承擔的意義皆與人事處理相關。因而“李”“理”應當有同源關係。

其次是“李”“李”的語音問題，何九盈先生認爲“使”“李”同音，在 s、l 分化以前的早期（殷商時代）形式爲複聲母 * sr-②。葉玉英先生則認爲“李”“李”是雙聲符字，在楚方言中讀作 * srɯʔ，在戰國秦方言中爲 * s·rɯʔ③；潘悟雲先生則是將“李”擬爲 * g·erɯʔ，“理”擬爲 * k·erɯʔ；鄭張尚芳先生將二字皆擬爲 * rɯʔ。我們更傾向於認爲，秦漢數術和醫方文獻中“李”“理”通假説明“李”“理”同音，不再是早期的複聲母形式，讀音或皆作 * rɯʔ；其次，《天回醫簡》在同一病症的不同藥方中同時出現了“理石”和“李石”的記録形式，説明《天回醫簡》藥方的文本來源很可能出自當時不同的醫學文獻，只是其編寫者在蒐集“治消渴”的九條藥方時，并沒有注明出處，也未對藥名的用字進行統一規範，因而在用字上存在一些差別。

六、小結

本文通過考察《天回醫簡》中幾組專名的异文，對异文之間的語音關係做出了進一步的討論。文章發現，語流音變是《天回醫簡》中專名异文産生的重要原因之一，張顯成先生在《簡帛藥名研究》一書中就曾舉“美桂”和“要茗”説明藥名异文中語流音變的現象④，對我們的研究頗有啓發；同時，語流音變多發生在複音詞中，《天回醫簡》的部分複音詞可能是口語用詞，因此沒有形成規範的記録形式；此外，還有一類异文所反映的語音現象并不是共時層面的語流音變，而是歷時音變中的詞彙擴散現象，需要研究者在研習過程中加以區分。對於《天回醫簡》專名异文的研究不僅豐富了我們對醫藥文獻的認識，同時也爲音韻學的研究提供了新材料。

---

① 王挺斌：《讀北大簡零拾》，清華大學出土文獻研究與保護中心網站，2015 年 11 月 24 日。

② 何九盈：《 * sr-新證》，《中國語文》2007 年第 6 期，第 558—559 頁。

③ 蘭碧仙、葉玉英：《據清華簡再談“行李”之“李”》，《中國文字研究》第 28 輯，上海：上海書店出版社，第 128—132 頁。

④ 張顯成：《簡帛藥名研究》，重慶：西南師範大學出版社，1997 年，第 45—46 頁。

生命與疾病

"誘惕""訹惕"考兼論漢人對精神疾病的認識*

雷　霆　柳長華

（成都中醫藥大學，四川　成都　610031）

提　要：成都市天回鎮出土醫簡中的《脉書·上經》及《脉書·下經》中原釋作"詤惕"與"怵怵惕惕"二詞，筆者認爲當重新釋作"誘惕"與"訹訹惕惕"，指心神受到誘惑而動蕩不定的精神異常表現。《靈樞·本神》《賊風》《本藏》三篇所説之怵惕亦當爲訹惕之誤，所指皆與情志異常有關。漢人所説訹惕，既可表示精神疾病，又可表示精神異常之病候，還可表示發病之病因。在《本神》與《海論》中則將精神異常分別與五藏、血海相結合，旨在指導以針刺來治療此類精神疾病。同時《脉書·上經》之簡文提示我們判斷疾病部位十分關鍵，故扁鵲以望色診脉以決死生、定可治；同時疾病在不同部位時，應當選用針石、湯液等不同的治療方法。

關鍵詞：誘惕；訹惕；《脉書·上經》；《脉書·下經》；精神疾病

　　2012 年 7 月，成都天回鎮發現了一處西漢早期墓葬，隨後成都文物考古研究院聯合荆州文物保護中心進行了搶救性挖掘。2014 年 9 月，以柳長華教授爲核心的天回醫簡整理團隊，開始了全面的整理工作。2022 年 11 月《天回醫簡》出版，全書一次性公布了所有醫學相關内容，包括九百三十支醫簡的圖版與釋文，以及一具髹漆經脉人圖像、文字信息，爲進一步研究漢代醫學思想、理論，提供了翔實、可靠的資料。其中提到的"詤惕"與"怵怵惕惕"，通過對圖版資料的比勘分析，當分別釋作"誘惕"與"訹訹惕惕"，表示心神動蕩之病症表現，并可聯繫後世文獻中"訹惕""怵惕"之糾葛，分析漢人對精神疾病的認識。以下《脉書·上經》《脉書·下經》分別簡稱爲《上經》《下經》。

一、《上經》之"詤惕"當作"誘惕"

　　《上經》簡二三至簡二五釋文作：

---

　　* 本文係成都中醫藥大學學科創新團隊專項：出土醫學文献與文物研究（項目批准號：XKTD2022018）、2023 年四川省哲學社會科學基金特別委托重大專項：天回漢墓髹漆經脉人像研究（項目批准號：SCJJ23WT11）的階段性研究成果。

始生，甚㣲（微）且精，其在蒿膚之時，幾於色變，不亟□☒（簡二三）
即入舍於脉。在脉之時，詉易（惕）善驚。不亟寫（瀉）即入舍☒（簡二四）
☒即入舍於骨。在骨之時，☒（簡二五）

　　原來對"詉易"一詞的注釋爲：詉，讀爲"悗"，煩悶。易，讀爲"惕"，通蕩，心動貌①。然《説文》《玉篇》《廣韻》等字書中均不見詉字；先秦兩漢常見文獻中，亦無其用例，心中遂覺可疑。細思煩悶與心動二詞，義不相屬；從醫理上看，亦無必然的聯繫。於是回過頭來察看圖版，其形作█。左半从言旁，右半雖與免旁相似，然而免字从人从宀，宀亦聲，象人着冕形，即冕之初文。細看此形中間似表宀之（下不應封口）左右筆畫疑是墨點與原字的結合。且下半之左撇之筆畫亦與"人"字左筆不合。檢《天回醫簡》之"免"字，如《下經》簡二四"免風"之"免"，即用其本義，謂首風也，其形作█，正像人着冠冕之形，中間筆畫不封口，下面人旁之左撇粗且長，與上"詉"形有較大區別。再檢《天回醫簡》之"誘"字，《上經》簡一六所謂"見好女則誘然"②，其形作█，正與原作"詉"字之形合。從字形上來看，"詉惕"當改釋作"誘惕"。

　　從文義上看。㕊，《説文·厶部》："相㕊呼也。"段玉裁注："㕊與訹二篆爲轉注。今人以手相招而口言㕊，正當作此字。今則誘行而㕊廢矣。"誘有引誘、招引之義。惕，《説文·心部》："放也。"朱駿聲《説文通訓定聲》："經傳皆以蕩爲之。"所謂誘惕者，蓋即心神受到誘惑而動蕩不定也，心神不定則易驚，於此方可謂文通義順。《上經》稱此"在脉之時，誘惕善驚"，顯然將這種精神情志的異常，依托於經脉而言，下文將聯繫《下經》與《黃帝内經》，來做進一步探討。

　　又《説文·言部》："訹，誘也。"誘與訹，其義相同，可以説是同源字的關係。故誘惕又可寫作訹惕，如馬王堆醫簡《十問》之"心毋秌愓"與《銀雀山簡（貳）》"其他"類之《定心固氣》篇之"恘惕。心不【定氣不固者】也""虛者，心恘惕"，原釋分別作"怵蕩""怵惕"，按陳劍説，皆當爲訹惕③：

　　　　《十問》"愓（惕—蕩/盪）"字之釋既無可移易，則兩字連用成詞之"秌愓"，即應與"怵惕"不同、無關。由此考慮，則其上"秌"字讀爲常訓"恐""懼"之"怵惕"之"怵"，也就失去了其必然性……筆者認爲，此"秌"字應改讀爲常訓"誘也"之"訹"。《銀雀山簡（貳）》"其他"類之《定心固氣》篇……"恘惕"原整理者徑釋讀爲"恘（怵）惕"，研究者似無异議。此殆亦與"怵惕"成詞太過"深入人心"有關。但我們看此文前後反復所講"心""志"諸語，所謂"心（不）定""心

---

①　天回醫簡整理組編著：《天回醫簡》（下），北京：文物出版社，2022年，第11頁。
②　同上，第8頁。
③　陳劍：《讀簡帛醫書零札四則》，《中醫藥文化》2022年第5期，第398—410頁。

不動""志定"等，皆可體會出，將"愓"如字作解，理解爲"心""志"或"神"之"動蕩"，要好得多。後文"神愓而"云云，"愓"字單用，如讀爲"詖"理解作"精神受到引誘而（不定、動蕩等）"云云，也是非常合適的。

詖、怵二字，古音相近。故書中常借怵爲詖，上《十問》與《定心固氣》篇即其例（秌、愓與怵同）。易、易二字，字形相似，先秦兩漢時期常發生混用（如今之楊姓，仍習稱爲木易楊）。有關具體字形的辨析，可參看陳劍《讀簡帛醫書零札四則》文，此不再贅述。總之在經史諸子文獻中，詖愓、怵愓常發生糾葛，以讀爲怵愓者最爲常見，作詖愓講的情況則較少。在醫書中，這種混用的情況亦不少見，如《傷寒論·辨不可發汗病脉并治》之"筋愓肉瞤"，《辨太陽病脉并治》之"經脉動愓"，錢超塵校注《唐本傷寒論》已指出皆愓字之誤，爲跳動、動蕩義①。全面徹底的梳理工作，尚待日後專門去做。今略舉《天回醫簡》與《黃帝内經》之例，以明其理。

二、《下經》《黃帝内經》中"怵愓"應作"詖愓"者

按上兩例出土文獻所見之詖愓，與心、志連用，當屬於受精神刺激而致的情志異常一類的病症。而怵愓一詞則常訓爲驚恐義，《説文·心部》："怵，恐也。""愓，敬也。"《漢語同源詞大典》：聲符字"敬"所記録語詞之本義爲恭敬，恭敬義本與恐懼義相通，故"敬"有"懼"之衍義②。《逸周書·官人》："敬之以卒而度應。"晋孔晁注："《大戴》作：驚之以卒而度料。"《書·冏命》："怵愓惟厲，中夜以興。"孔安國傳："言常悚懼惟危，夜半以起。"《玉篇·心部》："愓，懼也。"從義理上講，詖愓之義廣，而怵愓之義狹。對二詞的準確釋讀是理解古人對精神疾病認識的關鍵。詳怵愓一詞在《天回醫簡》及《黃帝内經》中并不少見，而詖愓却無一例之見，其中或有當重新考慮者。

（一）《下經》的"怵=愓="

《下經》簡四、五釋文作：

> 凡寒氣乍在乍亡者，風也；畜作有時者，瘧也；挺解而不去身者，痹也。瘅=（戰戰）陵=（凌凌—兢兢），若臨深水，若踐薄冰；怵=（怵怵）愓=（愓愓），若隋（墮）若䲢（騰）；甘=（酣酣）兄=（怳怳），若□若夢，是胃（謂）大風之薇（微）。

"怵=（怵怵）愓=（愓愓）"原釋文作"怵=（怵怵）愓=（愓愓）"③，無説。所謂

---

① （唐）孫思邈著，錢超塵校注：《唐本傷寒論》，北京：中國醫藥科技出版社，1994年，第58、115頁。

② 殷寄明：《漢語同源詞大典》下册，上海：復旦大學出版社，2018年，第1479頁。

③ 天回醫簡整理組編著：《天回醫簡》（下），第19頁。

"惕"字字形作 ▨，右半明係 "易" 形，而非 "易" 形。有了上面 "易（惕）" 如字讀之例，此處恐不當以假借之用而釋作 "惕" 也。按上文 "戰戰兢兢，若臨深水，若踐薄冰"，本於《詩·小雅·小旻》："戰戰兢兢，如臨深淵，如履薄冰。" 毛傳："戰戰，恐也。兢兢，戒也。" 即畏懼謹慎貌。"成王問政於尹佚曰：'吾何德之行而民親其上？' 對曰：'使之時而敬順之。' 王曰：'其度安至？' 曰：'如臨深淵，如履薄冰。'" 念孫案："使之時而敬順之"，"順" 與 "慎" 同。"時" 上當有 "以" 字。《説苑·政理篇》《文子·上仁篇》并作 "使之以時"，是其證。"其度安至"，劉本改 "至" 爲 "在"，而莊本從之。案："其度安至" 者，謂敬慎之度何所至，猶言當如何敬慎也。下文 "如臨深淵，如履薄冰"，正言敬慎之度所至也。"瘨＝（戰戰）陵＝（凌凌－兢兢）" "怵＝（怵怵）惕＝（惕惕）" "甘＝（酣酣）兄＝（怳怳）" 三詞并列，分別表示 "大風" 之病不同的精神症狀，"怵惕" 若讀爲 "怵惕"，則語義相複矣。此其一。《素問·刺節真邪論》云："大風在身，血脉偏虛，虛者不足，實者有餘，輕重不得，傾側宛伏，不知東西，不知南北，乍上乍下，乍反乍複，顛倒無常，甚於迷惑。" "乍上乍下" 者，即此所謂 "若隋（墮）若縢（騰）" 也，所形容的是心神飄忽不定之狀，故彼言 "顛倒無常，甚於迷惑"。此其二。又原整理者於 "薇（徵）" 下注云："本條自瘨瘨陵陵至末有韻，陵、冰、縢、夢、薇皆蒸部字。" 按此三節以第一句與末一句之末字入韻，則 "惕" "兄" 二字不當例外。"惕" "兄" 爲陽部韻，陽、蒸乃一聲之轉，《離騷》："民生各有所樂兮，余獨好修以爲常。雖體解吾猶未變兮，豈余心之可懲。" 常、懲爲韻。《上林賦》："消遙乎襄羊，降集乎北紘，率乎直指，晻乎反鄉。" 羊、紘、鄉爲韻。是 "惕" 如字讀之又一證。此其三。綜上，原釋作 "怵怵惕惕" 者，當改釋爲 "詥詥惕惕"，方可謂文通義順韻葉。

（二）《靈樞》的三處 "怵惕"

《靈樞·本神》：

> 是故怵惕思慮者則傷神，神傷則恐懼，流淫而不止。因悲哀動中者，竭絶而失生。喜樂者，神憚散而不藏。愁憂者，氣閉塞而不行。盛怒者，迷惑而不治。恐懼者，神蕩憚而不收。

《黃帝内經》乃傳訓詁之作，經傳融合，經傳不分。本篇關於五藏虛實病形的論述可見於《逆順五色脉藏驗精神》，足證來源甚古①。本段文辭簡樸，乃漢人之行文風格。其論述了怵惕思慮、悲哀動中、喜樂、愁憂、盛怒、恐懼六種情志對五藏所藏精神的内傷，是瞭解漢人對精神情志的生命與疾病認知的關鍵。但由於篇文流傳既久，衍誤滋多，難以理解，今合《太素》《甲乙經》諸本以考證之。

按怵惕與思慮二者不類，若以二詞連讀，則文不成義，當斷 "是故怵惕" 爲句。怵惕當讀爲 "詥惕"，乃渾言情志之异常，以總目下文思慮等六情。後文 "恐懼者" 云云，始

---

① 柳長華解讀：《黃帝内經》（節選），北京：科學出版社，2019 年，第 345—346 頁。

言恐懼之具體情狀，此若作怵惕講則語義重複。又"思慮者"當爲一句，者字以下"則傷神神傷則恐懼"八字，按張燦玾說①，涉下句"心，怵惕思慮則傷神，神傷則恐懼自失"而衍，是也。此段皆以二句言一事，不得獨思慮例外。且後已有恐懼，而此又言神傷則恐懼，自相抵牾。"流淫而不止"，《解讀》已改止爲正，謂精神失常義，其説可從②。此蓋字之誤也，故《太素》作"固"，與"止"義相近，則其所傳本已誤。《甲乙經》正作"流淫而不正"是其證。"因悲哀動中者"，因，《太素》無。此蓋"固"字之誤，後人據《太素》旁記"固"字，因誤入正文，又訛爲因。讀者不解，遂下屬爲句，然義不相屬。動中，涉下文"肝，悲哀動中則傷魂"而衍。以思慮、喜樂、愁憂、盛怒、恐懼例之，悲哀下不當有"動中"。"神憚散而不藏""氣閉塞而不行""神蕩憚而不收"，二神字、氣字衍，《太素》《素問·疏五過論》王冰注引并無，今本多此三字，則句法參差。今訂正原文於下：

　　是故詙惕：思慮者，流淫而不正；悲哀者，竭絶而失生；喜樂者，憚散而不藏；愁憂者，閉塞而不行；盛怒者，迷惑而不治；恐懼者，蕩憚而不收。

下文："心，怵惕思慮則傷神，神傷則恐懼自失。破䐃脱肉，毛悴色夭死於冬。"按本段以五藏分釋上文六情（腎應盛怒、恐懼），此怵惕則涉上文而衍。又按本段文例，"情志"下皆有一詞，如愁憂不解、悲哀動中，則"思慮"下當有脱文，疑後人因怵惕之誤而妄删正文也。

《靈樞·賊風》：

　　其毋所遇邪氣，又毋怵惕之（之下原衍"所"字，從《甲乙經》卷六第五删）志，卒然而病者，其故何也？唯有因鬼神之事乎？岐伯曰：此亦有故邪留而未發，因而志有所惡，及有所慕，血氣內亂，兩氣相搏。其所從來者微，視之不見，聽而不聞，故似鬼神。
　　黄帝曰：其祝而已者，其故何也？岐伯曰：先巫者，因知百病之勝，先知其病之所從生者，可祝而已也。

本篇篇名"賊風"即篇中所云邪氣也。《下經》："凡風者，百病之長也。唯（雖）已變化爲它病，猶（猶）有風氣之作也。"彼風氣與此賊風邪氣義并同，皆屬於疾病外感之病因。文中怵惕當讀爲詙惕。詙惕與邪氣相對爲文，屬情志內傷之病因，所包者甚廣，若以怵惕言之，則舉一漏百。故下文曰"因而志有所惡，及有所慕"，正承詙惕之義言之。若爲怵惕，則不得既言所惡，又言所慕矣。《黄帝內經》中常并舉外邪、內情，以告誡人們要貼近自然，順應天道，這種思想在其他篇章屢見不鮮，如《素問·上古天真論》："虛邪賊風，避之有時，恬惔虛無，真氣從之，精神內守，病安從來。"義與此相

---

① 張燦玾、徐國仟：《針灸甲乙經校注》（上册），北京：人民衛生出版社，2014年，第7—8頁。
② 柳長華解讀：《黄帝內經》（節選），第344頁。

類，虛邪賊風，即賊風邪氣也。精神內守，即無怵惕之志也。

又《靈樞‧本藏》：

> 有其獨盡天壽，而無邪僻之病，百年不衰，雖犯風雨卒寒大暑，猶有弗能害也；有其不離屏蔽室內，無怵惕之恐，然猶不免於病，何也？願聞其故……人之有不可病者，至盡天壽，雖有深憂大恐，怵惕之志，猶不能減也，甚寒大熱，不能傷也；其有不離屏蔽室內，又無怵惕之恐，然不免於病者，何也？願聞其故。岐伯曰：五藏六府，邪之舍也，請言其故。五藏皆小者，少病，苦燋心，大愁憂；五藏皆大者，緩於事，難使以憂。五藏皆高者，好高舉措；五藏皆下者，好出人下。五藏皆堅者，無病；五藏皆脆者，不離於病。五藏皆端正者，和利得人心；五藏皆偏傾者，邪心而善盜，不可以為人平，反復言語也。

本段與《靈樞‧賊風》篇聯繫甚密。彼以病因立論，討論的是因外感淫邪，內傷情志而為病；此以五藏立論，言雖外感淫邪，內傷情志，而有無邪僻之病者，亦有不免於病者，乃因藏府不同，則病理各異。按：此三“怵惕”皆當讀作“訹惕”，“怵惕之志”已見於《賊風》篇，義與彼同。且“怵惕之志”與“甚寒大熱”相對為文，甚寒大熱乃統而言之，析言則前風雨卒寒大暑皆是，則此當讀為“訹惕”明矣，乃總言情志內傷也。下“怵惕之恐”，《甲乙經‧五藏大小六府應候》張燦玾注：此與上“雖有……怵惕之志”相應為文，故疑“恐”為“志”之誤。且“怵惕”，驚動也，此言“怵惕之恐”，似義亦欠安①。按“恐”為“志”之誤，是也，然尤未盡也。“不離屏蔽室內”與“無怵惕之恐”對文，則“怵惕”亦當為“訹惕”明矣。

以上四例，皆為寫作“怵惕”而當讀作“訹惕”之例。但《黃帝內經》中確有大量“惕”如字讀者，不可一概而論。

三、漢人對精神疾病的認識

通過以上對漢代出土文獻及存世文獻的考證，可見在早期的醫學經典中，訹惕既可表示病候，如《上經》“在脉之時，誘惕善驚”、《下經》“訹訹惕惕，若墮若騰”；又可表示疾病，如《靈樞‧本神》“是故訹惕”云云；還可表示病因，如《靈樞‧賊風》《本藏》“訹惕之志”，且常與經脉相聯繫，足證漢人對精神疾病的關注。重要的是從文獻來看，已經形成了包括對生命疾病的認知，診斷治療方法在內的理論體系。那麼所謂訹惕這一類的精神疾病，為何會與經脉相關？漢人將二者聯繫在一起的時候，又是在關注什麼呢？下文試作進一步討論：

中國由於地域廣博、歷史悠久、民族眾多，學者們通常將上古文化按照區系劃分，

---

① 張燦玾、徐國仟：《針灸甲乙經校注》（上冊），第 67 頁。

雖各家有別①，但大致對應着黃河上游、黃河下游與長江中下游。通過出土文獻的内容、書志目録的分類，并結合《素問・异法方宜論》講述的歷史來看，中國上古的醫學，亦分爲三大系，即"經脉醫學""湯液醫學"與"導引醫學"②。并且從《天回醫簡》與《黃帝内經》來看，以經脉醫學的理論最爲完備。《史記・扁鵲倉公列傳》中稱："至今天下言脉者，由扁鵲也。"司馬遷之意，非謂天下診脉者，由扁鵲也。由於中國的經典語言凝練、文字古奧，故其乃言至今天下傳《脉書》者，由扁鵲也。天回鎮出土的《脉書》上、下經是迄今所能見到的最早的醫經原典。據整理團隊的研究，證明其學術源流可上溯至扁鵲、倉公的醫學③。這門醫學以經脉爲核心，以望色診脉決死生爲突出標志。

《扁鵲倉公列傳》中記載了扁鵲過齊，入朝見齊桓侯，言其"有疾在腠理，不治將深"，桓侯不聽，而疾次至血脉、腸胃，最後入骨髓而死，這實際反映的是經脉醫學對疾病傳變的認識。《上經》簡二三至二五一段雖有缺文，但從"薈膚""脉""骨""不亟瀉即入舍"等行文可知，其與《史記》所述正相符合。簡文補充了疾病傳變各階段的證候表現，如在薈膚之時，極其精微，隱見於五色變化；在脉之時，會出現心神動蕩不定、驚懼等情志症狀。此段所描述的皆爲代表性症狀，讓我們清楚地看到，漢人基於對疾病傳變細緻的觀察，總結出在脉的階段，情志會出現异常的表現，而將精神疾病與經脉聯繫在一起。

《扁鵲倉公列傳》中還記録了疾病在不同部位的治療方法，分別爲"居腠理也，湯熨之所及也；在血脉，針石之所及也；其在腸胃，酒醪之所及也；其在骨髓，雖司命無奈之何"。按《上經》邪入舍於内，皆須亟瀉之，而在脉時所用治法，即上扁鵲之針石也。值得注意的是，此所言針石，爲漢代之古治法。《漢書・藝文志》醫經小序："醫經者，原人血脉經落骨髓，陰陽表裏，以起百病之本，決死生之分，而用度箴石湯火所施。"顔師古注："箴，所以刺病也。石謂砭石，即石箴也。古者攻病則有砭，今其術絶矣。"顔師古，隋唐時人，而彼時漢代的針石之術已經失傳。此次出土的《天回醫簡・犮理》一書多爲傳世文獻所亡佚的内容，尤其是石、犮之法。從簡文内容可知其病應輸則以犮法"犮其輸"；其病脉盛，則以石法"石其脉"。"石""犮"并論，兩者同爲西漢以前經脉醫學所采用的主要治法④，疑與《史記・扁鵲倉公列傳》《漢書・藝文志》所言針石之法密切相關。

要瞭解漢人説"誘惕/試惕"的生命疾病認知，首先要看看其對"精神"的認識。《靈樞・本神》云"兩精相搏謂之神"，説明有精方有神，神寓於精，形神之義甚明。又神者，乃渾言之。析言之則有魂、魄、心、意、志、思、智、慮等，爲五藏所藏。《靈樞・天年》："黃帝曰：何者爲神？岐伯曰：血氣已和，營衛已通，五藏已成，神氣舍心，

① 參見傅斯年《民族與古代中國史》，上海：上海人民出版社，2014 年，第 41—46 頁。蒙文通《古史甄微》，成都：巴蜀書社，1999 年，第 62—71 頁。徐旭生《中國古史的傳説時代》，桂林：廣西師範大學出版社，2003 年，第 42—147 頁。

② 柳長華解讀：《黃帝内經》(節選)，第 7—10 頁。

③ 柳長華、顧漫、周琦等：《四川成都天回漢墓醫簡的命名與學術源流考》，《文物》2017 年第 12 期，第 58—69 頁。

④ 天回醫簡整理組編著：《天回醫簡》(下)，第 66 頁。

魂魄畢具，乃成爲人。"亦以血氣和、營衛通、五藏成，乃能神氣舍心、魂魄畢具，方成爲人。總之神以精爲基礎，故與五藏相聯繫。《本神》中七情過度，則五藏所藏精神內傷，精神內傷又反致五藏虛實之病形。故篇中告誡："是故五藏，主藏精者也，不可傷，傷則失守而陰虛，陰虛則無氣，無氣則死矣。"本篇開篇即言："凡刺之法，必先本於神。"又曰："是故用針者，察觀病人之態，以知精、神、魂、魄之存亡，得失之意，五者以傷，針不可以治之也。"本篇詳細論述了情志過度的精神表現，相對應的五藏症狀、虛實病形，今列表如下（見表一）。提示我們，刺法也好，診法也好，必須仔細觀察病人的精神變化、審察五藏病形，"謹而調之"。

表一　情志過度所見五藏精神表現、症狀與虛實病形

五藏	情志	精神表現	症狀	虛實病形
心	思慮	流淫而不正	傷神，神傷則恐懼自失，破䐃脫肉，毛悴色夭，死於冬	心藏脉，脉舍神，心氣虛則悲，實則笑不休
脾	愁憂	閉塞而不行	傷意，意傷則悗亂，四肢不舉，毛悴色夭，死於春	脾藏營，營舍意，脾氣虛則四肢不用，五藏不安，實則腹脹，經溲不利
肝	悲哀	竭絕而失生	傷魂，魂傷則狂忘不精，不精則不正，當人陰縮而攣筋，兩脇骨不舉，毛悴色夭，死於秋	肝藏血，血舍魂，肝氣虛則恐，實則怒
肺	喜樂	憚散而不藏	傷魄，魄傷則狂，狂者意不存人，皮革焦，毛悴色夭，死於夏	肺藏氣，氣舍魄，肺氣虛則鼻塞不利，少氣，實則喘喝胸盈仰息
腎	盛怒	迷惑而不治	傷志，志傷則喜忘其前言，腰脊不可以俛仰屈伸，毛悴色夭，死於季夏	腎藏精，精舍志，腎氣虛則厥，實則脹
	恐懼	蕩憚而不收	傷精，精傷則骨酸痿厥，精時自下	

　　《靈樞·海論》篇提出了四海的概念，屬於經脉醫學的又一種認知。四海者，即"胃者，水穀之海""衝脉者，爲十二經之海"（按上下文，當對應血海）"膻中者，爲氣之海""腦爲髓之海"。文中説"十二經脉者，內屬於府藏，外絡於肢節，夫子乃合之於四海"，其實四海亦是漢人總結歸納的一種對疾病的分類方法。其中的血海，從形上看，與衝脉，換言之與經脉相聯繫；從疾病上看，對應的即是精神疾病，其言："血海有餘，則常想其身大，佛然不知其所病；血海不足，亦常想其身小，狹然不知其所病。"佛，音勃，古無輕唇音也，謂勃然怒貌。不知其所病，言病人不自知有病也。血海有餘、不足分別對應狂躁型與抑鬱型精神病的表現。《陽明脉解》："病甚則棄衣而走，登高而歌，或至不食數日，逾垣上屋……妄言罵詈，不避親疏而歌。"與血海有餘當同爲一類。有餘、不足，此皆血海之逆，而"知調者利，不知調者害"。其調之法，"審守其俞，而調其虛實，無犯其害，順者得複，逆者必敗"，而血海"其輸上在於大杼，下出於巨虛之上下廉"。本篇開篇亦言："余聞刺法於夫子，夫子之所言，不離於營衛血氣。"提示我們，關於精神疾病的治療，可以針刺之法，調經脉之氣血，使血海以順。

　　上《本神》篇討論了神與五藏的關係，《海論》討論了神與血海的關係。二者開篇皆提及刺法，告訴我們，這些都是屬於經脉醫學的内容。從五藏、血海不同的角度認識精神疾病，旨在指導針刺治病。那麼從具體的診斷來看，落實到經脉上，情況又如何？按脉書類文獻，包括出土的《天回醫簡·脉書·下經》、張家山《脉書》、馬王堆《陰陽十一脉灸經》甲乙本、《足臂十一脉灸經》經脉，以及《靈樞·經脉》篇，十一脉也好，十二脉也好，都是疾病分類系統。其是動病、所生病，既是經脉疾病，同時更是經脉醫學診脉用的症狀表現（《長刺節論》："刺家不診，聽病者言，在頭頭疾痛，爲藏針之。"《靈樞·刺節真邪》："有一脉生數十病者，或痛，或癰，或熱，或寒，或癢，或痹，或不仁，變化無窮，其故何也？"），若是治療得當，則證候消失，其病立已。正如《靈樞·刺節真邪論》："此邪新客，溶溶未有定處也，推之則前，引之則止，逆而刺之，溫血也。刺出其血，其病立已。"又："邪之新客來也未有定處，推之則前，引之則止，逢而瀉之，其病立已。"今將有關精神疾病表現的經脉單獨輯出，列表如下（見表二）：

表二　精神疾病表現與經脉對照表

出處	經脉	精神表現
《脉書·下經》	足陽明脉	病至則惡人與火，聞木音則愯（愯—惕）然而驚，心惕，欲蜀（獨）閉户牖而處，病甚則欲乘高而歌，棄衣而走
《脉書》（張家山）	足少陰脉	氣不足，善怒，心狄（惕）狄（惕）恐人將捕之
《靈樞·經脉》	胃足陽明之脉	病至則惡人與火，聞木聲則惕然而驚，心欲動（按："動"當在"欲"上，"欲"屬下讀），獨閉户塞牖而處。甚則欲上高而歌，棄衣而走
	腎足少陰之脉	氣不足則善恐，心惕惕如人將捕之
《素問·脉解》	陽明	所謂甚則厥，惡人與火，聞木音則惕然而驚者，陽氣與陰氣相薄，水火相惡，故惕然而驚也；所謂欲獨閉户牖而處者，陰陽相薄也，陽盡而陰盛，故欲獨閉户牖而居；所謂病至則欲乘高而歌，棄衣而走者，陰陽復爭，而外并於陽，故使之棄衣而走也
	少陰	所謂少氣善怒者，陽氣不治，陽氣不治則陽氣不得出，肝氣當治而未得，故善怒，善怒者名曰煎厥。所謂恐如人將捕之者，秋氣萬物未有畢去，陰氣少，陽氣入，陰陽相薄，故恐也
《素問·陽明脉解》	足陽明之脉	惡人與火，聞木音則惕然而驚，鐘鼓不爲動……病甚則棄衣而走，登高而歌，或至不食數日，逾垣上屋……妄言罵詈，不避親疏而歌
《素問·刺瘧》	足少陽之瘧	惡見人，見人心惕惕然
	足陽明之瘧	喜見日月光火氣，乃快然
	足太陰之瘧	令人不樂，好太息
	足少陰之瘧	欲閉户牖而處
	肺瘧	善驚

最後討論一下對精神疾病，或者說出現精神症狀的治療與誤治。《靈樞·刺節真邪》中的五節刺，即以治療具體病證爲例闡述的五種針刺之法。其中之一稱爲"解惑"，蓋以所治"甚於迷惑"爲其突出特徵爲名。其中舉了"大風"之病爲例，亦即《下經》所言之"大風"，詳見上文辨"詵詵惕惕"。此言"大風在身，血脉偏虚"，而出現"輕重不得，傾側宛伏，不知東西，不知南北，乍上乍下，乍反乍複，顛倒無常，甚於迷惑"等精神症狀。治療的具體手法爲"瀉其有餘，補其不足"，《靈樞·九針十二原》《小針解》《素問·針解》都介紹了疾徐補邪法，大致相同。以《九針十二原》之文爲例：所謂"徐而疾則實者，疾而徐則虚者"。又"瀉曰：必持内之，放而出之，排陽得針，邪氣得泄，按而引針，是謂内温，血不得散，氣不得出也。補曰：隨之隨之，意若妄之，若行若按，如蚊虻止，如留如還，去如弦絶，令左屬右，其氣故止，外門已閉，中氣乃實，必無留血，急取誅之"。刺節"解惑"，施以補瀉之法，補血脉之虚，亟瀉血脉之邪，使氣血運行平静，即"陰陽平復"，則惑可解。略顯遺憾的是囿於文獻不足，具體的診脉與治療部位，無法詳考。

《素問·診要經終論》提到以"人氣"逐月所在，應自然時節，針刺也要應時節，所謂"春刺散俞，及與分理""夏刺絡俞""秋刺皮膚，循理""冬刺俞竅於分理"。若誤刺他時之部位，則病不能愈，反生諸害，其中便會出現精神異常的表現。如"夏刺秋分，病不愈，令人心中欲無言，惕惕如人將捕之。夏刺冬分，病不愈，令人少氣，時欲怒。秋刺春分，病不已，令人惕然欲有所爲，起而忘之"。夏天誤刺皮膚，循理或分理之俞竅，其症狀類似於足少陰脉的表現。秋天誤刺散俞，其症狀類似於足陽明脉的表現。

四、結語

根據漢代出土及存世文獻所見，對漢人有關精神疾病的認識，舉其要點，試總結如下：

1. 漢人既把精神異常作爲單獨一種疾病來討論，亦有把精神異常作爲病因、病機、病候，即疾病的一部分來看待。但是這些内容散見於脉書類文獻以及《黄帝内經》一些篇章。這裏需要注意的是由於這些篇章不是相承關係，有可能是不同經師所傳的内容，在閱讀以及研究時尤其需要注意。

2. 這裏所説"誘惕""詵惕"一類精神疾病的治療，因爲是邪客於經脉之時，故可以運用針石，或稱爲砭石之法，令氣血調和。如《素問·離合真邪論》所言："推之則前，引之則止，逢而瀉之，其病立已。"但是有病時要及時治療，勿令其深入、變化。

3. 疾病在不同的部位，應當選用不同的治療方法。《逆順五色脉臓驗精神》："病不表，不可以鑱石。病不裏〈裏〉，不可以每〈毒〉藥。不表不裏〈裏〉者，死☒"可見判斷疾病部位亦十分關鍵。故扁鵲以望色診脉以決死生、定可治。

以上所述，僅據現存文獻考析管見，因文獻不足及水平所限，掛一漏萬，言有不當，尚望方家指正。

"天人合一"

——簡析《黃帝内經》"天人觀"的四重内涵

李　綱

（四川工業科技學院，四川　德陽　618000）

提　要： 天人關係理論是《黃帝内經》的重要理論基礎，"天人合一"的思考模式是其主要表現。《黃帝内經》"天人合一"涵蓋了本體論、宇宙論、價值論等多方面因素，主要由"天人相應""天人同源""天人同理""天人合德"四部分組成，體現了中國傳統文化以人爲本、人與自然和諧相處的價值精神與理想追求。

關鍵詞：《黃帝内經》；天人合一；天人同源；天人同理；天人相應；天人合德

正如《素問·氣交變大論篇》所謂"善言天者，必應於人；善言古者，必驗於今；善言氣者，必彰於物；善言應者，同天地之化；善言化言變者，通神明之理"[①]，無論是在宇宙的生化流行還是社會人心的變化發展，"天人關係問題"始終是《黃帝内經》（以下簡稱《内經》）哲學思想的永恒主題。學界對《内經》的思想研究豐富多樣，天人關係的研究更是核心，一般認爲《内經》的"天人觀"是"天人合一"。在理論結構組成的方面，李孝純先生指出："《内經》的'天人合一'由'天人同構''天人同象''天人同氣''天人相應''天人互泰'五個方面組成，分別體現了'天人合一'觀的空間結構、空間形象、物質基礎、時間與空間的互動以及人與自然和諧共處五個層面的内容。"[②] 在理論思維方面，王慶其先生指出："'天人合一'是《内經》整體思維的基本特徵。"[③] 然而也有學者是直接以"天人合一"命名《内經》的天人關係等問題，如"《内經》的天人觀是其理論建構的基本出發點之一，主要包括'天人相應'與'天人合一'兩方面。"[④] 儘管

---

① （清）張志聰集注：《黃帝内經集注》（上），北京：中醫古籍出版社，2019 年，第 367 頁。

② 李孝純：《〈黃帝内經〉"天人合一"觀的醫學内涵與臨床價值》，《湘學研究》2021 年第 2 期，第 3—13 頁。

③ 王慶其：《〈黃帝内經〉文化内涵探析》，《中國中醫基礎醫學雜志》2021 年第 11 期，第 969—971 頁。

④ 張銳年、田永衍：《〈黃帝内經〉天人觀探析》，《中醫研究》2016 年第 12 期，第 4—18 頁。

"天人觀"在《内經》許多問題當中都可以找到其理論身影，但"天"與"人"是不相離的①。不難發現，《内經》雖未直接出現"天人合一"的範疇，作爲一種理論模型及其實踐要求是真切存在的，存在很大的解釋空間，也體現出《内經》中醫哲學多元的價值内涵。筆者認爲，依認識的層級發展來看，"天人合一"在《内經》的"天人觀"思想中表現出了四重内涵。

一、天人相應

在自然經濟生産生活的條件下，華夏先民深入挖掘了人類的認識能力，在對"天"與"人"的表象比較中，發現了其中的緊密聯繫。"天人相應"便是直接立足於"人"對於"天"的認識與把握，確定了中醫的整體與聯繫"天人關係"觀念。可以説"天人相應"在《内經》當中占據了很重要的理論分量。

經過文獻查找，筆者發現"天人相應"理論大致可從以下三個方面進行分野：其一，"人"與"天"構成類形相同，《靈樞・邪客》："黄帝問於伯高曰：願聞人之支節，以應天地奈何？伯高答曰：天圓地方，人頭圓足方以應之……此人與天地相應者也。"② 人體構成現象與天地體構成現象相似，這給了源自於"人"實踐探索的經驗總結，爲人從被動無意識地知"天"，到主動實踐以求知"天理"以治己給出了重要理由。其二，人與天地萬物通一"理"，《素問・至真要大論篇》："天地之大紀，人神之通應也。"③ 所謂"天地之大紀"便是"天地之理"④，"人"與"天"共通此"理"，共同遵守"理"的普遍變化規律。其三，"人"的生命活動變化與"天"相呼應，《素問・咳論》"人與天地相參，故五藏各以治時感於寒則受病"⑤ 與《靈樞・刺節真邪》"請言解論，與天地相應，與四時相副，人參天地，故可爲解"⑥，説明了"人"與"天"處在緊密的聯繫當中，辨症治病不僅僅要看人體之症，還要看到外部時節、自然環境。正是在此三種情況的"天人相應"下，使得《内經》思想展現出了整體性、聯繫性、實踐性等特徵。故有學者認爲《内經》不僅關注先秦諸子所討論的人與自然之間的關係，認爲人與自然是一個統一的整體，人體的生命活動會受到自然環境諸如氣候、地域等不同程度的影響，而且還特別把人體自身的各個藏府聯繫起來，認爲它們之間在功能上相互促進、相互影響，進而從整

---

① 李綱：《"天人合一"——析〈黄帝内經・陰陽應象大論篇〉的醫哲思想》，《錦州醫科大學學報（社會科學版）》2022 年第 2 期，第 48—53 頁。
② （清）張志聰集注：《黄帝内經集注》（下），第 798—799 頁。
③ （清）張志聰集注：《黄帝内經集注》（上），第 433 頁。
④ 以現象意義上的"天人相應"來看，"天地之理"僅是天地運動變化與人體運動變化相似的現象意義上總結而來。文本詮釋意義上的"天地之理"已然是哲學上抽象意義上的。
⑤ （清）張志聰集注：《黄帝内經集注》（上），第 198 頁。
⑥ （清）張志聰集注：《黄帝内經集注》（下），第 823 頁。

體上來把握人體所表現出的生理病理現象，指導臨床診療疾病①。此外，正是在這樣的整體關聯的天人關係理論下，中醫展現出了更適合深刻理解生命與自然的關係，有利於克服"人類中心主義"帶給現代人類的困境，有利於拓展人與自然和諧共生關係的生態價值②。在此意義上來看，"天人相應"是中醫作爲生態醫學的基本前提。

二、天人同源

所謂"天人同源"，即天與人同起源於"氣"。在發現了"天"與"人"在表象上的相似性之後，先民們渴望更近一層發現二者的緊密聯繫。自然界中"雲氣"的聚散、外形變幻等現象，使得先民們認爲"氣"的運動變化對於萬物"形""象"的變化有重要作用。《內經》擁有樸素唯物主義的世界觀，在其對"氣"與萬物的關係問題的認識上充分體現了出來，而其"天人同源"便是在以"氣"作爲萬物生成、存在的意義上總結出來的。

(一)"氣化自然"的天道宇宙觀

"天道觀"字面義便是對"天"原則、規律的認識。《莊子·天道》言："天道運而無所積，故萬物成。"③ 天道流行，自然運轉，沒有滯礙，萬物因此生成。馮友蘭先生指出，中國傳統哲學思想中的"天"是有多種含義的，有"物質之天""主宰之天""運命之天""自然之天""義理之天"④，這樣的多層區分是較爲合理的，也符合中國古代哲學的複雜性。而《內經》之"天"主要表現爲：第一，與"地"并稱或相對的概念，如"天地之間，六合之內，其氣九州九竅，五藏十二節，皆通乎天氣"（《素問·生氣通天論篇》）⑤"積陽爲天，積陰爲地"（《素問·陰陽應象大論篇》）⑥。第二，自然"天氣""物象"的概念，如"夫道者，上知天文，下知地理，中知人事"（《素問·氣交變大論篇》）⑦"天周二十八宿"（《靈樞·五十營》）⑧。第三，與"陽"相通、相類的屬性概念，如"天爲陽，地爲陰"（《素問·陰陽離合論篇》）⑨。第四，代指人體上部組成，"故天爲

---

① 姚怡、王慶其：《當代〈黃帝內經〉學術思想體系研究及其啓示》，《中國中醫基礎醫學雜志》2017 年第 11 期，第 1501—1503、1508 頁。

② 周勝男、李潔、申俊龍：《中醫"天人合一"蘊含的生態平衡機制研究》，《醫學與哲學》2023 年第 8 期，第 68—71 頁。

③ （清）郭慶藩撰，王孝魚點校：《莊子集釋》，北京：中華書局，2013 年，第 411 頁。

④ 馮友蘭：《中國哲學史》（上），上海：華東師範大學出版社，2000 年，第 35 頁。

⑤ （清）張志聰集注：《黃帝內經集注》（上），第 10 頁。

⑥ 同上，第 24 頁。

⑦ 同上，第 354—355 頁。

⑧ （清）張志聰集注：《黃帝內經集注》（下），第 605 頁。

⑨ （清）張志聰集注：《黃帝內經集注》（上），第 38 頁。

陽，地爲陰；腰以上爲天，腰以下爲地”（《靈樞·經水》）①。總之，《内經》中“天”往往是多義的，但終歸是以馮友蘭先生所謂“自然之天”爲主，是規則性、客觀存在性的，并不存在主宰意識，還有“拘於鬼神者，不可與言至德”（《素問·五藏別論篇》）② 可佐證這一點。

　　然而，儘管在《内經》中，“天”屬於宇宙論的範疇，是寰宇萬物生化流行的理論概念，但這并不意味着《内經》之“天”未受到老莊玄之又玄的“道”影響。《内經》多處引“道”“真”等道家概念來解釋其思想理論。或許是中醫重人、重行的理念特徵，《内經》專門論述這些形而上的道家本體論極少③，更多的是將其放在現象一級的宇宙論當中進行補充，故而在《内經》語境下的“自然之天”，萬物的形成、萬物的變化是以“氣”來描述的，也正是如此依靠“氣”論來彰顯“道”存在的。

　　在宇宙生成的前提上，《素問·天元紀大論篇》等以“太虚”這種具備無限性時空特徵的概念作爲《内經》宇宙論所探討的根本④，也是作爲《内經》宇宙觀著筆的畫卷。在宇宙生成的材料上，自然萬物以氣化生而成，《素問·至真要大論篇》言：“本乎天者，天之氣也；本乎地者，地之氣也。天地合氣，六節分而萬物化生矣。”⑤《素問·天元紀大論篇》言：“故在天爲氣，在地成形，形氣相感而化生萬物矣。”⑥ “天地之氣”組合運動形成了萬物，依唐王冰所注，認爲這樣的宇宙圖景，最初是空玄之境，充滿了真氣；真氣廣布開來而成爲萬物化生的本始，任何生命均是抱真氣而生的⑦。

（二）“形具而神生”的人道觀

　　《内經》中有關“本源”問題的“人道”思想主要是形神觀，是談論的形體與精神的關係問題，也就是人體如何構成的問題。受到前人“人之生，氣之聚也。聚則爲生，散則爲死”“精神生於道，形本生於精，而萬物以形相生”（《莊子·知北游》）⑧ “凡人之生也，天出其精，地出其形，合此爲人”（《管子·内業》）⑨ “形具而神生”（《荀子·天論篇》）⑩ 的思想影響，形成“夫人生於地，懸命於天，天地合氣，命之曰人”（《素問·寶命全形論篇》）⑪ 的“人”形成觀。可見，《内經》的形神觀表現出一種樸素唯物主義的

　　① （清）張志聰集注：《黄帝内經集注》（下），第594頁。
　　② （清）張志聰集注：《黄帝内經集注》（上），第65頁。
　　③ 郭雲鵬：《醫以載道：〈黄帝内經〉宇宙論發微》，《醫學與哲學》2020年第17期，第23—25頁。
　　④ 樊經洋：《論〈黄帝内經素問〉“運氣七篇”的宇宙論思想》，《中華中醫藥雜志》2021年第6期，第3111—3114頁。
　　⑤ （清）張志聰集注：《黄帝内經集注》（上），第434頁。
　　⑥ 同上，第325頁。
　　⑦ 石翎笙、賀娟：《〈黄帝内經〉“真氣”本根論思想形成脉絡探析》，《北京中醫藥大學學報》2020年第4期，第269—274頁。
　　⑧ （清）郭慶藩撰，王孝魚點校：《莊子集釋》，第647頁。
　　⑨ （春秋）管仲撰，姚曉娟、汪銀峰注譯：《管子》，鄭州：中州古籍出版社，2010年，第254頁。
　　⑩ （清）王先謙撰，沈嘯寰、王星賢整理：《荀子集解》，北京：中華書局，2012年，第302頁。
　　⑪ （清）張志聰集注：《黄帝内經集注》（上），第138頁。

特徵，繼承了前人的思想，構成了宏觀意義上的人形成的觀念并在微觀意義上的人體構成理論做出自身理論貢獻。

在人體構成上來看，《内經》認爲"人"的"形"來源歸根到底都是"氣"。"夫人生於地，懸命於天，天地合氣，命之曰人""人生而有形，不離陰陽，天地合氣，別爲九野，分爲四時"（《素問・寶命全形論篇》）[1]"氣實形實，氣虛形虛，此其常也"（《素問・刺志論》）[2]。萬物的形成與衰亡本質上是"氣"的聚散。"氣"的理念是比較抽象的，絕非一般意義上的"氣體"，而是生命的抽象概念，"氣"的運動恰恰是生命能量流動的根本因素。由於"氣"特性是天地萬物原理共通、共同享有的，所以"氣"的樸素唯物主義特性也就成了形體的根本屬性。

人的"神"作爲"氣"變化流行的産物，與"氣"相關聯。《素問・陰陽應象大論篇》中"人有五藏化五氣，以生喜怒悲憂恐"[3]，人的五藏生發出了五種情志（氣），情志（氣）是屬於人的精神方面，但是這類情志（氣）的産生卻是來自人體功能性的能力，是人體對外界刺激所産生的的反應，與人的形體互相影響、互相依存。《素問・陰陽應象大論篇》《素問・天元紀大論篇》《素問・五運行大論篇》中同錄的"在天爲玄，在人爲道，在地爲化，化生五味，道生智，玄生神"[4] 即地可化生五味，天可化生天之五行，人明白了人事道理，智慧就會産生，闡述了《内經》認爲人事道理是人的智慧産生的外在條件。《素問・靈蘭秘典論》將心稱爲"君主之官"且爲"神明"産生之處。明張景岳對此注道："心爲一身之君主，禀虛靈而含造化，具一理以應萬機，藏府百骸，惟所是命，聰明智慧，莫不由之，故曰神明出焉。"[5] 故可推測《内經》是受到了《荀子・解蔽篇》中"心者，形之君也，而神明之主也"[6] 的影響，接受了心是人智慧産生的内在藏器物質基礎，也是統合各種精神元素組成人體精神的重要條件。

由此可見，《内經》是在繼承前人思想的基礎上，形成了中醫獨特的"氣"理論。從邢玉瑞先生指出《内經》中的"氣"大致可分爲本原之氣、自然之氣、藥食之氣、人體之氣[7]來看，在吸收了醫家"藥石之氣""情志之氣"等概念之後，《内經》的"氣"理論可謂豐富了中華傳統哲學的"氣"理論，爲之後"氣"理論發展提供了重要的理論基礎。

總之，在宏觀的"天"層面來看，《内經》之"氣"正是莊子所謂"通天下一氣耳"[8] 的一種發展，莊子的"氣"實則中國哲學史上是較早的以"氣"論，連接了"道"與"物"，正是因爲"氣"具有"有形而無形"的雙重特徵，使得它能够起到"上通於

---

① （清）張志聰集注：《黄帝内經集注》（上），第 138 頁。

② 同上，第 260 頁。

③ 同上，第 27 頁。

④ 同上，第 29、325、335 頁。

⑤ （明）張景岳：《類經》，太原：山西科學技術出版社，2013 年，第 30 頁。

⑥ （清）王先謙撰，沈嘯寰、王星賢整理：《荀子集解》，第 385 頁。

⑦ 邢玉瑞：《中國古代天人關係理論與中醫學研究》，北京：中國中醫藥出版社，2017 年，第 110—115 頁。

⑧ （清）郭慶藩撰，王孝魚點校：《莊子集釋》，第 647 頁。

道”“下達於物”的樞紐作用①。在“人”的層面來看，人體的“氣”也是多種多樣的，但也終歸以“氣”爲本，黃帝曾言：“余聞人有精氣津液血脉，余意以爲一氣耳，今乃辯爲六名，余不知其所以然。”（《靈樞·決氣》）② 清張志聰注曰：“謂六氣辯六名，然總歸陰陽之一氣。”③ 天之“六氣”（陰陽風雨晦明）④ 與人之“六氣”（精氣津液血脉）實爲“一氣”，也可稱爲是“一道”，但《内經》之“道”不同於道家的本體玄妙之“道”，而是可用、重視實踐之“道”⑤。故《内經》需“氣”當中明其“理”，以彰顯其“道”。

三、天人同理

所謂“天人同理”，即天與人遵循相同的道理、規律。如果説《内經》中的“氣”是萬物生成的質料，那麼“氣”因何而演化萬物，萬物又爲何是“萬物”而非“一物”？其内在原因是什麼？這也是中國傳統哲學的重要研究課題。

（一）“理”與“陰陽之道”

“理”一般指内在的規定性，包括了原則、規律，而“陰陽”便是《内經》之“理”。依古希臘哲學家亞里士多德的“四因”來看⑥，《内經》“萬物一氣”所謂之“氣”與“物質因”相似，是構成事物的材料。事物形成的動力因素——“陰陽”則與“氣”的運動緊密相關，是促成“本原之氣”形成各種“氣”、現象之物表現差別的内在原因。儘管有時“陰陽”有作爲相對具體的“陽氣”“陰氣”，但此處無需多做討論。而“陰陽之道”作爲“理”的哲學意義而言，主要可分爲以下兩個方面：

一方面，“陰陽”是事物運動的内在規律。萬物因“陰陽”相分、相合、相生、相滅。“陰静陽躁，陽生陰長，陽殺陰藏”（《素問·陰陽應象大論篇》）⑦，陽代表動態運動，陰代表静態運動，這一動一静的矛盾運動之下，爲萬物的生成提供了運動變化的内在動力。

另一方面，“陰陽”作爲矛盾對立的規定性（屬性）而言，普遍存在於萬事萬物之中。《内經》認爲，“陰陽”是“神明之府”，是變幻無極，不可窮盡測量的。在微觀世界内，清張志聰有注：“陰陽者，天地之道也。陰中有陽，陽中有陰，莫可窮測，用施於四

---

① 陶而吉：《〈莊子〉的“氣”論》，《集寧師範學院學報》2018 年第 1 期，第 20—23 頁。

② （清）張志聰集注：《黃帝内經集注》（下），第 671 頁。

③ 同上。

④ （春秋）左丘明著，蕭諝川、唐生周、覃遵祥等注：《左傳》，長沙：岳麓書社，2000 年，第 515 頁。

⑤ 王成亞：《論〈老子〉與〈黃帝内經〉之道》，《中華中醫藥雜志》2021 年第 3 期，第 1225—1228 頁。

⑥ ［美］梯利（Frank Thilly）著，葛力譯：《西方哲學史》，北京：商務印書館，2015 年，第 86—89 頁。

⑦ （清）張志聰集注：《黃帝内經集注》（上），第 24 頁。

時，變化乎萬物，無可矩量者也。”① 正是説明天地是由陰陽二氣不斷運動、分離、積累出來的。“味厚者爲陰，薄爲陰之陽；氣厚者爲陽，薄爲陽之陰”（《素問·陰陽應象大論篇》）②，“味屬陰，味厚爲純陰，味薄爲陰中之陽。氣屬陽，氣厚爲純陽，氣薄爲陽中之陰”（《内經知要》）③，“陰陽之中復有陰陽”（《類經》）④。在宏觀萬物現象界中，正如清人高士宗對《素問·陰陽應象大論篇》注解爲：“陰陽者，太極初開，始爲一畫之所分也；應象者，天地之陰陽，人身之陰陽，皆有形象之可應也。”⑤ 即萬物有共同的起源，在樸素唯物範疇——“陰陽”的矛盾運動之外，受不同影響的“氣”産生不同的事物，而在天地人的各種物象當中，“陰陽”的矛盾屬性特徵各處可見，結合“陰陽”“陰中陽”“陽中陰”的矛盾性對立强度來看，如“陰陽”對比性較强的“天”與“地”、“水”與“火”，“陰陽”對比性較弱的“四時五行”“寒暑燥濕風”，其作爲萬物現象差异性的内在原因也就呼之欲出了。

綜上所述，在這氣化自然的宇宙論中，世界是不以人的意志爲轉移且不斷運動變化的自然客觀世界，“氣”是産生一切事物的基礎。“氣”既是人體形成的質料，也是人體生命活動的動力來源，“氣”的升降聚散導致了宇宙萬物的生成與變化。《内經》强調生命的産生及其變化離不開“氣”及其演化運行萬物，也離不開天地自然萬物的時空運轉過程。在此過程當中，“陰陽”是運動變化的内在動力，更是客觀性、規律性、規定性統一。這樣的“天”給了《内經》“人”思想構建以宏大且緊密聯繫的宇宙論前提。

（二）“理”與“形神相濟”

《内經》中的人體生命活動最直觀的表現便是“形”與“神”的運動，但這種“形神”運動觀比較如范縝“神即形也，形即神也；是以形存則神存，形謝則神滅”⑥ 的“形神相即”的存在條件觀念有了進一步發展，在“形具而神生”的唯物論視角内，成爲“形”與“神”互相依存——“形神相即”的静態存在條件形式下，“形”與“神”運動與相互作用——“形神相濟”的動態存在方式，極大豐富了中國傳統科學哲學中的“形神觀”。而《内經》人體“形神相濟”的“理”内涵，主要表現爲以下三個方面：

第一方面，《内經》認爲精神産生於形體，形體的强弱變化也在很大程度上影響着精神的强弱變化。受科學實踐發展與儒家“身體髪膚受之父母”等思想影響的限制，《内經》人的精神情感産生於五藏之中。《素問·宣明五氣篇》中提到的“心藏神，肺藏魄，肝藏魂，脾藏意，腎藏志，是謂五藏所藏”⑦，説明了形體對精神的孕養功能。《靈樞·本神》篇中有云：“心怵惕思慮則傷神，神傷則恐懼自失，破䐃脱肉，毛悴色夭，死於

---

① （清）張志聰集注：《黄帝内經集注》（上），第 325 頁。
② 同上，第 26 頁。
③ （明）李中梓編著，陸鴻元、包來發校注：《内經知要》，北京：中國中醫藥出版社，1994 年，第 11 頁。
④ （明）張景岳：《類經》，太原：山西科學技術出版社，2013 年，第 29 頁。
⑤ （清）高士宗著，于天星按：《黄帝素問直解》，北京：科學技術文獻出版社，1982 年，第 32 頁。
⑥ 李勇强：《形神之間：范縝與神滅論》，成都：西南交通大學出版社，2018 年，第 50—51 頁。
⑦ （清）張志聰集注：《黄帝内經集注》（上），第 134 頁。

冬。脾愁憂而不解則傷意，意傷則悗亂，四肢不舉，毛悴色夭，死於春。肝悲哀動中則傷魂，魂傷則狂忘不精，不精則不正，當人陰縮而攣筋，兩脇骨不舉，毛悴色夭，死於秋。肺喜樂無極則傷魄，魄傷則狂，狂者意不存，人皮革焦，毛悴色夭，死於夏。腎盛怒而不止則傷志，志傷則喜忘其前言，腰脊不可以俯仰屈伸，毛悴色夭，死於季夏。”①說明人的精神情感活動與五藏是緊密相聯的。

　　第二方面，《内經》認爲人的形體生成了人的精神，但精神却也可以反作用形體。不同於西方今日纔由現代科學實驗研究發展出的心理學與鎮定劑等藥品知識，中醫在長久的實踐中很早就敏鋭地認識到人的精神問題與人的身體關係非常緊密。《素問·陰陽應象大論篇》曾言“怒傷肝”“喜傷心”“思傷脾”“憂傷肺”“恐傷腎”“是以聖人爲無爲之事，樂恬淡之能，從欲快志於虛無之守，故壽命無窮，與天地終”“惟賢人上配天以養頭，下象地以養足，中傍人事以養五藏”②，只有以恬静、寡欲等方式修養身心，保持精神健康，也是“盡天年”得善終的必要方法。

　　第三方面，“陰陽”的内在規定影響了事物的多樣性，哪怕在同類事物當中，因爲“陰陽”的偏差，也會表現出很大的差異，如在人體當中，《内經》在“人體”與“人性”兩方面展示出了其影響：其一，人體産生的過程中，“五藏化五氣”表面上是“五行”所規定的，但在進一步抽象意義上來看，金木水火土之間的差異與運動實則也是“陰陽”的一種發展與衍生，體現了事物生成的運動變化及其内在規定性；其二，人的本性差異是有先天客觀因素的。人類胚胎的形成成長過程中，受環境等多方面因素的影響，人生在不同的地區、不同的時間都會導致人體先天的差異。冬季出生的孩子與夏季出生的孩子、高原出生的孩子與平原出生的孩子在體質上都是有明顯差異的。而《内經》以“陰陽”“五行”的抽象視角來區分這些差異，形成了獨特的“陰陽五態人”（《靈樞·通天》）“陰陽二十五人”（《靈樞·陰陽二十五人》）理論，還借助血氣差異等因素對人天生偏向勇敢、膽怯等具體的性格現象做了分類界定。

　　由此看來，“形神相濟”實質上還是以“陰陽之道”作爲“理”的一種衍生内涵，也是又一個由多到一的抽象比較。可以説“陰陽”具有“動力因”的成分，以不同的矛盾運動形式及其内在的規定性屬性，促成千差萬别的現象形式的生成。相較於亞里士多德形而上的“形式因”，《内經》以另一種方式解釋了萬物之所以千差萬别的原因。故而《内經》正是在對張志聰提到的“陰陽之一氣”進行“氣”與“陰陽”的兩種分野的情况下，以“理”明“道”，鋪陳其天人之學得以進一步比較與展開。

四、天人合德

　　從“天人相應”“天人同源”“天人同理”三種解釋的構成來看，三者之間的内容逐漸遞進，但容易産生三者相合等於或約等於“天人合一”的誤會。實際上，三者更多是

---

① （清）張志聰集注：《黄帝内經集注》（下），第542—543頁。

② （清）張志聰集注：《黄帝内經集注》（上），第34—35頁。

本體論、宇宙論意義上談論"天人觀"，有"天"的存有而無"人"的存有。《内經》的"天人觀"除却解釋人與自然的結構意來説，還需要承擔醫者治病救人、個人自醫養生的生命長度的境界狀態追求。在此意義上，"天人合一"作爲境界而言意味着生命的長久、生活的和諧、人心的安定。這便是"醫者仁心"或"醫道"的最高實現，是人類最基本的生命理想的實現。這種理想的實現，在儒家孟子那裏是需要通過"盡心""知性""知天"的功夫修行路徑方能達到的"心""性""天"統一道德價值本體，而在《内經》中這樣的"本體"便是"德"，即"天之在我者德也，地之在我者氣也，德流氣薄而生者也。"（《靈樞·本神》）① 可從兩方面的問題探入：

一方面，"德"爲"自然之體"。經前文討論可知，《内經》中繼承了前人的本體論思想，主要呈現的是一種"以氣彰道"的"氣"本體論思想。然而在"人道觀"處，這樣的"氣本論"體現在人體構成、人的生命運動等方面，此處之"德"爲"德氣"，是爲天地生養生命的功能抽象出的本體。

另一方面，"德"爲"道德之體"。除了象徵"天"的"氣本論"之外，可借助宋明儒學的思想來看"天人"如何體現另有本體，以實現"天人合一"。在宋明理學的心性論當中，"人"與"天"是没有隔閡的，因爲"天地"有"心"，"天"與"人"是一本體，而發覺這一"天地之心"便是"人"在宇宙中的價值與使命，也是中國傳統文化的重要追求②。從《朱子語類》卷一中"仁便是天地之心""若果無心，則須牛生出馬，桃樹上發李花""萬物生長，是天地無心時；枯搞欲生，是天地有心時"③ 來看，理學家們一方面以充滿人類道德價值的"仁"來詮釋"天地之心"，另一方面在説"天地之心"無"心"的同時強調其功用，使得牛生牛，馬生馬，萬物生萬物。正如陳來先生所總結的："'天地之心'可以只是指天地、宇宙、世界運行的一種内在的主導方向，一種深微的主宰趨勢，類似人心對身體的主導作用那樣成爲宇宙運行的内在主導，同時天地之心也是宇宙生生不已的生機和動源。"④ 換而言之，這樣的"天地之心"實則是存在倫理道德内涵的，正是體現了人在生命體驗中的一種對"天"、對"人"的自我期待，大贊"道生萬物"的生化孕育之功，展現出中國傳統醫學生命至上的神理念。

以德配天、以人立天，是謂"天人合德"。故而有學者指出，"所謂天人合德，不僅是説天與人有共同的道德價值，而且是説道德價值只有在天與人的關係中纔能予以確定。就天與人的關係而言，二者又并非平等對待的關係，而是人以天爲本，天規定着人的一切包括人的本質和道德價值。這種以天爲最高價值和道德價值本原的理念，實際上是傳統倫理思想最核心的理念和最根本的理論特質"⑤。這樣的"天人合德"本生實則是中國

---

① （清）張志聰集注：《黄帝内經集注》（下），第 541 頁。

② 張小霞：《"人者天地之心"：論朱子哲學中的人與宇宙》，《朱子學研究》2022 年第 2 期，第 100—115 頁。

③ （宋）黎靖德編：《朱子語類》（一），長沙：岳麓書社，1997 年，第 4 頁。

④ 陳來：《宋明儒學的"天地之心"論及其意義》，《江海學刊》2015 年第 3 期，第 11—20 頁。

⑤ 張懷承、賀韌：《簡析天人合德的理論意蘊》，《倫理學研究》2004 年第 6 期，第 46—50 頁。

傳統哲學中“生生之道”的又一種體現，是生命道德問題的基本標準和價值尺度①。正是“天人合德”在自然與倫理道德兩方面的價值本體内涵，使得“天人合一”綜攝“天人相應”“天人同源”“天人同理”的理論高度得以呈現并賦予中醫在具體醫療實踐之外的道德實踐價值。

五、結語

《内經》“天人合一”的四重内涵可簡要視作一種認識的發展過程。先民在長久的生活實踐當中發現了人類所處的自然宇宙與人體有着意外的相似度，人的結構、運動都能在自然界中找到對應，這促使先輩們對天人關係認識的不斷深入，發現了“本原之氣”“陰陽之理”。可以説，從“天人相應”到“天人同源”再到“天人同理”是從現象的感性認知轉向了理性認知的過程。“陰陽”規定了萬物的“生殺”，即生命是有始有終的。但人類總是希望自己能够安定長久地生活下去，因而認爲萬物生生不息的變化發展意味着天地也是重“生”的。在這意義上來看，“天人合德”使得“天人合一”實現了一種主體性轉化，從知識性的結構描述轉向了“生生之道”的天地人大同的理想境界，使其富含生命大義并可轉化爲强大的實踐動力。總之，中醫“天人合一”的思想揭示了在人面對自然偉力的被動角度的必然性和在主體實踐基礎上的主動性特徵，蕴含着豐富的生態哲學思想，根源在於其思想正是人在自然生態中長久的實踐而產生，是一種生理、心理、哲理的統一，在生命健康涵養方面體現了人類社會與自然宇宙共同的可持續發展要求。

---

① 楊静：《中醫生命倫理學》，成都：四川大學出版社，2019 年，第 89 頁。

損至脉理論淵源與沿革考*

楊　愷　柳長華

（成都中醫藥大學中國出土醫學文獻與文物研究院，四川　成都　610031）

提　要：損至脉理論始於秦漢時期，最早是通過呼吸與脉動速度的對比，判斷人的平病生死。然而損至脉理論在後世演變中發生了諸多變化。本文通過梳理出土及傳世文獻中損至脉理論的演變，從損至脉與砭石針刺、與三陰三陽脉、與四時脉、與營衛氣血運行、與五藏五個方面的關係入手，探索損至脉理論後世的發展路徑及對中醫理論體系構建及臨床實踐的影響。

關鍵詞：損至脉；砭石；三陰三陽；四時；營衛；五藏

診損至脉是秦漢時期非常重要的診脉方式，古人根據呼吸與脉動比例，將脉象分爲損脉、至脉兩大類，其本質是根據血脉運行速度分爲太過、不及之脉。相關記載見於《黃帝内經》《脉經》《難經》等傳世醫籍，尤以《脉經·診損至脉》一篇論述最爲詳盡。《天回醫簡》之《脉書·上經》《逆順五色脉藏驗精神》二書是出土文獻之中首次出現診損至脉相關理論，當是目前損至脉理論的源頭文獻，《天回醫簡診損至脉相關詞義新證》將《天回醫簡》二書中涉及診損至脉相關字詞作了進一步考釋，并探索了損至脉理論的源頭及背後深層原理。然損至脉理論在後世發展演變中其内涵發生了一定變化，本文則將出土及傳世文獻中與診損至脉相關理論進行系統梳理，探索損至脉理論的後世發展與演變。

一、損至脉與砭石針刺關係

損至脉本質是根據脉、息比例，將脉按照運行速度的快慢分爲兩大類：一爲至脉，一爲損脉。亦即太過、不及之脉。損，減損不及之義，《説文·手部》：“損，減也。”《難經·三難》：“減者，法曰不及。”[①] 損脉即脉動次數少、速度慢於正常人之脉。至，本指

---

　　* 本文係 2023 年四川省哲學社會科學基金特別委托重大專項：天回漢墓髹漆經脉人像研究（項目批准號：SCJJ23WT11）的階段性研究成果。

　　① 凌耀星：《難經校注》，北京：人民衛生出版社，1991 年，第 5 頁。

脉搏跳動次數。《玉篇·至部》："至，到也。"損至脉理論中常用脉幾至來描述脉動次數，如脉三至則爲脉搏跳動三次。而至脉二字并稱時則取至之衆多之義。《孟子·滕文公章句下》："沛澤多而禽獸至。"趙岐注："至，衆也。"① 至脉爲脉動次數過多、速度快於正常人之脉。清代醫家徐靈胎云："少曰損，多曰至。"②

損脉、至脉均爲有過之脉，即不平之脉。平脉在損至脉理論中屬於再至之脉，即一呼或一吸脉搏跳動兩次，這是人體正常生理呼吸與脉搏跳動比例。《脉經·扁鵲脉法》中平脉描述爲"平和之氣，不緩不急，不滑不澀，不存不亡，不短不長，不俯不仰，不從不橫，此謂平脉"③，已經不單單是脉動的速度，而是結合了脉速、脉形、脉位等多維度的一種平和、健康的生理脉象。後世將平引申爲一種健康的狀態，如《素問·至真要大論》："謹察陰陽所在而調之，以平爲期。"④《靈樞·終始篇》："所謂平人者不病。"⑤ 太過與不及均爲不平，即爲病態。

從《天回醫簡》及傳世文獻中看，最初是通過×損×至來表述脉的運行速度中的過快、過慢兩種程度，即太過、不及之脉。與平脉一樣，太過、不及之脉除了脉速之外也與脉位、脉形、脉勢等有關，後世太過、不及概念也在速度的基礎上作了進一步發展，內涵更加豐富。

太過、不及之脉主要用於施針時的判斷，如《素問·陰陽應象大論》："故善用針者，從陰引陽，從陽引陰，以右治左，以左治右，以我知彼，以表知裏，以觀過與不及之理，見微得過，用之不殆。"⑥ 太過、不及之脉在《天回醫簡》中尚有其他類似描述，如"盛"爲太過之脉，"不盛（盈）"爲不及之脉。兩大類脉象對應的是兩類不同的外治法，在《天回醫簡·犮理》一書中有詳細論述。大體而言，太過（盛）之脉多用石法，如：

> 陰陽之脉，擇盛者而石之。（簡一二）
> 若逆陽【明】甚盛，則石之。（簡一九）
> 盛者而石之。其脉不盛，美食而浴之，先其汗出，出汗。（簡四九）

不及（不盛/不盈）之脉多用犮法，如：

> 不盛，犮其夾營而毋暴也。（簡二〇）
> □之□之脉不盛，犮其脊，□其肩髃，臍以下，還帶而止。（簡三六）
> 麼陰不盛，犮其俞☑。（簡三九）
> 少陰，少陰不盈，犮其俞。（簡四二）

① （漢）趙岐：《孟子注疏》，北京：北京大學出版社，1999年，第209頁。
② 劉洋主編：《徐靈胎醫學全書·難經經釋》，北京：中國中醫藥出版社，2001年，第12頁。
③ 沈炎南：《脉經校注》，北京：人民衛生出版社，1991年，第151頁。
④ 郭靄春主編：《黃帝內經素問校注》，北京：人民衛生出版社，1992年，第1054頁。
⑤ 劉衡如校勘：《靈樞經》，北京：人民衛生出版社，1964年，第41頁。
⑥ 郭靄春主編：《黃帝內經素問校注》，第101頁。

嬰脉不盛而发其俞，俞不實而善□□之。（簡四七）①

友、石兩種治法主要是根據人體的形體盛衰來判斷使用，簡二四："发者，去洫以平盈。石者，客有餘以驗鈞。"簡四四："·凡石发，參其人疾徐怒喜，有餘不足，乃可以言此。"所謂人之有餘不足，主要就是根據脉的太過、不及進行判斷。

在《靈樞》中，這種脉象的太過、不及概念也常描述爲盛衰、虛實、劇易，用來指導針刺運用。如：

脉之盛衰者，所以候血氣之虛實有餘不足也。刺之大約者，必明知病之可刺，與其未可刺，與其已不可刺也。②（《逆順》）

脉實者，深刺之，以泄其氣；脉虛者，淺刺之，使精氣無得出，以養其脉，獨出其邪氣。③（《終始》）

凡將用針，必先診脉，視氣之劇易，乃可以治也。④（《九針十二原》）

損至脉理論從最初的描述脉搏速度快慢，進而形成太過、不及兩大類脉象體系，後世又據此進一步演變出盛衰、虛實、劇易等判斷脉象的原則，用來指導发石針刺等外治法的應用，通過脉之盛衰虛實判斷人體氣血之有餘不足，在此基礎上進行針刺，這當是經脉醫學"凡將用針，必先診脉"的重要理論基礎。

二、損至脉與三陰三陽脉關係

三陰三陽是古人認識和分類事物的一種方法，在中醫學中應用非常廣泛⑤。尤其是秦漢時期，將其與診脉密切關聯，在《難經》《脉經》中有諸多關於三陰三陽脉的描述。三陰三陽概念引入脉診之中，主要是作爲不同層面下不同脉象的分類方式，在《脉經》中三陰三陽主要用於不同的脉動速度、脉動部位及脉形的分類。

《脉經》卷四中將損至脉太過、不及與三陰三陽概念相結合，《脉經·診損至脉》云："扁鵲曰：脉一出一入曰平，再出一入少陰，三出一入太陰，四出一入厥陰。再入一出少陽，三入一出陽明，四入一出太陽。脉出者爲陽，入者爲陰。"⑥ 將脉之出入與陰陽相關

① 天回醫簡整理組編著：《天回醫簡》（下），北京：文物出版社，2022年，第65—73頁。
② 劉衡如校勘：《靈樞經》，第181頁。
③ 同上，第45頁。
④ 同上，第6頁。
⑤ 注：王玉川統計，在中醫古籍裏有二十九種序次不同的三陰三陽，大抵可以歸納爲經脉生理特性及其層次類、經脉長短淺深和血氣盛衰類、病理反應類、脉診部位類、日周期類、旬周期類、年周期類、六年至十二年周期類和其他類九個大類。參見王玉川《運氣探秘》，北京：華夏出版社，1993年，第8頁。
⑥ 沈炎南：《脉經校注》，第123頁。

聯，用×陰×陽來描述脉動速度，如平脉（再至之脉）爲"一陰一陽"；三至之脉爲"一陰二陽"；四至之脉爲"一陰三陽"；五至之脉爲"三陰（一作二陰）三陽"。《脉經》此段只論述了至脉的陰陽，而未論及損脉。

《脉經》中將三陰三陽與脉象結合還見於卷五《扁鵲陰陽脉法》一篇，其三陰三陽概念則由脉搏速度變爲脉搏跳動部位長短。詳見下表：

表一　《脉經·扁鵲陰陽脉法》三陰三陽脉

	脉象描述	正常部位	异常部位	所主病症	王時
少陽之脉	乍小乍大，乍長乍短	動摇六分	動摇至六分以上	病頭痛，脇下滿，嘔可治，擾即死	王十一月甲子夜半，正月、二月甲子王
太陽之脉	洪大以長	動摇九分			三月、四月甲子王
陽明之脉	浮大以短	動摇三分	動摇至三分以上	病眩頭痛，腹滿痛，嘔可治，擾即死	五月、六月甲子王
少陰之脉	緊細〔而微〕①	動摇六分			王五月甲子日中，七月、八月甲子王
太陰之脉	緊細以長	動摇九分			九月、十月甲子王
厥陰之脉	沉短以緊	動摇三分	動摇至六分以上	病遲脉寒，少腹痛引腰，形喘者死	十一月、十二月甲子王

《脉經》之中《扁鵲陰陽脉法》與《診損至脉》二篇都借用了三陰三陽概念來描述脉象，不同的是損至脉描述的是脉搏速度，陰陽脉法描述的是脉搏跳動範圍（部位）。《脉經·分別三關境界脉候所主》中將寸口部位按三陰三陽進行分部，"寸後尺前，名曰關。陽出陰入，以關爲界。陽出三分，陰入三分，故曰三陰三陽。陽生於尺動於寸，陰生於寸動於尺。"② 寸口部位可以分爲關上九分與關下九分，關上九分爲陽，關下九分爲陰，分別對應三陰三陽脉，詳見下表：

表二　寸口部位與三陰三陽脉

	動摇部位	三陰三陽脉象
關上	關上動摇三分	陽明之脉
	關上動摇六分	少陽之脉
	關上動摇九分	太陽之脉

---

① 注：《難經·七難》"緊細"下有"而微"二字，《脉經》無，根據上下文例，疑脱二字。

② 沈炎南：《脉經校注》，第5頁。

續表

	動搖部位	三陰三陽脉象
關下	關下動搖三分	厥陰之脉
	關下動搖六分	少陰之脉
	關下動搖九分	太陰之脉

這種依據部位來劃分三陰三陽脉，比損至脉中根據脉動速度來分，臨床上更加容易掌握。將診脉部位集中在寸口脉上，根據脉搏動搖部位不同分爲三陰三陽六種脉象，超出這個特定部位的則爲异常之脉。這與《難經·十八難》中寸關尺三部九候脉法也有一定淵源聯繫。

《脉經》卷一還將不同脉形也從三陰三陽角度進行了分類。《脉經·辨脉陰陽大法》：

> 經言：脉有一陰一陽，一陰二陽，一陰三陽；有一陽一陰，一陽二陰，一陽三陰。如此言之，寸口有六脉俱動耶？然：經言如此者，非有六脉俱動也，謂浮、沉、長、短、滑、澀也。浮者陽也，滑者陽也，長者陽也；沉者陰也，澀者陰也，短者陰也。所以言一陰一陽者，謂脉來沉而滑也；一陰二陽者，謂脉來沉滑而長也；一陰三陽者，謂脉來浮滑而長，時一沉也。所以言一陽一陰者，謂脉來浮而澀也；一陽二陰者，謂脉來長而沉澀也；一陽三陰者，謂脉來沉澀而短，時一浮也。各以其經所在，名病之逆順也。
>
> 凡脉大爲陽，浮爲陽，數爲陽，動爲陽，長爲陽，滑爲陽；沉爲陰，澀爲陰，弱爲陰，弦爲陰，短爲陰，微爲陰，是爲三陰三陽也。[1]

《辨脉陰陽大法》這段内容將不同脉形分爲陰、陽兩大類，然後將幾種不同脉形相互組合，從而形成三陰三陽脉象。這種將脉形從陰、陽分類的方式對後世影響深遠，如東漢末年張仲景也將脉形分爲陰、陽兩大類，《傷寒論·辨脉法》："凡脉大、浮、數、動、滑，此名陽也；脉沉、澀、弱、弦、微，此名陰也。"[2] 至魏太醫令王叔和又在此基礎上演化出二十四脉，再至明代李時珍《瀕湖脉學》增爲二十七脉，分爲陰、陽、陰中陽、陽中陰四大類，并爲今日中醫臨床廣泛使用。推其根本，皆來源於由損至脉延伸出來的太過、不及的脉象體系。

三、損至脉與四時脉關係

《黄帝内經》中將損至脉太過、不及概念作了進一步延伸，不再僅僅局限於脉搏跳動的速度，而是更加複雜化。在《素問·玉機真藏論》將損至脉之太過、不及概念與四時

---

① 沈炎南：《脉經校注》，第 16 頁。
② 劉渡舟、錢超塵：《傷寒論校注》，北京：人民衛生出版社，1991 年，第 1—2 頁。

脉相關聯，分别論述春、夏、秋、冬四時脉及脾脉太過與不及的脉象特點及所生之病。具體詳見下表：

表三　《素問·玉機真藏論》太過不及之脉

	太過之脉	不及之脉	太過之病症	不及之病症
春	其氣來實而强	其氣來不實而微	令人善忘，忽忽眩冒而巔疾	令人胸痛引背，下則兩脇胠滿
夏	氣來盛去亦盛	其氣來不盛去反盛	令人身熱而膚痛，爲浸淫	令人煩心，上見咳唾，下爲氣泄
秋	其氣來，毛而中央堅，兩傍虛	其氣來，毛而微	令人逆氣而背痛，慍慍然	令人喘，呼吸少氣而咳，上氣見血，下聞病音
冬	其氣來如彈石者	其去如數者	令人解㑊，脊脉痛而少氣不欲言	令人心懸如病饑，眇中清，脊中痛，少腹滿，小便變
脾	其來如水之流者	如鳥之喙	令人四肢不舉	令人九竅不通，名曰重强

此段内容與《脉經·診損至脉》岐伯曰"脉失四時者爲至啓，至啓者，爲損至之脉也"一段高度吻合，均言脉失四時之平脉，出現太過、不及之象，當爲同一文獻來源。《脉經》此段還論述了四時脉與五藏的關係：

　　　　春，脉當得肝脉，反得脾、肺之脉，損；
　　　　夏，脉當得心脉，反得腎、肺之脉，損；
　　　　秋，脉當得肺脉，反得肝、心之脉，損；
　　　　冬，脉當得腎脉，反得心、脾之脉，損。①

四時脉象與當季應主的五藏脉象五行屬性相克，則爲損。如春當屬肝脉（木），反得脾脉（木克土）或肺脉（金克木）則爲損。四時脉與五藏關係在《素問·玉機真藏論》中言"春脉者肝也""夏脉者心也""秋脉者肺也""冬脉者腎也"。《脉經》此段體現的更多的是四時之勝的關係，《素問·金匱真言論》："所謂得四時之勝者，春勝長夏，長夏勝冬，冬勝夏，夏勝秋，秋勝春，所謂四時之勝也。"② 四時脉不勝，則爲損。《素問·六節藏象論》："未至而至，此謂太過，則薄所不勝，而乘所勝也，命曰氣淫。"又："至而不至，此謂不及，則所勝妄行，而所生受病，所不勝薄之也，命曰氣迫。"③

此外在《素問·平人氣象論》中又引入了"胃氣"的概念，描述平人曰："平人之常氣禀於胃。胃者，平人之常氣也。人無胃氣曰逆，逆者死。"有胃氣爲平，無胃氣爲太過或不及。張介賓云："大都脉代時宜無太過無不及，自有一種雍容和緩之狀者，便是胃氣

---

① 沈炎南：《脉經校注》，第128頁。
② 郭靄春主編：《黃帝内經素問校注》，第58頁。
③ 同上，第143頁。

之脉。"① 將脉動與胃氣相聯繫，也爲後世肺朝百脉、獨取寸口法提供了理論依據，《素問·五藏別論》云："胃者，水穀之海也，六府之大也。五味入口，藏於胃以養五氣，氣口亦太陰也。是以五藏六府之氣味，皆出於胃，變見於氣口。"然後四時脉又與有無胃氣相結合，出現更多變化。《素問·平人氣象論》：

> 春胃微弦曰平，弦多胃少曰肝病，但弦無胃曰死，胃而有毛曰秋病，毛甚曰今病，藏真散於肝，肝藏筋膜之氣也。
>
> 夏胃微鈎曰平，鈎多胃少曰心病，但鈎無胃曰死，胃而有石曰冬病，石甚曰今病，藏真於心，心藏血脉之氣也。
>
> 長夏胃微奬弱曰平，弱多胃少曰脾病，但代無胃曰死，奬弱有石曰冬病，弱甚曰今病，藏真濡於脾，脾藏肌肉之氣也。
>
> 秋胃微毛曰平，毛多胃少曰肺病，但毛無胃曰死，毛而有弦曰春病，弦甚曰今病，藏真高於肺，以行榮衛陰陽也。
>
> 冬胃微石曰平，石多胃少曰腎病，但石無胃曰死，石而有鈎曰夏病，鈎甚曰今病，藏真下於腎，腎藏骨髓之氣也。②

此段內容根據四時脉與胃氣的多少，來判斷人體的平、病、死。這部分內容雖然與早期損至脉基本概念相差甚遠，但都是由太過、不及類概念的進一步演變。

四、損至脉與營衛氣血運行關係

損至脉背後所蘊含的原理是呼吸與脉搏的關係，亦即氣血循行關係，呼吸推動血液運行，其運行規律是古人非常關注的。古人常將肺比作"橐籥"（風箱），李時珍云："氣如橐籥，血如波瀾，血脉氣息，上下循環。"③ 一呼一吸之間，脉搏血液也在隨之鼓蕩流動。

《脉經·診損至脉》對呼吸與氣血循環規律描述如下：

> 故人一呼而脉再動，氣行三寸；一吸而脉再動，氣行三寸。呼吸定息，脉五動。一呼一吸爲一息，氣行六寸。人十息，脉五十動，氣行六尺。二十息，脉百動，爲一備之氣，以應四時。
>
> 天有三百六十五日，人有三百六十五節。晝夜漏下水百刻，一備之氣，脉行丈二尺。一日一夜行於十二辰，氣行盡則周遍於身，與天道相合，故曰平。平者，無

---

① 李志庸主編，（明）張介賓著：《張景岳醫學全書·類經》，北京：中國中醫藥出版社，1999年，第90頁。

② 郭靄春主編：《黃帝內經素問校注》，第245—246頁。

③ （明）李時珍：《李時珍醫學全書》，北京：人民衛生出版社，1991年，第1248頁。

病也，一陰一陽是也。脉再動爲一至，再至而緊即奪氣。一刻百三十五息，十刻千三百五十息，百刻萬三千五百息。二刻爲一度，一度氣行一周身，晝夜五十度。①

《脉經》此段認爲人一息脉行六寸（一呼而脉再動，氣行三寸；一吸而脉再動，氣行三寸），二十息爲一備之氣，脉行一丈二尺，與一晝夜十二時辰天道相合，所以叫平脉。一刻百三十五息，二刻爲一度，則爲二百七十息，以一息脉行六寸計算，一度（二刻）則脉行十六丈二尺，爲人體正常經脉長度，所以說一度氣行一周身，此爲平人。

以此平脉的一備之氣、一度脉行爲基礎，分別論述了×至×損不同的氣血運行病理狀態，詳見下表：

表四　《脉經·診損至脉》氣血運行描述

	脉息比例	一備之氣（二十息脉行長度）	一度脉行（二百七十息脉行長度）	氣血狀態
再至	一息（一呼一吸）脉五動	脉百動，脉行丈二尺	一度氣行一周身	平
三至	人一息脉七動	脉百四十動，氣行一丈八尺	一周於身，氣過百八十度	離經
四至	人一息脉九動	脉百八十動，氣行二丈四尺	一周於身，氣過三百六十度，再遍於身	奪精
五至	人一息脉十一動	脉二百二十動，氣行二丈六尺（按：當爲三丈）	一周於身三百六十五節，氣行過五百四十度。再周於身，過百七十度（按：當爲過百八十度）	死
一損	人一息而脉再動	脉四十動，氣行六尺	不及周身百八十節，氣短不能周遍於身	一乘（少氣）
再損	人一息而脉一動	脉二十動，氣行三尺	不及周身二百節	離經
三損	人一息復一呼而脉一動	脉十四動，氣行三尺一寸（按：當行二尺一寸）	不及周身二百九十七節	爭
四損	再息而脉一動	脉十動，氣行尺五寸	不及周身三百一十五節	亡血
五損	人再息復一呼而脉一動	脉八動，氣行尺二寸	不及周身三百二十四節	絶

《脉經·診損至脉》"扁鵲曰"一段與《天回醫簡·逆順五色脉臧驗精神》關於氣血運行描述基本吻合，當爲較早文獻。後世文獻則將損至脉氣血運行相關內容與人體氣血循環系統聯繫，只論述正常生理情況，如《難經·一難》將其與榮衛運行相結合：

---

①　沈炎南：《脉經校注》，第123頁。

人一呼，脉行三寸，一吸脉行三寸，呼吸定息，脉行六寸。人一日一夜凡一萬三千五百息，脉行五十度，周於身。漏水下百刻，榮衛行陽二十五度，行陰亦二十五度，爲一周也，故五十度復會於手太陰。①

再至《黄帝内經》中則將氣血運行與周天日行二十八宿相匹配，也是只論述人體正常生理狀態，典型代表如《靈樞·五十營》：

黄帝曰："余願聞五十營奈何？"
岐伯答曰："天周二十八宿，宿三十六分；人氣行一周，千八分。日行二十八宿，人經脉上下、左右、前後二十八脉，周身十六丈二尺，以應二十八宿，漏水下百刻，以分晝夜。故人一呼，脉再動，氣行三寸，呼吸定息，氣行六寸。十息，氣行六尺，日行二分。二百七十息，氣行十六丈二尺，氣行交通於中，一周於身，下水二刻，日行二十五分。五百四十息，氣行再周於身，下水四刻，日行四十分。二千七百息，氣行十周於身，下水二十刻，日行五宿二十分。一萬三千五百息，氣行五十營於身，水下百刻，日行二十八宿，漏水皆盡，脉終矣。所謂交通者，并行一數也，故五十營備，得盡天地之壽矣，凡行八百一十丈也。"②

顧漫認爲此段内容根據呼吸與脉搏數據，構建了營氣一晝夜運行五十周、與周天日行二十八宿相應的模型，并用此來描述人體正常的氣血循環③。廣瀬薰雄認爲《靈樞·五十營》《素問·平人氣象論》受扁鵲學派影響較大，其撰寫年代晚於《脉經·診損至脉》扁鵲段④，其説可從。從《天回醫簡》損至脉内容來看，《黄帝内經》之中關於氣血循環的描述應當來源於損至脉中平脉部分，并在此基礎上進一步與周天日行二十八宿相結合，形成營衛氣血運行系統。

不過《黄帝内經》在結合聯繫損至脉理論的時候，還是出現了諸多問題，前代醫家如楊上善、馬蒔、陸以湉⑤均指出《靈樞·五十營》一段有諸多訛誤，其血液循環描述與現代醫學認識速度相差甚多，李約瑟⑥先生就早已提出："依據中國古人的估算，24小

---

① 凌耀星：《難經校注》，第1頁。
② 劉衡如校勘：《靈樞經》，第86—87頁。
③ 顧漫：《〈黄帝内經〉營衛學説的構建》，《中醫藥歷史與文化》2022年第1期，第79—112頁。
④ ［日］廣瀬薰雄：《談老官山漢簡醫書中所見的診損至脉論》，《簡帛研究論集》，上海：上海古籍出版社，2019年，第517—539頁。
⑤ 注：陸以湉認爲人一日一萬三千五百息與實際不符，其在《冷盧醫話》中云："《靈樞經》謂人呼吸定息，氣行六寸，一日夜行八百一十丈，計一萬三千萬百息。何西池（按：即何夢瑤）以爲偶説，人一日夜豈止一萬三千五百息？余嘗静坐數息，以時辰表驗之，每刻約二百四十息，一日夜百刻，當有二萬四千息，雖人之息長短不同，而相去不甚遠，必不止一萬三千五百息，然則何氏之説爲不虚，而《經》所云未足據矣。盡信書不如無書，此之謂也。"
⑥ ［英］李約瑟著，［加拿大］李彦譯：《中國古代科學》，上海：上海書店出版社，2001年，第215頁。

時内血液運行 50 周天，合每一周天耗時 28.8 分鐘。現代醫學知識告訴我們這一速度比實際速度慢了 60 倍，血液循環一周實際用時 30 秒左右。"其主要原因是營衛氣血循環往復的系統，依賴的是陰陽相貫、如環無端的經脉體系，《靈樞·癰疽》云："夫血脉營衛，周流不休，上應星宿，下應經數。"① 這種與周天日行的刻意結合，勢必會與人體實際血氣運行有一定偏差。

五、損至脉與五藏

《天回醫簡》中出現的診損至脉是一個相對獨立的體系，但在後世文獻中與五藏的關係却十分密切。損至脉與五藏的關係主要表現在兩方面：其一，《脉經》卷三中將至脉與五藏平脉相結合；其二，《難經·十四難》《脉經·診損至脉》中將損脉與五體五藏相結合，并且成爲後世治療虛損類疾病的理論源頭。

《天回醫簡·脉書·上經》中最早提出五藏脉，即心、肺、肝、腎、脾五藏分別對應五種脉象。"脉鉤至者曰病出心""毛至曰病出於肺""弦至曰病出於肝""辟辟如彈石者，病出於腎""至如鳥之豆，如水之深，病出於脾"。五藏脉對後世影響深遠，傳世文獻之中記載頗多，如《素問·平人氣象論》中將五藏脉分爲平脉、病脉、死脉，如心脉分爲"平心脉來，累累如連珠，如循琅玕，曰心平……病心脉來，喘喘連屬，其中微曲，曰心病。死心脉來，前曲後居，如操帶鉤，曰心死"②。其中五藏死脉與《脉書·上經》五藏脉描述基本一致。《脉經》卷三《肝膽部》《心小腸部》《脾胃部》《肺大腸部》《腎膀胱部》五篇對五藏脉描述更爲詳盡，且將五藏脉與損至脉理論相結合，具體如下：

> 肝脉來濯濯如倚竿，如琴瑟之弦，再至，曰平；三至，曰離經，病；四至，脱精；五至，死；六至，命盡。足厥陰脉也。
> ……
> 心脉來累累如貫珠滑利，再至，曰平；三至，曰離經，病；四至，脱精；五至，死；六至，命盡，手少陰脉。
> ……
> 脾脉萇萇而弱（《千金》萇萇作長長），來疏去數，再至，曰平；三至，曰離經，病；四至，脱精；五至，死；六至命盡，足太陰脉也。
> ……
> 肺脉來，泛泛輕如微風吹鳥背上毛，再至，曰平；三至，曰離經，病；四至，脱精；五至，死；六至，命盡。手太陰脉也。
> ……
> 腎脉沉細而緊，再至，曰平；三至，曰離經，病；四至，脱精；五至，死；六

---

① 劉衡如校勘：《靈樞經》，第 271 頁。
② 郭靄春主編：《黄帝内經素問校注》，第 257 頁。

至，命盡。足少陰脉也。①

　　從以上所引《脉經》卷三内容可以看出，五藏脉與損至脉理論的結合僅僅限於五藏平脉與至脉的結合，至於五藏病脉、死脉與損脉關係，則未見相關記載。

　　五體概念在《天回醫簡》也有出現，《脉書·上經》簡二二 "始生，甚微且精，其在蒿膚之時"、簡二四 "即入舍於脉"、簡二五 "☑即入舍於骨"。《逆順》簡一三："故曰青乘青，曰氣在筋，若亡其外，曰傷肝。" 將五體筋、骨、皮、肉、脉分別與肝、腎、肺、脾、心五藏相關聯。五體出現較早，且與扁鵲醫學關係密切，多用於描述疾病深淺層次，如《史記·扁鵲倉公列傳》："扁鵲過齊，齊桓侯客之。入朝見，曰：君有疾在腠理，不治將深。"② 此下疾病分別深入血脉、腸胃、骨髓，而云："疾之居腠理也，湯熨之所及也；在血脉，針石之所及也；其在腸胃，酒醪之所及也；其在骨髓，雖司命無奈之何。"《逆順》言氣在五體，亡外則傷在五藏，已經表明了五體五藏關聯，至《素問·宣明五氣》則言："心主脉，肺主皮，肝主筋，脾主肉，腎主骨，是謂五主。"③ 損至脉理論與五體五藏的關聯主要集中於《難經·十四難》《脉經·診損至脉》，且兩部分内容完全一致：

　　　損脉之爲病奈何？然：一損損於皮毛，皮聚而毛落；二損損於血脉，血脉虛少，不能榮於五藏六府也；三損損於肌肉，肌肉消瘦，食飲不爲肌膚；四損損於筋，筋緩不能自收持；五損損於骨，骨痿不能起於床。反此者，至於收病也④。從上下者，骨痿不能起於床者，死；從下上者，皮聚而毛落者，死。

　　　治損之法奈何？然：損其肺者，益其氣；損其心者，調其榮衛；損其脾者，調其飲食，適其寒溫；損其肝者，緩其中；損其腎者，益其精氣。此治損之法也⑤。

　　此段損脉之病，更類似於後世的虛損病，其中五損對應五體，分別五種虛損層次，從輕到重。治療的方法也是根據五藏虛損情況，采取 "益氣" "調榮衛" 等不同的治損之法。《難經》之 "五損" 理論與最初損脉概念已經相差甚遠，但後世尤其是隋唐醫家如巢元方、孫思邈在其著作中關於 "五勞" "六極" "七傷" 的描述多受此理論影響。清代醫家吳澄在《不居集》中贊嘆："秦越人治虛損之祖也，其發明五臟治法，優入聖域"。⑥ 這不能不説與損至脉理論有着一定的關係。

---

① 沈炎南：《脉經校注》，第 64—89 頁。

② （漢）司馬遷：《史記》，北京：中華書局，1982 年，第 2794 頁。

③ 郭靄春主編：《黃帝内經素問校注》，第 343 頁。

④ 注：凌耀星《難經校注》據元刊本《新刊晞範句解八十一難經》改爲 "至脉之病也"，恐爲不確，此處非言至脉之病。《難經集注》呂廣注："經但載損家病，不載至家病。至家者，諸陽六府病。六府病，苦頭痛身熱，忽特不利，與損家病異。今反載損家病證，故損脉於此受病，非是至家病也。"

⑤ 沈炎南：《脉經校注》，第 121—122 頁。

⑥ （清）吳澄：《不居集》，北京：中國中醫藥出版社，2002 年，第 11 頁。

六、結語

呼吸推動氣血運行是古人最早認識人體的開始，胸中所聚藏的天府之氣，通過一呼一吸鼓動氣血運行，與脉動如潮汐相應，呼吸與脉動的聯動關係也是診損至脉理論的重要基礎。扁鵲醫學體系通過呼吸與脉搏的對比，察息按脉，首先判斷人體的生理及病理狀態，然後根據脉搏速度分爲太過、不及兩大類脉象，據此判斷生死預後，這是損至脉理論最原始的内容。

通過對損至脉理論發展歷史沿革的梳理，可以看出損至脉理論在後世有諸多發展與演變，有些内涵與早期概念相差甚遠。

損至脉理論中根據脉搏速度快慢不同的太過、不及之脉的概念，後又與脉動部位、脉形、脉勢相互結合，出現盛衰、虛實、劇易等概念，并被用於指導針刺砭石使用。損至脉在《脉經》中與三陰三陽脉相結合，并在此基礎上演化爲陰、陽兩大類脉象，與今日臨床上常用的二十七脉也有一定淵源關係。在《黄帝内經》中又與四時脉、胃氣相互結合，逐漸複雜。

損至脉關注的是呼吸與脉動的關聯，其中平脉部分被《靈樞·五十營》借用，并改造成營衛氣血運行體系，與周天二十八宿相匹配。儘管存在一些誤差，但也是古人關注血液循環系統的開始。損至脉後世演變還體現在與五藏的關係上，將至脉與五藏脉結合，損脉與五體五藏結合，雖然與原本損至脉意義相距甚遠，但也可以看出其在後世的演變路徑。

損至脉理論後世的演變，其背後本質上是由於經脉體系的變化。由早期的十一脉不相連貫的體系，逐漸發展爲十二脉如環無端體系，由於十一脉的不連貫，其氣血是呈向心性運行，從四肢末端到胸中，由胸中天府之氣呼吸推動氣血運行。診損至脉之脉動速度也就可以診斷人體氣血運行的狀態，從而判斷人的生理病理情況。而在十二脉陰陽相貫，如環無端之後，損至脉理論則逐漸複雜化，增添了三陰三陽、四時、營衛、五藏等諸多新的内容，損至脉理論也就不僅僅是脉動速度的快慢。

對於診損至脉理論，一方面我們要推求其源頭，探索其在秦漢時期的原始面貌；另一方面也要理清其後世發展軌迹，對於我們今日中醫理論體系的構建及臨床實踐提供一定借鑒意義。

形氣神與壽命

趙 偉

（長沙半拙健康管理有限公司，北京 101102）

　　提 要：“氣”是中醫核心概念，傳世中醫典籍之“氣”字源自秦漢時期，用途不做區分，先秦文字則區分明顯，作燹、気、悲、气，其中“燹”與“気”二字結構中的“火”應有五行之火的含義，“燹”字涵蓋了“天食人以五氣，地食人以五味”的中醫思想。五氣經人口鼻呼吸再經五藏轉化而生喜怒憂思恐之“燹”，五味入口經轉化與心合在一起則生“悲”，燹通過影響“悲”進而影響“神”，神是決定人生死的關鍵，“悲”則是“形與神”之間的橋梁。本文同時探討了洹子孟姜壺銘文“用![气]嘉命，用![氖]眉壽”應釋作“用气嘉命，用氖眉壽”，銘文反映了陰陽五行在春秋早期的濫觴。
　　關鍵詞：《天回醫簡》；氖；形氣神；洹子孟姜壺；壽命

　　“氣”是中醫核心概念，也是最難理解的概念之一，究其原因，傳世醫書中“氣”字的多樣性和複雜性應是重要原因之一。僅在被奉爲“醫書之祖”的《黃帝内經》中，“氣”可與天地、陰陽、正邪、榮衛、寒熱等組成許多含“氣”字的詞彙，令人眼花繚亂，目不暇接，因此筆者嘗試結合出土文字從歷史中尋求答案。

一、氣

　　傳世中醫典籍之“氣”字，其寫法同於秦漢簡牘，如《周家臺秦簡醫方》“飲之下氣”①、《武威漢代醫簡》“久欬（咳）上氣”②、《天水放馬灘秦簡·日書甲种》“除中益

---

　　① 張雷：《秦漢簡牘醫方集注》，北京：中華書局，2018 年，第 46 頁。
　　② 同上，第 108 頁。

氣"①、《北大漢簡·老子》"萬物負陰而抱陽，中氣以爲和"② 等，然而戰國文字"氣"
字則作🔣、🔣、气，舉例如下：

　　《郭店楚簡·性自命出》："喜怒哀悲之🔣，眚（性）也。"③

　　《郭店楚簡·語叢二》："凡有血🔣者皆有喜有怒。"④

　　《上博簡·性情論》："喜怒哀悲之🔣，眚（性）也。"⑤

　　《上博簡·容成氏》："天地之🔣"。⑥

　　《戰國行氣玉佩》銘文："行氣，突則道，道則神。"⑦

　　🔣字從旣從火，隸定爲熂⑧，而🔣則直接隸定爲"气"⑨，此三字的結構都有一"火"，
這當然可解釋爲戰國人理解的"氣"具有火溫熱的屬性，同時中醫人士自然馬上想到
"火"爲五行之一。"火"爲五行最早見於《尚書·洪範》，《尚書·洪範》曰："五行一曰
水，二曰火，三曰木，四曰金，五曰土。"李學勤先生論述《尚書·洪範》成於西周⑩，
近代顧頡剛認爲五行學說始於鄒衍，這對近代思想史產生了極大的影響和禁錮。李零先
生也已經作出批判⑪，他認爲五行學說取材遠古，在戰國秦漢之際臻於極盛。因此五行
之"火"順歷史洪流而下，出現在戰國文字🔣、🔣、气三字中自在情理之中。

　　"旣"字從"皀"從"旡"。"皀"本是簋器，以示食器；"旡"是飲食憋氣不得喘息，
引申爲停止的意思，二者合在一起表示人飲食完畢。因此，熂包含了人飲食與五行之火
的雙層含義。

　　帶着這樣的認識我們來看《素問·六節藏象論》一段論述："天食人以五氣，地食人
以五味。五氣入鼻，藏於心肺，上使五色修明，音聲能彰。五味入口，藏於腸胃，味有
所藏，以養五氣，氣和而生，津液相成，神乃自生。"

　　這段話大部分講得非常符合常識，那就是人靠口鼻呼吸和飲食五味而生存。"五味"
是指酸、苦、甘、辛、鹹，五氣是什麼呢？這在《素問·陰陽應象大論》和《素問·天

　　①　裘錫圭主編：《長沙馬王堆漢墓簡帛集成》（陸），北京：中華書局，2014 年，第 37 頁。
　　②　北京大學出土文獻研究所編：《北京大學藏西漢竹書》（貳），上海：上海古籍出版社，2012
年，第 5 頁。
　　③　荊門市博物館編：《郭店楚墓竹簡·性自命出》，北京：文物出版社，2019 年，第 2 頁。
　　④　荊門市博物館編：《郭店楚墓竹簡·語叢二》，北京：文物出版社，2019 年，第 23 頁。
　　⑤　馬承源主編：《上海博物館藏戰國楚竹書》（一），上海：上海古籍出版社，2001 年，第 71 頁。
　　⑥　馬承源主編：《上海博物館藏戰國楚竹書》（二），上海：上海古籍出版社，2001 年，第 122 頁。
　　⑦　黃耀明：《〈行气玉銘〉探微》，《中國國家博物館館刊》2012 年第 10 期，第 12 頁。
　　⑧　荊門市博物館編：《郭店楚墓竹簡·性自命出》，第 2 頁。
　　⑨　馬承源主編：《上海博物館藏戰國楚竹書》（一），第 71 頁。
　　⑩　李學勤：《周易溯源》，成都：巴蜀書社，2011 年，第 28 頁。
　　⑪　李零：《中國方術正考》，北京：中華書局，2006 年，第 140 頁。

元紀大論》中有明確答案。

> 天有四時五行以生長收藏，以生寒暑燥濕風。人有五藏化五氣，以生喜怒悲憂
> 恐。（《素問·陰陽應象大論》）
> 天有五行御五位，以生寒暑燥濕風，人有五藏化五氣，以生喜怒憂思恐。（《素
> 問·天元紀大論》）

因此，五氣即是天有四時五行而生的寒暑燥濕風。如此我們來看《天回醫簡》簡文"人有九徵五藏十二節皆壘於氣"[1] 與《素問·生氣通天論》經文"九徵五臟十二節皆通乎天氣"，"壘於氣"與"通乎天气"都是指"天食人以五氣"。

天食人之五氣并不是直接就是人體之氣，而是需要通過"五藏化五氣"，其結果有兩個：

一是上使"五色修明，音聲能彰"，也即是说人眼睛能視五色，耳朵能聞音聲。"五"這個數是中國古人構建天人關係體系的重要數之一，因此可以在《黄帝内經》中看到五行、五藏、五色、五音，也因此可以在《天回醫簡》中看到五臟通天、五色通天、五行通天[2]。

二是生"喜怒悲憂恐"。

因此，燹字的結構概括了"天食人以五氣，地食人以五味"的内涵，其側重點是人體從外部攝取，㲇字顯然不能概括這樣的含義，然而《郭店楚簡·性自命出》"喜怒哀悲之燹"與《上博簡·性情論》"喜怒哀悲之気"表述相同，這其中或許還有值得深入研究的地方。

二、形氣神

上述《素問·六節藏象論》引文中五氣與五味在人體内相和的結果是"津液相成，神乃自生"。

何謂"神"？嚴格來説，古漢字通常一字一義，"神"就是神，没有任何一個别的字詞可以代替，但古人另闢蹊徑，用"一"這個數來説明"神"。如在《素問·移精變氣論》中帝問"何謂一"，岐伯回答説"一者因得之"；帝又問"奈何"，岐伯答曰"閉户塞牖，系之病者，數問其情，以從其意，得神者昌，失神者亡"。《靈樞·天年》中也提到人"失神者死，得神者生"。

因此"失神者死，得神者生"也可説得"一"即生，失"一"即死。

《吕氏春秋·盡數》中也談到人的"神"。《吕氏春秋·盡數》説"大甘、大酸、大

---

① 顧漫、柳長華：《天回漢墓醫簡中"通天"的涵義》，《中國出土醫學文獻與文物研究國際學術會論文集刊 2019》，成都：巴蜀書社，2021 年，第 9 頁。

② 同上。

苦、大辛、大鹹，五者充形而生害矣；大喜、大怒、大憂、大恐、大哀，五者接神則生害矣。”也就是說五味充“形”，五種情志接“神”。

前已述喜怒哀悲之愬爲眚（性），同時《郭店楚簡·語叢二》有“愬生於眚（性）”①，愬字從“心”從“既”，釋爲“愬”，過去訓爲“愛”②，筆者認爲大可不必，因爲該字結構已表明其義是人飲食五味經轉化後與“心”合在一起，《素問·宣明五氣論》曰“心藏神”，因此“喜怒哀悲之愬”通過影響“愬”從而影響神，這也就不難理解五氣與五味相和則“津液相成，神乃自生”，這裏面隱含由五到一的數字結構。

“愬”字也見於包山2號墓簡册③，簡文曰：“既腹心疾，以上愬（愬），不甘食。”“不甘食”應是沒有胃口不欲飲食之意，沒有胃口在中醫中就是沒有胃氣，《素問·平人氣象論》説：“平人之常氣稟於胃，胃者平人之常氣也，人無胃氣曰逆，逆者死。”因此“愬”被影響時，人就沒有胃氣，最後便是“失神者死”。

中醫以“形氣神”來高度概括人④，如《靈樞·根結》説“用針之要，在於知調陰與陽，調陰與陽，精氣乃光，合形與氣，使神內藏”，這裏的“精氣”是人飲食所產生的營衛二氣，如《靈樞·營衛生會》説“營衛者，精氣也”，因此“精氣”與“愬”“愬”不能等同。“合形與氣，使神內藏”這一句高度概括了“形氣神”，所謂“形”即《天回醫簡》所言之九徹五藏十二節，指人形體骨骸，而“氣”應指“愬”，“愬”是形與神之間的橋梁。

“形氣神”理論對指導普通人的身體健康有重要意義，那便是“邁開腿，管住嘴，和五味，節喜怒”。“邁開腿”就是要活動形體，“管住嘴，和五味”就是飲食有節，避免傷形，“節喜怒”則不會傷“愬”，從而達到《素問·上古天真論》所言“形與神俱，而盡終其天年，度百歲乃去”。

三、壽命

追溯“氣”字的歷史，有三件春秋時期齊國的青銅器不能忽略，那就是“洹子孟姜壺”和“公子土折壺”，其中“洹子孟姜壺”有兩器，二者銘文大致相同，爲便於比較，將《殷周金文集成》輯録的三器有關銘文以表格節録如下：

集成編號	器名	銘文
9729	洹子孟姜壺	洹子孟姜用氣嘉命，用眉壽，萬年無彊

---

① 荆門市博物館編：《郭店楚墓竹簡·語叢二》，第4頁。
② 同上。
③ 賈連翔：《出土數字卦文獻輯釋》，上海：中西書局，2020年，第174頁。
④ 章文春：《形氣神三位一體的生命觀與中醫導引》，《江西中醫學院學報》2009年第6期，第4—6頁。

續表

集成編號	器名	銘文
9730	洹子孟姜壺	洹子孟姜用⿰嘉命，用⿰眉壽，萬年無彊
9709	公子土折壺	用⿰眉壽，萬年羕儵其身

從表中銘文對比可知，⿰與⿰相同，⿰、⿰、⿰相同。洹子孟姜壺銘文諸位先賢已多有注釋①，諸家均釋⿰爲"氣"，訓爲"乞"，釋⿰爲"祈"，本文先述⿰。

雖然⿰與"祈"讀音相同，然其義却相差很遠，因爲根據《尚書·洪範》"壽"爲五福之一，這五福是"一曰壽，二曰富，三曰康寧，四曰攸好德，五曰考終命"，同時《靈樞·壽夭剛柔》説"立形定氣而視壽夭"，因此，人之壽與"氣"關係密切。依據《吕氏春秋·盡數》《上博簡·性情論》中"喜怒哀悲之⿰"都能生害而影響人之壽，"祈"字顯然不具備"喜怒哀悲"之義。因此⿰或可釋爲⿰（氣），二者筆畫雖稍有差別，但整體結構大致相同，字義更接近。

蒙文通《晚舟仙道分三派考》②言神仙之事至晚出現在晚周，其主要依據是《淮南子》及《莊子》中的相關論述，如《莊子·刻意》説"吹呴呼吸，吐故納新，熊經鳥申，爲壽而已矣，此道引之士、養形之人、彭祖壽考者之所好也"。所謂"神仙"之術，也就是求長壽的導引，行氣之類後世稱爲"氣功"的方法。李學勤先生將"洹子孟姜壺"斷代爲春秋早期③，那麼其銘文"用氣眉壽"暗示神仙術在東周早期已經萌芽。

順便提一句，本文引用了《尚書·洪範》"五行"與"五福"，如李學勤先生所説《尚書·洪範》成於西周，洹子孟姜壺爲春秋時期齊國青銅器，其銘文"用氣眉壽"或受到《尚書·洪範》的影響，而鄒衍是戰國末期齊國人，因此可以推斷，正是在《尚書·洪範》影響下，身爲齊國人的鄒衍纔創立了五行學派。

"洹子孟姜壺"銘文⿰與⿰諸先賢多釋"氣"④，其依據是《説文解字》"⿰，雲氣也。象形。凡氣之屬皆从氣"，但若訓爲"乞"⑤則恐失原意。

中國傳統文化中神仙通常具有騰雲駕霧的本領，這種文化至少可追溯至戰國時期，如《淮南子·齊俗訓》説"今夫王喬、赤誦子，吹嘔呼吸，吐故納新，遺形去智，抱素反真，以游玄眇，上通雲天"及《莊子·大宗師》"黃帝得之，以登雲天"，由此知戰國時期"雲天"已具備抽象含義。

《郭店楚簡·太一生水》説："下，土也，而謂之地；上，燚也，而謂之天。"⑥因此，燚也可以是看作"天"的代名詞，也因此"雲氣"與"雲天"大意相同，《説文》的

---

① 李曉紅：《洹子孟姜壺集釋》，安徽大學碩士學位論文，2008年，第1頁。
② 蒙文通：《晚舟仙道分三派考》，《佛道散論》，北京：商務印書館，2011年，第137頁。
③ 李學勤：《齊侯壺的年代與史事》，《中華文史論叢》2006年第2期，第6—11頁。
④ 李曉紅：《洹子孟姜壺集釋》，第1頁。
⑤ 李學勤：《齊侯壺的年代與史事》，第6—11頁。
⑥ 荊門市博物館編：《郭店楚墓竹簡·語叢二》，第10頁。

字也可以有"雲天"之意。

春秋時期的青銅器銘文可見"天命"一詞，如春秋早期的秦公簋（集成 4315）銘文："秦公曰：不顯朕皇且受天命，鼏宅禹責，十又二公在帝之壞，嚴龏夤天命。"

"天命"是正統王權的專名詞，因此，"用ミ嘉命"應有"天命"之意，但孟姜身爲齊侯之女①，用"天命"有僭越之嫌，因此以ミ代天。

《莊子·至樂》載莊子妻死，惠子前往吊唁，莊子却鼓盆而歌，歌曰"生死本有命，氣形變化中，天地如巨室，歌哭作大通"。可以看出莊子也是將"氣"與"命"聯繫在一起的，因此，筆者認爲ミ不必訓爲"乞"。

結　語

本文第二節講"形氣神"，第三節講"氣"與"命"，那"神"與"命"是什麼關係？這在《莊子·天地》中可以找到答案。

> 《莊子·天地》："泰初有無，無有無名。一之所起，有一而未形，物得以生，謂之德；未形者有分，且然無間，謂之命；留動而生物，物成生理，謂之形；形體保神，各有儀則，謂之性。"

可以看出，莊子的叙事順序是無、一、命、形、神、性，神處於性與命之間，這是從萬物一般意義上來談的。對於人而言，前文《郭店楚簡·性自命出》已經指出喜怒哀悲之氣便是"性"，而《吕氏春秋·盡數》説喜怒哀樂之氣接"神"，以"未形者有分，且然無間"來理解人的命的話，人的"命"是在父母媾精的那一瞬間注定的。

洹子孟姜壺銘文以"氣"代天，有天則有地，因此具備了天地陰陽之意，而用含有五行之火的"气"眉五福之一的"壽"，由洹子孟姜壺銘文可窺見陰陽五行在春秋早期之濫觴。

---

① 李學勤：《齊侯壺的年代與史事》，第 6—11 頁。

《出土醫學文獻與文物》稿約

　　《出土醫學文獻與文物》熱忱歡迎宇内同行專家學者惠賜尊稿。本刊登載海内外有關出土醫學文獻研究領域内的各種傳統學科、新興學科和交叉性學科論文，内容涵蓋出土醫學文獻與文物、文字學、音韻學、訓詁學、文學、史學（包括科技史、思想史、社會史等）、哲學、宗教學、倫理學、美學、藝術學、博物學、政治學、軍事學、經濟學、法律、民俗學、民族學、考古學、目錄學、版本學、校勘學、敦煌吐魯番學等相關學科的交叉研究成果。同時收納中醫文獻、中醫文化、中醫發展史、本草學研究的最新成果以及相關譯稿。

　　本刊采用匿名審稿制。來稿均由編輯委員會送呈校内外至少兩位同行專家審閱，再由編輯委員會決定是否采用。編輯委員會對來稿可提出修改意見，但除了技術性的處理之外，不代爲作者修改，文責自負。

　　來稿請用中文繁體字書寫，電腦打印。請將 Word 文檔發至編輯委員會電子信箱。要求：

　　1. 論文的標題之下，附以 200 字左右的“提要”、3 至 6 個“關鍵詞”。“提要”請客觀陳述論文主要觀點，一般不作評價。“關鍵詞”請緊扣論文内容，以有利於檢索爲標準；“研究”“辨析”“問題”等不宜作爲關鍵詞。

　　2. 於另頁上，按順序寫上：論文題目、作者姓名、出生年月、性別、籍貫、工作單位、職稱或職務、通訊地址、郵政編碼、電子信箱、電話號碼。

　　3. 如有圖片，除在文檔中插入之外，請再提交供印刷的 JPEG 或 TIFF 文件。

　　4. 來稿中，古代紀年、古籍卷數，一般用中文數字，而古代紀年首次出現時尚須加注公元紀年。如：元和十三年（818）；《山海經》卷一。其他的數字，一般用阿拉伯數字。凡是第一次提及外國人名，在漢譯之外，須附外文原名，如：柏拉圖（Plato）。

　　注釋要求：

　　1. 一律采用當頁頁下注。

　　2. 注釋碼，請用①②③之類表示，并標注在正文相應内容的上方，如：——①，——②，——③。每頁重新編號。

　　3. 引用中文文獻的參考格式如下。

　　（1）引用專著，如：胡適：《中國哲學史大綱》卷上，上海：商務印書館，1919 年，第 99 頁。

（2）引用文集之文，如：陳寅恪：《清華大學王觀堂先生紀念碑銘》，載《金明館叢稿二編》，上海：上海古籍出版社，1980 年，第 218 頁。

（3）所引專著或文集若有多个版次，宜將版次標出。例如：李贄：《焚書·續焚書》，北京：中華書局，2009 年第 2 版，第 82 頁。

（4）引用學位論文，應標注學校、學位及提交時間。例如：張曉敏：《日本江户時代〈詩經〉學研究》，山西大學博士學位論文，2013 年，第 169 頁。

（5）引用期刊文章，如：楊明照：《四川治水神話中的夏禹》，《四川大學學報（哲學社會科學版）》1959 年第 4 期，第××－××頁。

（6）相同書籍的第二次引用，可省略出版信息。如：胡適《中國哲學史大綱》卷上，第 100 頁。

本集刊只發表原創性成果，請勿一稿兩投。文中如涉及版權問題，由作者自負。來稿敬請自留底稿，編輯委員會將在收到稿件三個月之内答復，若未得答復，作者可另行處理。來稿刊出後，贈送樣刊兩册。本集刊稿酬一次性給付，稿費計算方式以實際字數爲準。邀稿稿酬另計。

來稿請寄：四川省成都市金牛區十二橋路 37 號成都中醫藥大學中國出土醫學文獻與文物研究院《出土醫學文獻與文物》編輯部。郵政編碼：610075。

投稿郵箱：ctyxwx@163.com　聯繫電話：028－83502296

《出土醫學文獻與文物》衷心希望得到海内外各界的關心和支持！

圖書在版編目（CIP）數據

出土醫學文獻與文物. 第三輯/成都中醫藥大學中國出土醫學文獻與文物研究院編. —成都：巴蜀書社，2024.8. — ISBN 978-7-5531-2234-2

Ⅰ. K877.54

中國國家版本館 CIP 數據核字第 202468U4S9 號

出 土 醫 學 文 獻 與 文 物 （第三輯）
CHUTU YIXUE WENXIAN YU WENWU

成都中醫藥大學中國出土醫學文獻與文物研究院　編

責任編輯	白亞輝
責任印製	田東洋　谷雨婷
封面設計	冀帥吉
出　　版	巴蜀書社
	四川省成都市錦江區三色路 238 號新華之星 A 座 36 層
	郵編：610023
	總編室電話：(028)86361843　發行科電話：(028) 86361852
網　　址	www.bsbook.com
經　　銷	新華書店
照　　排	四川勝翔數碼印務設計有限公司
印　　刷	成都東江印務有限公司　　(028) 82601551
版　　次	2024 年 10 月第 1 版
印　　次	2024 年 10 月第 1 次印刷
成品尺寸	260mm×185mm
印　　張	14
字　　數	300 千
書　　號	ISBN 978-7-5531-2234-2
定　　價	75.00 圓

本書若有印裝質量問題，請與印刷廠聯繫調換